Sicher im Abi

Oberstufen-Wissen Physik

Tanja Reimbold

Klett Lerntraining

Ihre Meinung zählt!

Hallo, wir sind das Redaktions-Team. Unser Ziel ist es, die besten Abi-Lernhilfen zu machen.

Helfen Sie uns dabei!

SIND SIE ZUFRIEDEN MIT DIESEM BUCH?

Dann freuen wir uns über Ihre **Weiterempfehlung**. Erzählen Sie es Ihrem Freundeskreis, dem Buchhändler Ihres Vertrauens oder schreiben Sie eine **Rezension** bei Onlinekauf.
Das hilft nicht nur uns, sondern auch anderen Kunden bei der Suche nach einer passenden Lernhilfe für das Abitur.

SIE HABEN FRAGEN BZW. KRITIK ZU DIESEM BUCH?

Wir freuen uns über Ihre Anregungen.
Schreiben Sie uns eine Nachricht an **kundenservice@klett-lerntraining.de**.

So können wir mit Ihrem Feedback in Zukunft noch bessere Bücher anbieten.

Vielen Dank und viel Erfolg im Abitur!

Ihre Redaktion von Klett Lerntraining

Mechanik

Elektrisches Feld

Magnetisches Feld

Elektromagnetische Induktion

Quantenphysik

Atomphysik

Kernphysik

Thermodynamik

Relativitätstheorie

Astrophysik

Liebe Abiturientin, lieber Abiturient,

dieses Buch erklärt Ihnen **ausführlich** den **kompletten** Abiturstoff. Es ist der **ideale Begleiter** für die gesamte Oberstufenzeit und bestens geeignet für eine gründliche Wiederholung des Prüfungswissens. Schaffen Sie mit diesem Buch die Basis für eine **gute Note** und gehen Sie **sicher** durch jede Klausur und die Abiturprüfung!

Hilfreiche **Elemente** strukturieren den Lernstoff. Sie machen das Lernen mit diesem Buch komfortabel und sorgen für einen **optimalen**, **nachhaltigen Lernerfolg**.

Auf einen Blick Diese Doppelseiten vor jedem Kapitel dienen dem raschen Einstieg, indem sie die wesentlichen Lerninhalte des Kapitels optisch übersichtlich und in gegliederter Form präsentieren.

Kurzinfo Jedes Kapitel beginnt mit einer kurzen Zusammenfassung. Sie führt ins Thema ein und nennt das Wichtigste.

Randspaltentexte helfen, das Wissen zu strukturieren und den Überblick zu behalten.

Standardversuche erklären Anordnung, Ablauf und Ergebnis wichtiger Versuche.

Zusammenfassungen bringen am Kapitel-Ende das Grundwissen auf den Punkt.

Extra: kostenlose Lern-Videos online

Zusätzlich können Sie sich kostenlos passende Lernvideos ansehen. Sie stützen den nachhaltigen Lernerfolg durch die visuelle Aufbereitung. Zum Ansehen der Videos scannen Sie einfach mit einer QR-Code-App den Code. Sie gelangen dann zur Video-Übersicht.
Alternativ können Sie auch die Seite www.abitur.klett-lerntraining.de aufrufen und in der Reihe „Oberstufen-Wissen" Ihr Buch anklicken. Sie sehen die Video-Übersicht und können dann per Klick ein Video starten.

Viel Erfolg im Abitur wünscht Ihnen
Ihr Team von Klett Lerntraining!

Geradlinig gleichförmige und geradlinig gleichmäßig beschleunigte Bewegung

Eine Bewegung kann durch Angabe des Weges in Abhängigkeit von der Zeit beschrieben werden. Eine solche Funktion nennt man **Zeit-Weg-Funktion**, ihr Diagramm **Zeit-Weg-Diagramm**.

Liegt eine **gleichförmige Bewegung** vor, so bewegt sich der Körper mit konstanter Geschwindigkeit.
Der Graph im *t-s*-Diagramm ist eine Gerade, deren Steigung die Geschwindigkeit angibt.

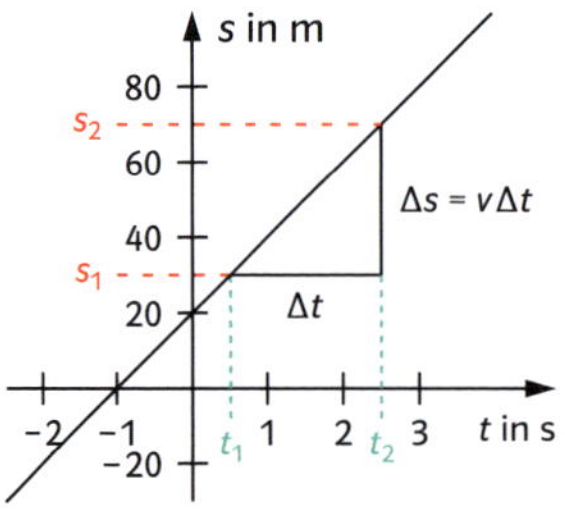

Für die Geschwindigkeit gilt:

$v = \frac{\Delta s}{\Delta t} = \frac{s_2 - s_1}{t_2 - t_1}$. Einheit: $[v] = 1\,\frac{\text{m}}{\text{s}} = 3{,}6\,\frac{\text{km}}{\text{h}}$

Liegt eine **geradlinig gleichmäßig beschleunigte Bewegung** vor, so bewegt sich der Körper mit konstanter Beschleunigung.
Der Graph im *t-s*-Diagramm ist eine Parabel, im *t-v*-Diagramm eine Gerade, deren Steigung die Beschleunigung angibt.

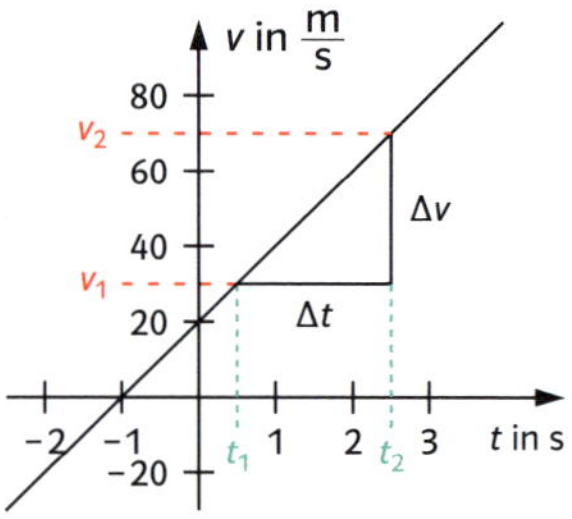

Für die Beschleunigung gilt:

$a = \frac{\Delta v}{\Delta t} = \frac{v_2 - v_1}{t_2 - t_1}$. Einheit: $[a] = 1\,\frac{\text{m}}{\text{s}^2}$

Senkrechter Wurf

Auf einen Körper, der mit einer konstanten Geschwindigkeit $\vec{v}_0$ nach oben abgeworfen wird, wirkt entgegengesetzt zu seiner Bewegungsrichtung die Gravitationskraft. Somit wirkt die Abwurfgeschwindigkeit $\vec{v}_0$ der durch die Gravitationskraft hervorgerufenen Fallgeschwindigkeit $\vec{v}_F$ entgegen. Solange die $\vec{v}_0$ kleiner als $\vec{v}_F$, bewegt sich der Körper nach oben, wobei er jedoch immer langsamer wird.
Ist $\vec{v}_F$ gerade genau so groß wie $\vec{v}_0$, hat der Körper seinen höchsten Punkt (Umkehrpunkt) erreicht und fällt nun im freien Fall nach unten.
Der Körper wird dabei immer schneller.

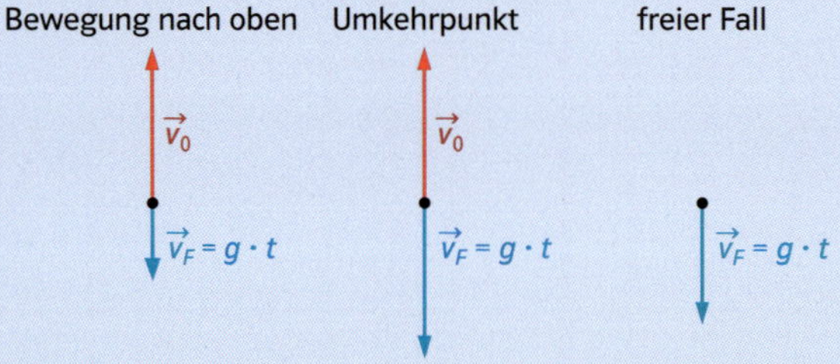

Waagerechter Wurf

Beim waagerechten Wurf überlagern sich zwei Bewegungen:

- in horizontaler Richtung: gleichförmige Bewegung
- in waagerechter Richtung: freier Fall.

Die Bahnkurve wird durch eine Parabel beschrieben.

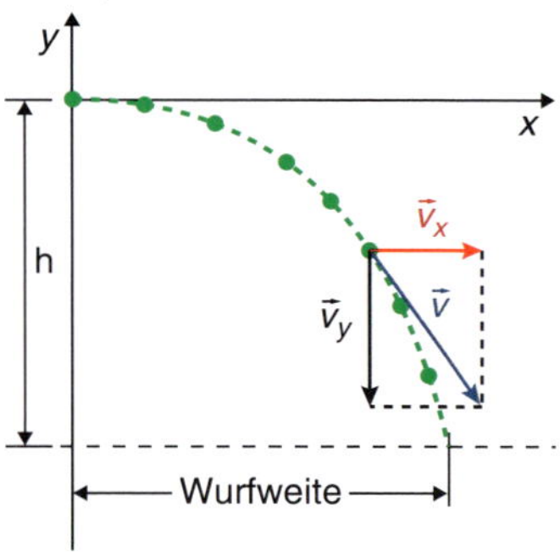

1 Mechanik

Kräfte

Wirken Kräfte auf einen Körper, so ändert er seinen Bewegungszustand oder er verformt sich.
Kräfte werden in der Einheit **Newton** gemessen.
Sie haben eine Richtung und einen Betrag, deshalb werden sie durch **Vektoren** dargestellt.
Kräfte kann man sowohl addieren als auch zerlegen.

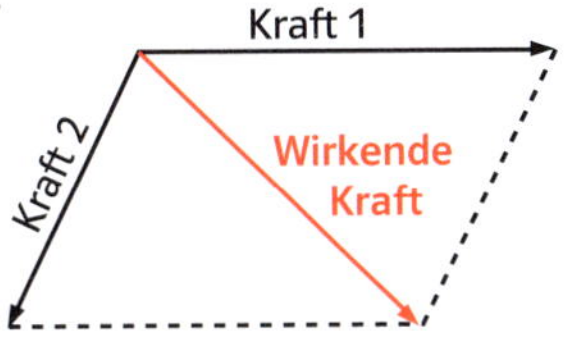

Kräfte sind nicht sichtbar, man kann sie nur an ihren Wirkungen erkennen.
Die Wirkung von Kräften auf einen Körper wird in den drei Newton'schen Axiomen zusammengefasst.

Newton'sche Axiome

1. Axiom: Trägheitsgesetz:
Wirkt auf einen Körper keine Kraft, so verharrt er in seinem Zustand der Ruhe oder gleichförmigen Bewegung.

2. Axiom: Newton'sches Grundgesetz:
$F = m \cdot a$

3. Axiom: Wechselwirkungsgesetz:
$F_A = -F_B$

Erhaltungssätze

Energie ist die Fähigkeit eines Systems Arbeit zu verrichten oder zu speichern.
Impuls ist das Produkt aus Masse m und der Geschwindigkeit v eines Körpers.
In einem abgeschlossenen System gilt der **Energieerhaltungssatz** und der **Impulserhaltungssatz**:
Es kann keine Energie erzeugt oder vernichtet werden.
Die Gesamtenergie und der Gesamtimpuls sind konstant.

Periodische Bewegungen

Eine periodische Bewegung ist eine Bewegung die sich ständig wiederholt, z. B. die gleichförmige Kreisbewegung.
Bei der gleichförmigen Kreisbewegung bewegt sich ein Körper auf einer Kreisbahn mit konstanter Frequenz und konstanter Umlaufdauer. Somit ist auch der Betrag der Bahngeschwindigkeit konstant. Damit der Körper jedoch eine Kreisbewegung ausführt, muss sich die Richtung der Geschwindigkeit zu jedem Zeitpunkt ändern.
Die momentane Geschwindigkeit ist die Steigung der Kurve, also die Tangente an die Kurve.

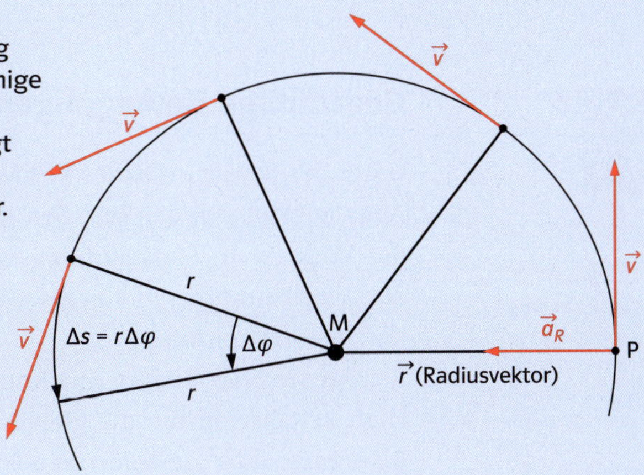

1 Mechanik

- Es gibt zwei Fachgebiete der Physik, die sich mit der Betrachtung von Bewegungen befassen. Kinematik: Betrachtet die Bewegung, ohne die Ursache der Bewegung, also Kräfte zu betrachten. Dynamik: Betrachtet den Einfluss von Kräften auf eine Bewegung.
- Eine geradlinige gleichförmige Bewegung ist eine Bewegung, bei der sich ein Körper mit konstanter Geschwindigkeit bewegt. Er legt also in gleichen Zeitabschnitten gleiche Wegstrecken zurück.
- Eine geradlinige gleichmäßig beschleunigte Bewegung ist eine Bewegung, bei der die Geschwindigkeit in gleichen Zeitabschnitten um den gleichen Betrag zunimmt.
- Beim freien Fall handelt es sich um eine gleichmäßig beschleunigte Bewegung. Die konstante Beschleunigung ist die Erdbeschleunigung.
- Auf einen mit einer Anfangsgeschwindigkeit senkrecht nach oben abgeworfenen Körper wirkt entgegengesetzt der Abwurfrichtung die Gravitationskraft. Hat der Körper seine höchste Höhe erreicht, fällt er im freien Fall nach unten.
- Die Bewegung eines mit einer Anfangsgeschwindigkeit waagerecht abgeworfenen Körpers kann man in zwei Bewegungen aufspalten. In x-Richtung führt der Körper eine gleichförmige Bewegung aus, in y-Richtung eine gleichmäßig beschleunigte Bewegung.
- Kräfte kann man nicht sehen, man kann sie nur an ihren Wirkungen erkennen. Bei der Kraft handelt es sich um einen Vektor, da er einen Betrag und eine Richtung besitzt.
- Energie ist die Fähigkeit eines Systems Arbeit zu verrichten oder im System zu speichern.
- Bei der gleichförmigen Kreisbewegung sind die Frequenz und Umlaufdauer des Körpers konstant. Während der Betrag der Geschwindigkeit konstant ist, ändert sich die Richtung zu jedem Zeitpunkt.

Geradlinige Bewegungen mit konstanter Geschwindigkeit

Unter der Bewegung eines Körpers versteht man die Änderung seines Ortes in Abhängigkeit von der Zeit. Somit kann man eine Bewegung durch die Angabe des Weges s als Funktion der Zeit t beschreiben. Man nennt diese Funktion Zeit-Weg-Funktion $s(t)$. Dargestellt wird diese Funktion im Zeit-Weg-Diagramm, kurz t-s-Diagramm.

Bewegt sich ein Körper mit **konstanter Geschwindigkeit**, so legt er in gleichen Zeitabschnitten die gleiche Wegstrecke zurück. Man nennt eine solche Bewegung auch gleichförmige Bewegung. Der Graph einer solchen Bewegung ist eine Gerade.

Ein Körper bewegt sich gleichförmig, d.h. mit konstanter Geschwindigkeit, wenn er in gleichen Zeitabschnitten gleiche Wegstrecken zurücklegt.

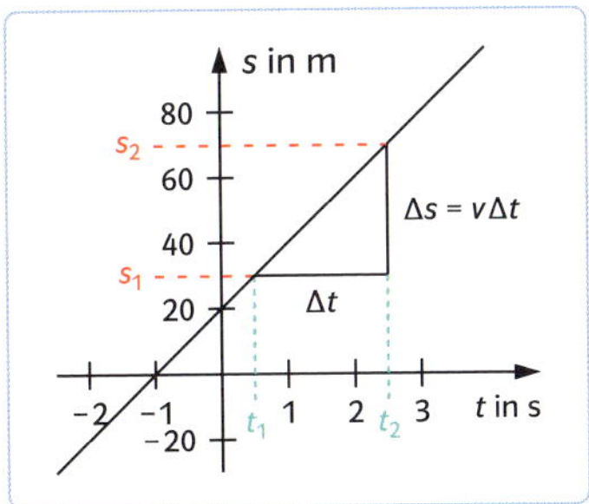

Dabei gibt die Steigung der Geraden die Geschwindigkeit der gleichförmigen Bewegung an.

Für die Geschwindigkeit gilt:

$$v = \frac{\Delta s}{\Delta t} = \frac{s_2 - s_1}{t_2 - t_1}.$$

Einheit: $[v] = 1\,\frac{\text{m}}{\text{s}} = 3{,}6\,\frac{\text{km}}{\text{h}}$

Die Geschwindigkeit wird im Zeit-Geschwindigkeit-Diagramm dargestellt als Parallele zur Zeitachse.
Den zurückgelegten Weg kann man dem Zeit-Weg-Diagramm entnehmen. Der Graph ist eine Gerade.

Der zurückgelegte Weg wird durch das Zeit-Weg-Gesetz beschrieben:
$s(t) = v \cdot t + s_0$, wobei s_0 den zum Zeitpunkt 0 s zurückgelegten Weg angibt.
Die Geschwindigkeitsfunktion wird in einem Zeit-Geschwindigkeit-Diagramm dargestellt, kurz *t-v*-Diagramm. Die Geschwindigkeitsfunktion ist eine Gerade parallel zur *x*-Achse.

Geradlinige Bewegung mit veränderlicher Geschwindigkeit

Unter geradlinigen Bewegungen mit veränderlicher Geschwindigkeit versteht man beschleunigte Bewegungen. Ein Sonderfall ist die Bewegung mit **konstanter Beschleunigung**, die sogenannte **gleichmäßig beschleunigte Bewegung**. Im *t-v*-Diagramm entspricht der Graph einer Geraden. Je größer die Steigung dieser Geraden, umso größer ist die Änderung der Geschwindigkeit in gleichen Zeitabschnitten, d. h. die Beschleunigung.

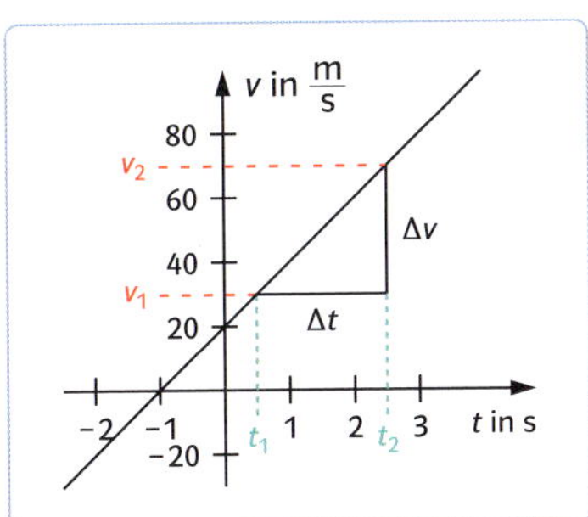

Für die Beschleunigung gilt:

$$a = \frac{\Delta v}{\Delta t} = \frac{v_2 - v_1}{t_2 - t_1}.$$

Einheit: $[a] = 1\,\frac{\text{m}}{\text{s}^2}$

Ein Körper bewegt sich gleichmäßig beschleunigt, wenn seine Geschwindigkeit in gleichen Zeitabschnitten um den gleichen Betrag zunimmt.

Der zurückgelegte Weg wird durch das Zeit-Weg-Gesetz beschrieben:
$s(t) = s_0 + v_0 \cdot t + \frac{1}{2}a \cdot t^2$, wobei s_0 der zurückgelegte Weg und v_0 die Anfangsgeschwindigkeit zum Zeitpunkt 0 s angibt.
Die Geschwindigkeit wird durch das Zeit-Geschwindigkeit-Gesetz beschrieben:
$v(t) = v_0 + a \cdot t$.
Die Beschleunigungsfunktion wird in einem Zeit-Beschleunigung-Diagramm dargestellt, kurz *t-a*-Diagramm. Die Beschleunigungsfunktion ist eine Gerade parallel zur *x*-Achse.

Die Beschleunigung kann man dem Zeit-Beschleunigung-Gesetz entnehmen. Es handelt sich um eine Parallele zur Zeitachse. Die Geschwindigkeit ist im Zeit-Geschwindigkeit-Diagramm als Gerade dargestellt. Der Graph im Zeit-Weg-Diagramm ist eine Parabel.

Der freie Fall

Im Vakuum fallen alle Körper unabhängig von Material und Masse von der gleichen Höhe aus der Ruhe heraus in der gleichen Zeit um die gleiche Strecke. Diese Bewegung nennt man **freier Fall**.

Beim freien Fall handelt es sich um eine **gleichmäßig beschleunigte Bewegung**. Jeder Körper erfährt am gleichen Ort die gleiche konstante Fallbeschleunigung $g = 9{,}814\,\frac{\text{m}}{\text{s}^2}$ (Erdbeschleunigung).

Unter dem freien Fall versteht man, dass im Vakuum alle Körper aus der Ruhe heraus in der gleichen Zeit um die gleiche Strecke fallen. Es handelt sich um eine gleichmäßig beschleunigte Bewegung mit der Beschleunigung g.

Die Bewegungsgesetze des freien Falls lauten, wenn die Fallbewegung zum Zeitpunkt $t = 0$ am Ort $s = 0$ startet:

$$s(t) = \frac{1}{2}gt^2,$$

$$v(t) = g \cdot t = \sqrt{2gs(t)},$$

$$a = g.$$

Die obigen Gesetze kann man auch verwenden, wenn der Luftwiderstand gering ist, oder beim Fall aus geringer Höhe.

Für den freien Fall ist der Graph im t-v-Diagramm eine Gerade und der Körper fällt mit der Zeit immer schneller. Bezieht man den Luftwiderstand mit ein, so wird der Körper immer schneller und erreicht nach einer bestimmten Zeit eine maximale Geschwindigkeit.

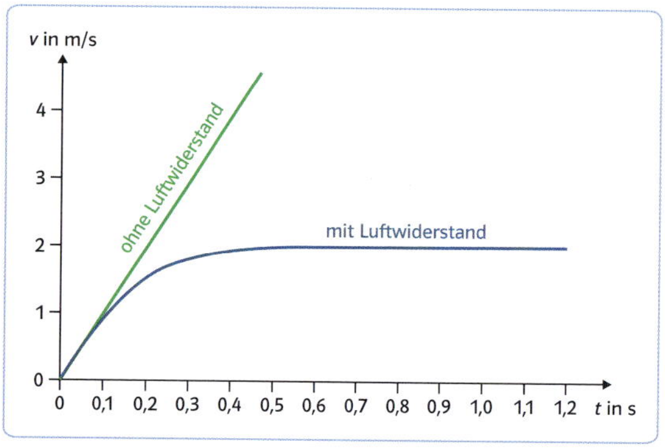

Der senkrechte und waagerechte Wurf

Wird ein Körper mit einer Anfangsgeschwindigkeit senkrecht nach oben abgeworfen, so wirkt auf ihn die Gravitationskraft entgegengesetzt zu seiner Bewegungsrichtung. Er steigt bis zu seinem höchsten Punkt, bevor er im freien Fall nach unten fällt.

Bei den folgenden Wurfbewegungen sehen wir vom Luftwiderstand ab.

Ein Körper wird mit einer Anfangsgeschwindigkeit v_0 **senkrecht nach oben** abgeworfen. Nun wirkt auf ihn die **konstante Gravitationskraft**, die entgegengesetzt der Wurfbewegung wirkt und den Körper in seiner Bewegung bremst. Er steigt also bis zu einer bestimmten Höhe und fällt dann im freien Fall nach unten. Würde keine Gravitationskraft wirken, so würde er ungebremst mit konstanter Geschwindigkeit nach oben weg fliegen.

Für den senkrechten Wurf gelten folgende Bewegungsgesetze:

$s(t) = s_0 + v_0 \cdot t - \frac{1}{2}gt^2$, wobei s_0 die Anfangshöhe und v_0 die Anfangsgeschwindigkeit sind und

$$v(t) = v_0 - g \cdot t.$$

Im höchsten Punkt beträgt die Geschwindigkeit des Körpers null. Somit ergibt sich für die Steigzeit t_h:

$$0 = v_0 - g \cdot t_h \quad \text{also} \quad t_h = \frac{v_0}{g}.$$

Mit dieser Zeit gilt für die Steighöhe s_h:

$$s_h = s_0 + v_0 \cdot t_h - \frac{1}{2} g t_h^2 = s_0 + v_0 \cdot \frac{v_0}{g} - \frac{1}{2} g \left(\frac{v_0}{g}\right)^2 = s_0 + \frac{1}{2} \cdot \frac{v_0^2}{g}.$$

Beim **waagerechten Wurf** wird der Körper mit einer Anfangsgeschwindigkeit v_0 in horizontaler Richtung abgeworfen und fällt dann in senkrechter Richtung genauso schnell wie beim freien Fall. Es findet eine Überlagerung aus einer Bewegung in waagerechter Richtung mit konstanter Geschwindigkeit v_x und in senkrechter Richtung mit konstanter Beschleunigung g statt.
In ***x*-Richtung** gelten die Gesetze der **gleichförmigen Bewegung**:

$$s_x(t) = v_x \cdot t; \qquad v_x = v_0 = \text{konstant}.$$

In ***y*-Richtung** gelten die Gesetze des **freien Falls**:

$$s_y(t) = \frac{1}{2} g \cdot t^2; \qquad v_y(t) = g \cdot t.$$

Wird ein Körper mit einer Anfangsgeschwindigkeit waagerecht abgeworfen, so lässt sich seine Bewegung in zwei Richtungen aufteilen. In *x*-Richtung führt er eine gleichförmige Bewegung aus, in *y*-Richtung eine gleichmäßig beschleunigte Bewegung mit der Beschleunigung *g*.

Aus diesen beiden Gleichungen ergibt sich für die Bahnkurve eine Parabel (der Scheitelpunkt der Parabel liegt im Startpunkt der Bewegung) mit folgender Gleichung:

$$s_y(t) = \frac{g}{2v_0^2} \cdot s_x^2(t).$$

Für die Geschwindigkeit gilt:

$$v(t) = \sqrt{v_x^2 + v_y^2} = \sqrt{v_0^2 + g^2 \cdot t^2}.$$

Für die Wurfweite gilt: $s_{xw} = \sqrt{\frac{2v_0^2 \cdot h}{g}}.$

Für die Wurfzeit gilt: $t_W = \sqrt{\frac{2h}{g}}.$

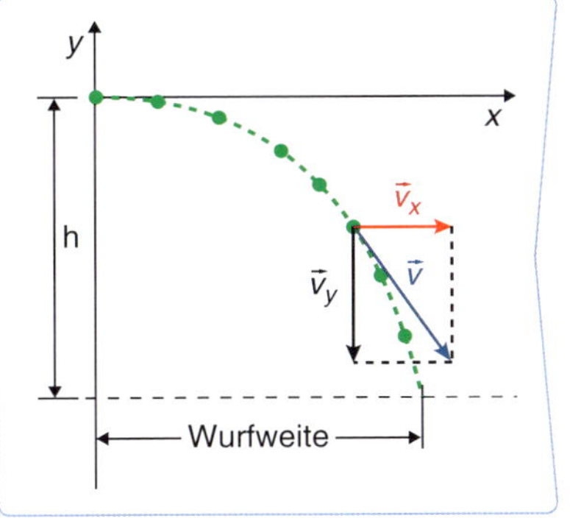

Kräfte

In der Dynamik geht es um **Kräfte und ihre Wirkungen**, d. h. die Ursachen für Bewegungen.
Eine Kraft wirkt dann auf einen Körper, wenn der Körper seinen Bewegungszustand (durch Beschleunigung oder Richtungsänderung) ändert oder sich verformt.
Die Einheit der Kraft ist 1 Newton (1 N). Unter einem Newton versteht man die Kraft, die man benötigt, um einen ruhenden Körper der Masse 1 kg auf $1\,\frac{\text{m}}{\text{s}^2}$ zu beschleunigen. Ein Newton entspricht ungefähr der Gewichtskraft, die ein 100 g-Massestück auf der Erde erfährt.
Da die Kraft einen Betrag und eine Richtung besitzt, ist sie ein Vektor. Kräfte kann man zusammensetzen und zerlegen.

Kräfte sind nur an ihren Wirkungen erkennbar. Ändert ein Körper seinen Bewegungszustand, so wirkt eine Kraft auf ihn. Die Kraft ist ein Vektor, da sie Betrag und Richtung hat.

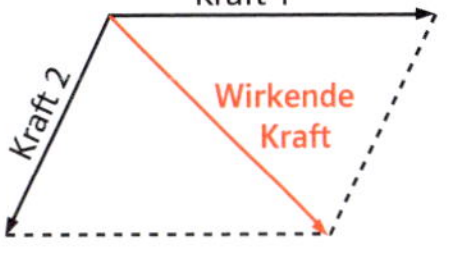

Die Wirkung von Kräften auf einen Körper hat **Newton** in seinen **drei Axiomen** zusammengefasst:

Newton'sche Axiome
1. Trägheitsgesetz: Wirkt auf einen Körper keine Kraft, so verharrt er im Zustand der Ruhe oder gleichförmigen Bewegung.
2. Newton'sches Grundgesetz: $\vec{F} = m \cdot \vec{a}$
3. Wechselwirkungsgesetz: $\vec{F}_A = -\vec{F}_B$

1. Axiom (Trägheitsgesetz)

Jeder Körper verharrt in seinem Zustand der Ruhe oder gleichförmigen geradlinigen Bewegung, wenn er nicht durch einwirkende Kräfte gezwungen wird, seinen Bewegungszustand zu ändern. Man nennt diese Eigenschaft von Körpern **Trägheit**.

2. Axiom (Newton'sches Grundgesetz)

Wirkt auf einen Körper eine Kraft, so wird er in Richtung der Kraft beschleunigt. Die Beschleunigung ist der Kraft proportional. Es gilt:

$$\vec{F} = m \cdot \vec{a}.$$

3. Axiom (Wechselwirkungsgesetz)

Kräfte treten immer paarweise auf. Übt ein Körper A auf einen anderen Körper B eine Kraft aus (actio), so wirkt eine gleichgroße, aber entgegengesetzt gerichtete Kraft von Körper B auf Körper A (reactio).

$$\vec{F}_A = -\vec{F}_B.$$

Hinweis: Da Kraft und Gegenkraft an zwei verschiedenen Körpern angreifen, kann man sie nicht zu einer Gesamtkraft zusammensetzen. Deshalb kann ein Körper mit einer Kraft einen anderen Körper beschleunigen, ohne dass die Gegenkraft diese Beschleunigung verhindert.

Reibungskräfte
- Gleitreibungskraft: Sie wirkt der angreifenden Kraft entgegen und ist proportional zur Normalkraft.
- Haftreibungskraft: Sie muss aufgebracht werden, um den Körper in Bewegung zu versetzen.
- Gleitreibungskraft: Hat der Körper die Haftreibungskraft überwunden, beginnt er zu gleiten.

Eine aus dem Alltag bekannte Kraft ist die **Reibungskraft**. Man unterscheidet drei Arten von Reibungskräften: die Gleitreibungskraft F_{Gl}, die Haftreibungskraft F_H und die Rollreibungskraft F_{Roll}.

Die Gleitreibung tritt z. B. beim Schieben einer Kiste mit konstanter Geschwindigkeit auf.
Sie wirkt der angreifenden Kraft entgegen und ist proportional zur Normalkraft F_N (Kraft, mit der der Körper aufgrund seiner Gewichtskraft senkrecht auf die Unterlage drückt).

Um eine Kiste überhaupt in Bewegung zu versetzen, ist auch eine Kraft notwendig, die Haftreibungskraft. Solange der Körper haftet, ist der Betrag der Haftkraft F_H stets gleich dem Betrag der Zugkraft F_Z. Bei Vergrößerung der Zugkraft vergrößert sich auch die Haftkraft. Dies geht solange, bis die maximale Haftkraft $F_{H,max}$ erreicht ist.

Wirkung von Kräften

Um die Wirkung von Kräften zu untersuchen, eignet sich die schiefe Ebene. Hierbei können verschiedene Körper untersucht werden, die eine solche schiefe Ebene herunterrutschen.

1. Ein rechteckiger Körper rutscht eine schiefe Ebene der Höhe h und Länge x reibungsfrei herunter. Wie lautet die Formel zur Berechnung der Beschleunigung?

   In der folgenden Abbildung sind die auf den Körper wirkenden Kräfte dargestellt.

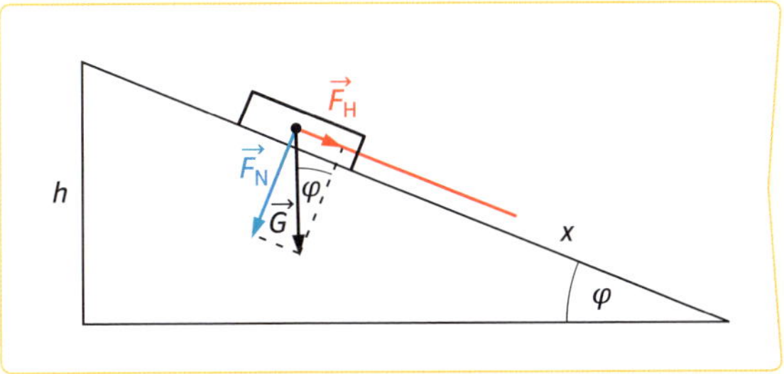

   Der Abbildung kann man folgende Beziehungen entnehmen:

   $$\sin\varphi = \frac{h}{x} \quad \text{bzw.} \quad \sin\varphi = \frac{F_H}{G}.$$

   Aus diesen beiden Beziehungen folgt: $\frac{h}{x} = \frac{F_H}{G}$.

   Mit $F_H = m \cdot a$ und $G = m \cdot g$ ergibt sich für die Beschleunigung:

   $$a = \frac{h}{x} \cdot g.$$

   D. h. je höher die schiefe Ebene, umso schneller der Körper, bei konstanter Länge.
   Je kürzer die schiefe Ebene, umso schneller der Körper, bei konstanter Höhe.

2. Nun wird der rechteckige Körper durch eine Stahlkugel ersetzt. Für eine Länge $x = 1\,\text{m}$ ergeben sich für verschiedene Höhen die folgenden Zeiten, bis die Kugel unten angekommen ist:

	10 Zeitmessungen: t in s										Mittelwert
	t_1	t_2	t_3	t_4	t_5	t_6	t_7	t_8	t_9	t_{10}	t in s
h = 4 cm	2,90	2,83	2,84	2,81	2,79	2,92	2,93	2,72	2,80	2,87	2,84
h = 8 cm	2,04	2,03	1,98	2,07	1,99	2,10	2,08	1,95	2,00	1,95	2,02
h = 12 cm	1,63	1,59	1,70	1,68	1,65	1,60	1,68	1,72	1,61	1,66	1,65
h = 16 cm	1,38	1,45	1,46	1,37	1,38	1,49	1,40	1,35	1,42	1,41	1,41

Aus diesen Werten ergibt sich für die mittlere Geschwindigkeit und für die Endgeschwindigkeit folgende Werte:

Höhe der schiefen Ebene	$h = 4\,\text{cm}$	$h = 8\,\text{cm}$	$h = 12\,\text{cm}$	$h = 16\,\text{cm}$
t in s	2,84	2,02	1,65	1,41
$\overline{v}$ in $\frac{\text{m}}{\text{s}}$	0,352	0,495	0,606	0,709
v in $\frac{\text{m}}{\text{s}}$	0,704	0,990	1,21	1,42
$a = v \cdot t$ in $\frac{\text{m}}{\text{s}}$	0,248	0,490	0,733	1,010
$a = \frac{h}{x} \cdot g$ in $\frac{\text{m}}{\text{s}}$	0,392	0,785	1,180	1,570

Hinweis: Da die Kugel mit $v = 0$ startet und es sich um eine gleichmäßig beschleunigte Bewegung handelt, ist die Endgeschwindigkeit doppelt so groß wie die mittlere Geschwindigkeit.

Zusätzlich wurde die Beschleunigung berechnet, einmal nach der Formel für gleichmäßig beschleunigte Bewegungen und einmal nach der zuvor für den rechteckigen Körper hergeleiteten Formel.
Es ergibt sich, dass der Klotz schneller reibungsfrei die Ebene herunterrutscht, als die Kugel die Ebene herunterrollt.
Dies liegt an der Tatsache, dass die Kugel rotiert. Somit wird ein Teil der Lageenergie in Rotationsenergie umgewandelt. Für eine Kugel, die eine schiefe Ebene herunterrollt gilt, dass $\frac{2}{7}$ der Lageenergie in Rotationsenergie umgewandelt wird und nur $\frac{5}{7}$ für die kinetische Energie übrigbleibt.

Wurde die maximale Haftkraft überschritten, kommt der Körper ins Gleiten. Zieht man mit konstanter Geschwindigkeit, so sind die Beträge von Zugkraft F_Z und Gleitreibungskraft F_{Gl} gleich. In der Regel ist die Gleitreibungskraft etwas kleiner als die maximale Haftkraft. Beginnt der Körper zu rollen, so liegt Rollreibung vor.

Für Reibungskräfte gilt: $F_R = f \cdot F_N$, wobei f die Reibungszahl ist und von der Oberflächenbeschaffenheit des Körpers abhängt.

Arbeit und Energieerhaltungssatz

Unter **mechanischer Arbeit** versteht man die Energie, die ein Teilsystem auf ein anderes Teilsystem durch eine Kraft F längs eines Weges s überträgt.
Es gilt: $W = F \cdot s$.

Unter **Energie** versteht man in der Physik die Fähigkeit des Systems Arbeit zu verrichten oder im System zu speichern. Energie erkennt man an ihren verschiedenen Wirkungen (Licht, Bewegung, Wärme). Deshalb unterscheidet man zwischen mechanischer, elektrischer, magnetischer, thermischer oder chemischer Energie.

Arbeit ist die Energie, die von einem System auf ein anderes durch eine Kraft F längs eines Weges übertragen wird.
Energie ist die Fähigkeit Arbeit zu verrichten oder zu speichern.
In einem abgeschlossenen System gilt der Energieerhaltungssatz.

In einem abgeschlossenen System gilt der **Energieerhaltungssatz**:
Die Gesamtenergie eines abgeschlossenen reibungsfreien Systems ist konstant. Es kann also keine Energie erzeugt oder vernichtet werden.
Unter einem **abgeschlossenen System** versteht man ein System, in dem kein Austausch mit der Außenwelt stattfindet. In der Praxis ist das natürlich fast nie der Fall. Es gibt jedoch Fälle, in denen der Austausch gering ist und vernachlässigt werden kann.
Einem nicht abgeschlossenen System kann Energie entzogen oder zugeführt werden.

Die mechanische Energie unterteilt sich in:
- **kinetische Energie** (Bewegungsenergie) und
- **potenzielle Energie** (Lageenergie).

Die kinetische Energie gibt an, wie viel Arbeit man verrichten muss, um einen Körper aus der Ruhe auf eine bestimmte Geschwindigkeit zu beschleunigen. Die gleiche Arbeit braucht man auch, um den Körper wieder abzubremsen. Die kinetische Energie hängt von der Masse m und der Geschwindigkeit v des bewegten Körpers ab.

Es gilt: $E_{kin} = \frac{1}{2} mv^2$.

Arten mechanischer Energie
- Kinetische Energie: Gibt die notwendige Arbeit an, um einen Körper auf eine bestimmte Geschwindigkeit zu beschleunigen.
- Potenzielle Energie: Energie, die ein Körper bzgl. eines Ausgangspunktes besitzt.

Hebt man einen Körper der Masse m um eine Höhe h, so muss seine Gewichtskraft $G = mg$ durch eine gleichgroße, aber entgegengesetzt gerichtete Kraft aufgebracht werden. Die dazu notwendige Arbeit nennt man **Hubarbeit**. Da diese Arbeit nun im Körper gespeichert ist, besitzt er Energie, nämlich potenzielle Energie.
Somit ist die potenzielle Energie, diejenige Energie, die ein Körper durch seine relative Lage bzgl. eines Ausgangspunktes besitzt.
Es gilt: $E_{pot} = m \cdot g \cdot h$.

Zur potenziellen Energie gehört auch die **Spannenergie**, die einer Feder durch Dehnung oder Stauchung zugeführt wird.
Es gilt: $E_{Span} = \frac{1}{2} Ds^2$ (D = Federhärte).
Die Energie hat die Einheit **Joule** (J).
Den Quotienten aus der umgesetzten Energie ΔE und der dazu benötigten Zeit Δt nennt man die **Leistung** P: $P = \frac{\Delta E}{\Delta t}$. Einheit der Leistung: $[P] = 1\,\mathrm{W}$ (Watt).

Impuls und Impulserhaltungssatz

Treffen zwei Körper aufeinander, so wechselwirken sie miteinander. Diese Wechselwirkung zeigt sich vor allem, wenn zwei Körper zusammenstoßen. Der Ausgang des Stoßes hängt von der Masse und der Geschwindigkeit der beiden Stoßpartner ab.

Das Produkt aus Masse m und Geschwindigkeit v eines Körpers wird als **Impuls** p definiert: $\vec{p} = m \cdot \vec{v}$.

Impuls ist das Produkt aus der Masse m und der Geschwindigkeit v eines Körpers. Eine Kraft, die eine bestimmte Zeit auf einen Körper wirkt, führt zu einer Impulsänderung.

Der Impuls eines Körpers kann geändert werden, indem man die Masse, den Betrag oder die Richtung der Geschwindigkeit ändert.
Wirkt auf einen Körper über eine bestimmte Zeitspanne eine Kraft, so führt dies auch zu einer Änderung des Impulses. Für die Änderung gilt:

$$\Delta p = F \cdot \Delta t.$$

Einheit des Impulses: $[p] = 1\,\mathrm{Ns} = 1\,\mathrm{kg\,m\,s^{-1}}$

Grundlegend für die Beschreibung von Stoßvorgängen ist der **Impulserhaltungssatz**:
In einem abgeschlossenen System ist der Gesamtimpuls konstant.

Für gerade Stöße gilt somit:
Der Impuls beider Stoßpartner vor dem Stoß ist gleich dem Impuls beider Stoßpartner nach dem Stoß:

$$p_A + p_B = p'_A + p'_B \quad \text{bzw.} \quad m_A \cdot v_A + m_B \cdot v_B = m_A \cdot v'_A + m_B \cdot v'_B.$$

Man unterscheidet zwei Arten von Stößen, den zentralen elastischen und den zentralen unelastischen Stoß.

Beim **zentralen elastischen Stoß** gilt sowohl der Impulserhaltungssatz als auch für die kinetische Energie der Energieerhaltungssatz. Es geht keine kinetische Energie in Form von Wärme, Verformung des Körpers oder potenzielle Energie verloren. Die beiden Stoßpartner bewegen sich nach dem Stoß getrennt voneinander fort.

Beim **zentralen unelastischen Stoß** gilt der Impulserhaltungssatz, einen Energieerhaltungssatz für die kinetische Energie gibt es jedoch nicht. Ein Teil der kinetischen Energie geht in Form von Wärme oder Verformung des Körpers verloren. Nach dem Stoß bewegen sich die beiden Körper gemeinsam mit der gleichen Geschwindigkeit fort.

Kreisbewegung

Bei einer Kreisbewegung handelt es sich um eine **periodische Bewegung**, die sich ständig wiederholt.
Wir betrachten im Folgenden nur **gleichförmige Kreisbewegungen**, d.h. Frequenz und Umlaufdauer sind konstant. Damit ist der Betrag der Bahngeschwindigkeit konstant, während sich ihre Richtung zu jedem Zeitpunkt ändert.

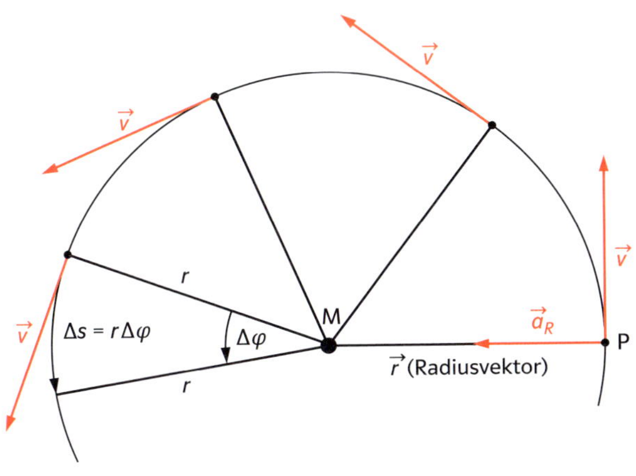

Eine Kreisbewegung wird durch folgende Größen beschrieben:

- **Umlaufzeit** T: Sie ist der Quotient aus der Zeit t für n Umläufe und der Anzahl n der Umläufe. Es gilt: $T = \frac{t}{n}$; Einheit: $[T] = 1\,\text{s}$.
- **Frequenz** f: Sie ist der Quotient aus der Anzahl n der Umläufe und der Zeit t für n Umläufe. Es gilt: $f = \frac{n}{t} = \frac{1}{T}$; Einheit: $[f] = 1\,\text{Hz}$.
- **Winkelgeschwindigkeit** ω: Sie ist der Quotient aus dem vom Radiusvektor überstrichenen Winkel $\Delta\varphi$ und der dazu benötigten Zeit Δt.
  Es gilt: $\omega = \frac{\Delta\varphi}{\Delta t} = \frac{2\pi}{T} = 2\pi f$; Einheit: $[\omega] = 1\,\text{s}^{-1}$.

Eine Kreisbewegung ist eine sich ständig wiederholende Bewegung. Eine Kreisbewegung ist gleichförmig, wenn sich der Betrag der Bahngeschwindigkeit nicht ändert. Bei der gleichförmigen Kreisbewegung handelt es sich um eine beschleunigte Bewegung, da ständig die Zentripetalkraft wirkt. Sie wirkt wie die Zentripetalbeschleunigung zum Mittelpunkt des Kreises.

- **Bahngeschwindigkeit** v: Sie ist die Geschwindigkeit, mit der der Körper auf dem Kreis mit dem Radius r umläuft. Für die Geschwindigkeit gilt: $v = \frac{\Delta s}{\Delta t} = \frac{2\pi r}{T} = 2\pi r f = r\omega$; Einheit: $[v] = 1\,\frac{\mathrm{m}}{\mathrm{s}}$.
- **Zentripetalkraft** oder Zentralkraft F_Z: Sie ist die Kraft, die notwendig ist, damit sich die Richtung der Geschwindigkeit zu jedem Zeitpunkt ändert. Sie wirkt zum Mittelpunkt der Kreisbewegung, also senkrecht zur Bewegungsrichtung. Es gilt: $F_Z = m\,\omega^2 r = m\,\frac{v^2}{r}$; Einheit: $[F_Z] = 1\,\mathrm{N}$
- **Zentripetalbeschleunigung** oder Zentralbeschleunigung a_Z: Sie wird durch die Zentripetalkraft hervorgerufen und wirkt wie die Zentripetalkraft zum Mittelpunkt der Kreisbewegung. Es gilt: $a_z = \omega^2 r = \frac{v^2}{r}$; Einheit: $[a_Z] = 1\,\frac{\mathrm{m}}{\mathrm{s}^2}$.

ISAAC NEWTON (1643 – 1727)

- Isaac Newton wurde am 4. Januar 1643 in Whoolsthorp bei Grantham geboren. Da er aus ärmlichen Verhältnissen stammte, konnte er erst später als andere eine Schule in Grantham besuchen. Dort wurden seine Talente erkannt und er erhielt ein Stipendium an der Universität Cambridge.
- Ab 1661 studierte er am Trinity College der Universität Cambridge.
- Während einer Pestepidemie 1664/65 wurde der Lehrbetrieb eingestellt und er hatte in seinem Elternhaus eine äußerst produktive Zeit. Er entwickelte die Infinitesimalrechnung, ein neues Verständnis vom Licht und die Grundlagen der Gravitationstheorie.
- Nach seiner Rückkehr nach Cambridge veröffentlichte er seine erste Abhandlung über das Licht. Diese stieß jedoch seitens anderer Physiker, vor allem Robert Hookes, der in Newton einen Konkurrenten sah, auf Widerstand. Erst nach Hookes Tod 1703 veröffentlichte Newton sein Gesamtwerk „Opticks".
- Newton erfand einen einfachen Typ des Spiegelteleskops und stellte es 1671 der Royal Society vor.
- 1687 erscheint sein Hauptwerk „Philosophiae Naturalis Principia Mathematica". Ebenso veröffentlicht er in diesem Jahr die Newton'schen Axiome.
- 1696 übernimmt Newton das Amt des Aufsehers des Landes-Münzamtes.
- 1698 übernimmt er das Amt des Hauptdirektors der Königlichen Münze.
- Ab 1703 ist er Präsident der Royal Society. In dieser Funktion entdeckt er die gegenseitige Anziehung von Massen (Gravitation) und schließt aus dem 3. Kepler'schen Gesetz, dass die dabei wirkende Kraft umgekehrt proportional dem Quadrat des Abstands der beiden Körper ist.
- Am 31. März 1727 stirbt Newton.

PORTRÄT

Gleichförmige Bewegung:
$s(t) = s_0 + v \cdot t$, s_0 ist der zum Zeitpunkt $t = 0$ zurückgelegte Weg.

$v = \frac{\Delta s}{\Delta t}$

Gleichmäßig beschleunigte Bewegung:

$s(t) = s_0 + v_0 \cdot t + \frac{1}{2} a \cdot t^2$, s_0 ist der Weg und v_0 die Geschwindigkeit zum Zeitpunkt $t = 0$

$v(t) = v_0 + a \cdot t$

$a = \frac{\Delta v}{\Delta t}$

Freier Fall:

$s(t) = \frac{1}{2} g t^2$

$v(t) = g \cdot t = \sqrt{2gs(t)}$

$a = g$

Senkrechter Wurf:

$s(t) = s_0 + v_0 \cdot t - \frac{1}{2} g t^2$, s_0 ist die Anfangshöhe und v_0 die Anfangsgeschwindigkeit

$v(t) = v_0 - g \cdot t$

$t_h = \frac{v_0}{g}$

$s_h = s_0 + \frac{1}{2} \cdot \frac{v_0^2}{g}$

Waagerechter Wurf:

$s_y(t) = \frac{g}{2v_0^2} \cdot s_x^2(t);$ mit $s_x(t) = v_x \cdot t;$ $v_x = v_0 = \text{konstant}$

$v(t) = \sqrt{v_x^2 + v_y^2} = \sqrt{v_0^2 + g^2 \cdot t^2}$

$s_{xw} = \sqrt{\frac{2v_0^2 \cdot h}{g}}$

$t_w = \sqrt{\frac{2h}{g}}$

Kräfte:
Bei der Kraft handelt es sich um einen Vektor, da er einen Betrag und eine Richtung besitzt.

Newton'sche Axiome:

1. Axiom (Trägheitsgesetz):
Jeder Körper verharrt in seinem Zustand der Ruhe oder gleichförmigen geradlinigen Bewegung, wenn er nicht durch einwirkende Kräfte gezwungen wird, seinen Bewegungszustand zu ändern. Man nennt diese Eigenschaft von Körpern Trägheit.

2. Axiom (Newton'sches Grundgesetz):
$\vec{F} = m \cdot \vec{a}$

3. Axiom (Wechselwirkungsgesetz):
$\vec{F}_A = -\vec{F}_B$

Mechanische Arbeit:

$W = F \cdot s$

Energieerhaltungssatz:

In einem abgeschlossenen System wird keine Energie erzeugt oder vernichtet.

Kinetische Energie:

$E_{kin} = \frac{1}{2} mv^2$

Potenzielle Energie:

$E_{pot} = m \cdot g \cdot h$

Impuls:

$\vec{p} = m \cdot \vec{v}$
Für die Änderung des Impulses durch eine Kraft gilt: $\Delta p = F \cdot \Delta t$.

Impulserhaltungssatz:

In einem abgeschlossenen System ist der Gesamtimpuls konstant.

Kreisbewegung:

$T = \frac{t}{n}$

$f = \frac{n}{t} = \frac{1}{T}$

$\omega = \frac{\Delta\varphi}{\Delta t} = \frac{2\pi}{T} = 2\pi f$

$v = \frac{\Delta s}{\Delta t} = \frac{2\pi r}{T} = 2\pi r f = r\omega$

$F_Z = m\omega^2 r = m\,\frac{v^2}{r}$

$a_z = \omega^2 r = \frac{v^2}{r}$

AUF EINEN BLICK

Elektrische Ladungen

Es gibt positive und negative Ladungen. Die kleinste Ladungsmenge ist die **Elementarladung** e. Teilchen besitzen entweder die Ladung 0 oder ein ganzzahliges Vielfaches von $+e$ oder $-e$. Das **Elektron** hat die kleinste negative Ladung ($-1e$), das **Proton** die kleinste positive Ladung ($+1e$).
Ladungsmengen kann man mittels eines Elektroskops nachweisen, die Art der Ladung mittels einer Glimmlampe.

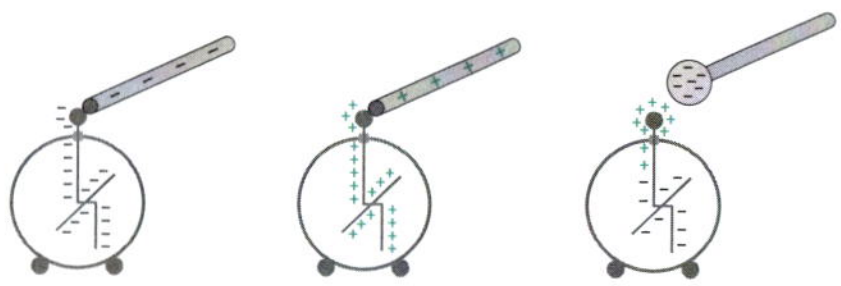

Elektrische Stromstärke

Die Stromstärke I ist definiert als der Quotient aus der durch einen Leiterquerschnitt fließenden elektrischen Ladung ΔQ und der dazu benötigten Zeit Δt.

$$I = \frac{\Delta Q}{\Delta t}$$

Gleiche Stromstärke in unterschied lichen Leitern mit gleichem Leiterquerschnitt bedeutet nicht unbedingt, dass die Ladungsträger die gleiche Geschwindigkeit besitzen. Bei gleicher Stromstärke können sich viele Ladungsträger langsam oder relativ wenige Ladungsträger schnell durch den gleichen Leiterquerschnitt bewegen.

Elektrisches Feld

Jede elektrische Ladung ist von einem elektrischen Feld umgeben. Beschrieben werden Ladungen durch **elektrische Feldlinien**, deren Richtung mit der Richtung der Kraft, die ein positiv geladener Körper in ihnen erfährt, gleich ist.

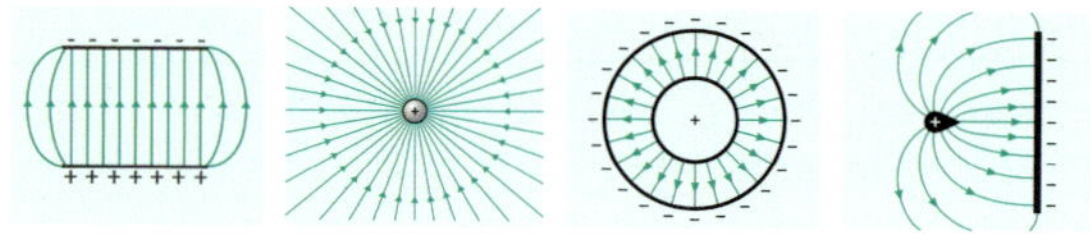

Eigenschaften:
- In der Elektrostatik gibt es keine geschlossenen Feldlinien.
- Feldlinien schneiden sich nicht.
- Elektrische Felder wirken durch Glas hindurch.
- Elektrische Felder gibt es auch im luftleeren Raum.
- Elektrische Felder können abgeschirmt werden.
- Feldlinien enden auf Leitern immer senkrecht.
- Es gibt unendlich viele Feldlinien. Je dichter die Feldlinien, umso größer ist die Kraftwirkung des Feldes auf die Ladungen.

Elektrisches Potenzial und Spannung

Der Quotient aus der potenziellen Energie, die man benötigt, um einen geladenen Körper im elektrischen Feld vom Bezugsniveau P_0 zu einem Punkt P zu bringen, und seiner Ladung, heißt elektrisches Potenzial.

$$\varphi = \frac{E_{pot}}{Q}$$

Die **Potenzialdifferenz** zwischen zwei Punkten nennt man auch Spannung.

$$U = \varphi_A - \varphi_B$$

Die Spannung hängt nicht vom Bezugsniveau ab. Flächen, auf denen sich die potenzielle Energie nicht ändert, nennt man **Äquipotenzialflächen**.

Elektrische Feldstärke

Die elektrische Feldstärke ist der Quotient aus der elektrischen Feldkraft F und der Ladung Q. $E = \frac{F}{Q}$

Die elektrische Feldstärke ist ein Vektor, dessen Richtung der Richtung der elektrischen Kraft auf einen positiv geladenen Körper entspricht. Im homogenen Feld ist sie in Betrag und Richtung überall gleich.

Kondensatoren

Kondensatoren speichern elektrische Ladungen bzw. elektrische Energie. Die **Kapazität** C eines Kondensators gibt an, wie viel Ladung ein Kondensator speichern kann. Sie ist der Quotient aus der gespeicherten Ladung und der anliegenden Spannung: $C = \frac{Q}{U}$.

Die Kapazität ist bei vorgegebener Spannung
- proportional zur Plattenfläche A,
- umgekehrt proportional zum Plattenabstand d,
- proportional zur Dielektrizitätszahl.

$$C = \varepsilon_0 \cdot \varepsilon_r \cdot \frac{A}{d}$$

Lädt man einen Kondensator über eine Gleichspannungsquelle auf, so ist der dabei fließende **Aufladestrom** auf einen Anfangswert begrenzt. Die Ladung und Spannung nehmen aufgrund des sich aufbauenden elektrischen Feldes nur langsam zu, während die Stromstärke immer kleiner wird.
Entlädt sich der Kondensator, so nimmt die Spannung ab. Die Stromstärke wechselt ihre Polarität und wird wie die Ladung immer kleiner, bis keine Ladung mehr vorhanden ist.

Aufladung

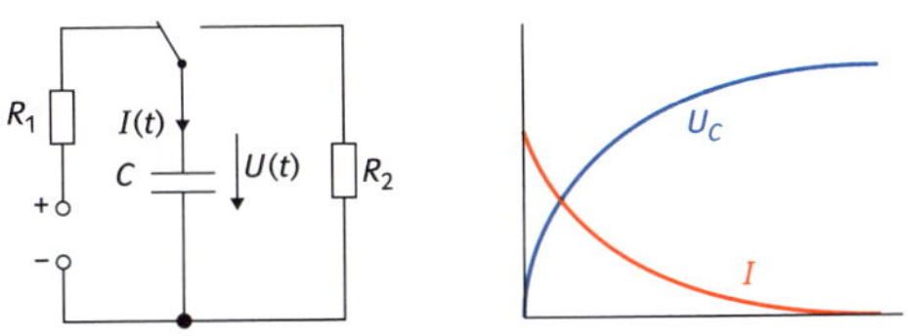

Entladung

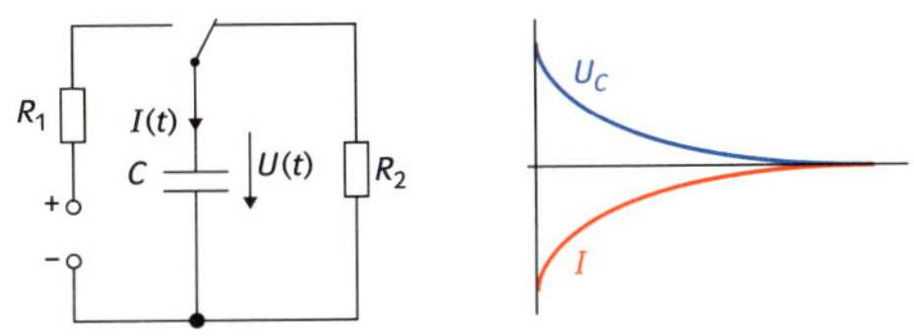

Ladungsträger im elektrischen Längsfeld

Elektrisch geladene Teilchen bewegen sich parallel zu elektrischen Feldlinien.
Dabei gelten die Gesetze der geradlinig gleichmäßig beschleunigten Bewegung.
Je nach Art der Ladung der Teilchen und der Richtung der Anfangsgeschwindigkeit werden sie **beschleunigt** oder **abgebremst**.

Ein Elektron wird aufgrund der elektrischen Feldkraft in Richtung der positiven Platte eines Kondensators beschleunigt.

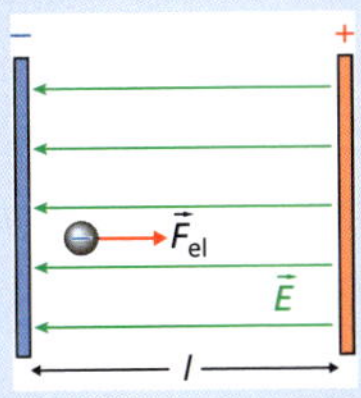

Ladungsträger im elektrischen Querfeld

Die elektrisch geladenen Teilchen bewegen sich senkrecht zu den Feldlinien.
Tritt das elektrisch geladene Teilchen mit der Geschwindigkeit $\vec{v}_0$ in das Feld ein, so wird es durch die elektrische Feldkraft zur entgegengesetzt geladenen Platte beschleunigt.
Die Bewegung ist vergleichbar mit dem aus der Mechanik bekannten waagerechten Wurf.

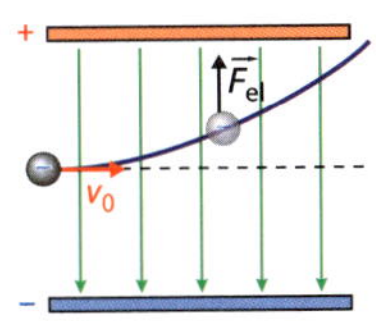

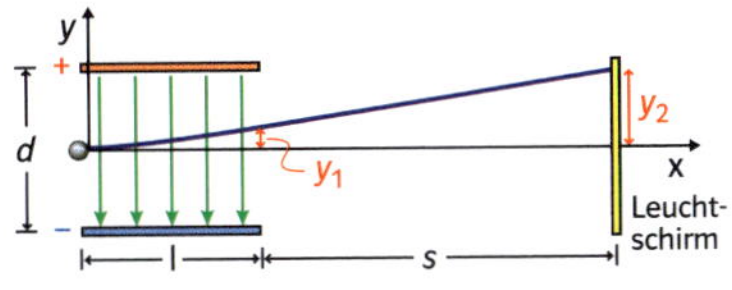

2 Elektrisches Feld

- Es gibt zwei Arten von Ladungen: positive und negative Ladungen. Dabei gilt: gleichnamige Ladungen stoßen sich ab, ungleichnamige Ladungen ziehen sich an. Werden elektrische Ladungen transportiert, so fließt ein Strom.
- Um einen elektrisch geladenen Körper befindet sich ein elektrisches Feld, in dem elektrisch geladene Körper Kräfte erfahren. Solche Felder werden durch Feldlinien beschrieben. Dabei unterscheidet man zwischen homogenen und inhomogenen Feldern.
- Durch Verschieben entgegen der Richtung der Feldlinien kann man einem positiv geladenen Körper Energie zuführen. Verschiebt man ihn mit der Feldlinienrichtung, so entzieht man ihm Energie. Die Energie, die zum Verschieben der Ladung notwendig ist, dividiert durch die Ladung ergibt die Spannung.
- In einem Radialfeld nimmt die Feldstärke quadratisch mit der Entfernung vom Mittelpunkt ab. Die Kraft zwischen zwei Punktladungen berechnet sich nach dem Coulomb'schen Gesetz.
- In einem Kondensator kann man elektrische Energie speichern. Die Menge, die ein Kondensator speichern kann, wird durch die Kapazität des Kondensators angegeben. Der einfachste Kondensator ist der Plattenkondensator. Man kann Kondensatoren wie Widerstände in Reihe oder parallel schalten.
- Elektronen können nach dem glühelektrischen Effekt aus glühenden Drähten herausgelöst werden. Durch elektrische Felder kann man die Elektronen aus ihrer Bahn ablenken. Dabei unterscheidet man elektrische Längsfelder und elektrische Querfelder.

Elektrische Ladung

Es gibt positive und negative Ladungen. Besitzt ein Körper mehr positive Ladungen als negative, so hat er Elektronenmangel. Besitzt er mehr negative Ladungen als positive, hat er Elektronenüberschuss.

Man unterscheidet **positive** und **negative** Ladungen.
Alle Körper sind aus Atomen aufgebaut. Nach außen hin ist ein Atom elektrisch neutral, d. h. es besitzt gleich viel positive wie negative Ladungen. Die negativen Ladungen, die **Elektronen**, befinden sich in der Atomhülle. Die positiven Ladungen, die **Protonen**, befinden sich im Atomkern.
Die kleinste negative Ladung besitzt das Elektron, nämlich $-1\,e$ (e = Elementarladung). Die kleinste positive Ladung besitzt das Proton, nämlich $+1\,e$.

Ist ein Körper positiv geladen, so besitzt er mehr positive Ladungen als negative. Der Körper hat einen **Elektronenmangel**.
Ist der Körper negativ geladen, so hat er mehr negative Ladungen als positive. Der Körper hat einen **Elektronenüberschuss**.

Zwischen geladenen Körpern wirken Kräfte. Gleichnamig geladene Körper stoßen sich ab, ungleichnamig geladene Körper ziehen sich an.

Elektrische Ladungen kann man mittels eines **Elektroskops** nachweisen. Berührt an mit einem negativ geladenen Stab ein Elektroskop, so wandern die Elektronen des Stabes auf den Metallstab und den Zeiger des Elektroskops. Nun stoßen sich der Metallstab und der Zeiger ab und man kann einen Ausschlag erkennen (Abb. 1).
Berührt man das Elektroskop mit einem positiv geladenen Stab, so wandern die Elektronen des neutralen Elektroskops auf den positiv geladenen Stab und es kommt zu einem Elektronenmangel im Elektroskop. Nun sind der Metallstab und der Zeiger des Elektroskops positiv geladen und sie stoßen sich ab (Abb. 2).
Nähert man den negativ geladenen Stab nur dem Elektroskop, so kommt es im Elektroskop zu einer **Ladungstrennung**, auch Influenz genannt. Dabei wandern im Elektroskop die negativen Ladungen nach unten, weg vom Stab, während die positiven Ladungen an ihren Plätzen bleiben. Im unteren Teil herrscht nun Elektronenüberschuss, im oberen Teil Elektronenmangel (Abb. 3).

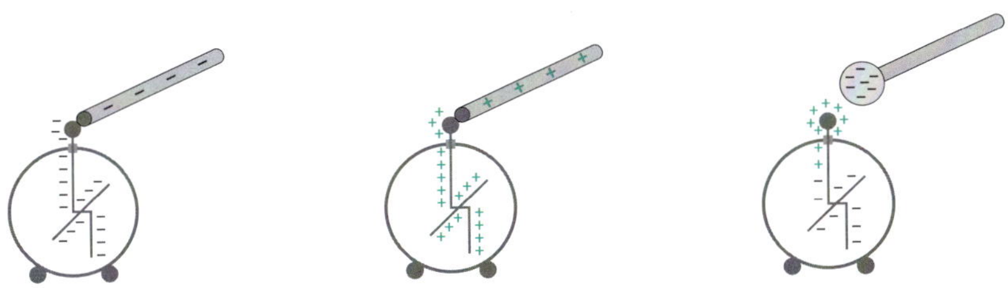

Abb. 1 Abb. 2 Abb. 3

Die **elektrische Ladung** Q gibt an, wie groß der Elektronenmangel oder Elektronenüberschuss eines Körpers ist.
Es gilt: $Q = N \cdot e$, wobei N die Anzahl der Ladungen ist.
Die Einheit der Ladung ist das Coulomb (1 C).
Für die Elementarladung gilt: $e = 1{,}6 \cdot 10^{-19}\,\mathrm{C}$.

Wie viel Elektronenüberschuss oder Elektronenmangel ein Körper hat, wird durch die Ladung Q beschrieben.
Ein elektrischer Strom fließt dann, wenn Ladung transportiert wird.

Wird elektrische Ladung transportiert, so ist ein **elektrischer Strom** vorhanden.
Die **Stromstärke** I ist der Quotient aus der durch einen Leiterquerschnitt fließenden elektrischen Ladung ΔQ und der dazu benötigten Zeit Δt. Es gilt:

$$I = \frac{\Delta Q}{\Delta t}.$$

Einheit: $[I] = 1\,\mathrm{A}$.
Für die Stromrichtung gilt: Die Richtung des Stromes ist die Richtung, in die sich die positiven Ladungen bewegen.

Bestimmung der Elementarladung

Robert Andrews Millikan gelang es zwischen 1909 und 1913 die Elementarladung e zu bestimmen. Er verbesserte einen Versuch von H. A. Wilson. Millikan verwendete die sogenannte Tröpfchenmethode, heute als Millikan-Versuch bekannt.

Aufbau des Millikan-Versuchs:

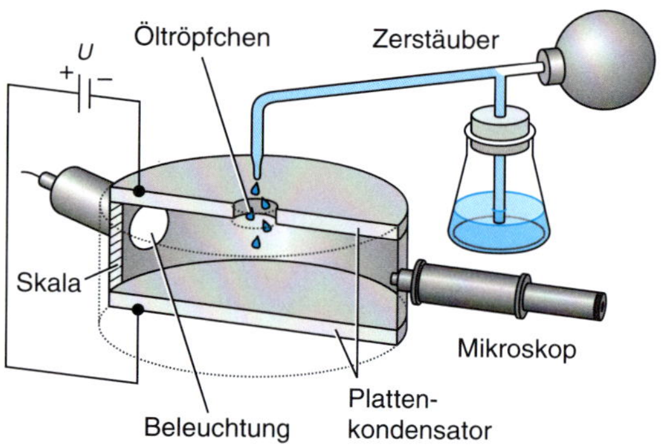

In einen Plattenkondensator werden parallel zu den Feldlinien Öltröpfchen gesprüht. Dabei werden sie durch die Reibung schwach geladen. Die Öltröpfchen werden seitlich durch ein Mikroskop beobachtet. Liegt am Kondensator keine Spannung an, so hängt es von der Größe der Tröpfchen ab, wie schnell sie nach unten sinken.

Legt man die Spannung U an den Kondensator, so sinken manche Tröpfchen schneller, manche langsamer, andere steigen sogar nach oben. Durch Verändern der Spannung kann man bestimmte Tröpfchen zum Schweben bringen. Umpolung der Spannung führt dazu, dass Tröpfchen, die vorher gefallen sind, nun steigen.

Auf die Tröpfchen mit der Masse m, dem Volumen V und der Ladung q wirken folgende Kräfte:

Gewichtskraft $F_G = m \cdot g$

Elektrische Kraft $F_{el} = q \cdot E$

Stokes'sche Reibungskraft $F_R = 6\pi \cdot \eta \cdot r \cdot v$ (η: Zähigkeit des Stoffes, r: Tröpfchenradius; v: Geschwindigkeit)

Im Plattenkondensator gilt für die Öltröpfchen beim:

1. Steigen mit Feld: Die Gravitationskraft und die elektrische Kraft sind entgegengesetzt gerichtet. Das Tröpfchen steigt mit konstanter Geschwindigkeit. Es gilt:
$$F_{el} = F_G + F_R \quad \text{bzw.} \quad q \cdot E = m \cdot g + 6\pi \cdot \eta \cdot r \cdot v_1 .$$
2. Fallen mit Feld: Die Gravitationskraft und die elektrische Kraft sind gleich gerichtet. Das Tröpfchen fällt mit konstanter Geschwindigkeit. Es gilt:
$$F_R = F_G + F_{el} \quad \text{bzw.} \quad 6\pi \cdot \eta \cdot r \cdot v_2 = m \cdot g + q \cdot E .$$

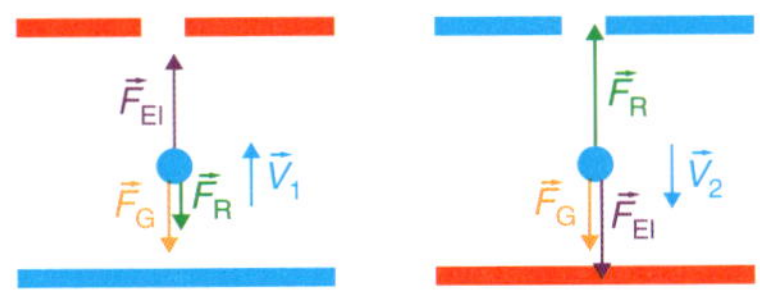

Um die Elementarladung $q = n \cdot e$ zu bestimmen, löst man die beiden Gleichungen nach v_1 bzw. v_2 auf und bestimmt $v_1 + v_2$ bzw. $v_2 - v_1$. Eliminiert man in beiden Gleichungen r und löst die erhaltene Gleichung nach q auf, so erhält man mit $E = \frac{U}{d}$ und der Teilchenmasse $m = \frac{4}{3}\pi r^3 \varrho$ (ϱ: Dichte des Öls):

$$q = n \cdot e = \frac{9}{2}\pi \sqrt{\frac{\eta^3 d^2}{\varrho g}}\, \frac{1}{U}\,(v_1 + v_2)\sqrt{v_2 - v_1} .$$

Genaue Messungen ergaben für die Elementarladung: $e = 1{,}60217646 \cdot 10^{-19}\,\text{C}$.

1923 erhielt Millikan für den Nachweis der Quantelung der elektrischen Ladung den Nobelpreis.

Das elektrische Feld

Ein elektrischer Strom fließt dann, wenn Ladung transportiert wird.
Jeder elektrisch geladene Körper ist von einem **elektrischen Feld** umgeben. In ihm erfahren geladene Körper Kräfte.

Geladene Körper erfahren im elektrischen Feld Kräfte.
Auf einen positiv geladenen Körper zeigt die Richtung der Kraft in Richtung der Feldlinie.

Elektrische Felder kann man nicht sehen, man kann nur ihre Wirkungen erkennen. Elektrische Felder werden durch **Feldlinien** beschrieben.
Eine Feldlinie ist eine Linie, deren Richtung in jedem Punkt des Feldes mit der Richtung der Kraft übereinstimmt, die ein positiv geladener Probekörper im elektrischen Feld erfährt. D. h. eine Feldlinie geht vom positiv geladenen Körper aus und endet am negativ geladenen Körper. Eine Feldlinie beginnt nicht oder endet nicht mitten im Raum. In der Elektrostatik gibt es keine geschlossenen Feldlinien. Feldlinien schneiden sich nicht.
Die Richtung der Kraft auf einen geladenen Probekörper wird durch die Tangente an die Feldlinie in einem Punkt des Feldes angegeben. Positiv geladene Probekörper erfahren Kräfte in Richtung der Feldlinien, negativ geladene in entgegengesetzter Richtung.
Feldlinien kann man mittels Grieskörnern, die in Öl schwimmen, sichtbar machen. Dabei verhalten sich die Grieskörner wie kleine Dipole, die sich entlang der Feldlinie ausrichten.

Es gibt homogene und inhomogene Felder. In einem homogenen Feld ist die Feldstärke in jedem Punkt des Feldes gleich stark. Im inhomogenen Feld hängt die Feldstärke von der Stelle ab, an der sich der Probekörper im Feld befindet.

Man unterscheidet zwei Arten von elektrischen Feldern: **homogene** und **inhomogene** Felder.
Von einem homogenen Feld spricht man, wenn die Kraft in jedem Punkt des elektrischen Feldes in Betrag und Richtung gleich ist. Dann verlaufen die Feldlinien parallel zueinander, geradlinig und überall gleich dicht.
Bei einem inhomogenen Feld gibt es Stellen mit unterschiedlicher Stärke, d. h. die Kraft auf einen Probekörper ist nicht an allen Stellen gleich groß.
Feldlinienbilder verschiedener Anordnungen von Ladung:

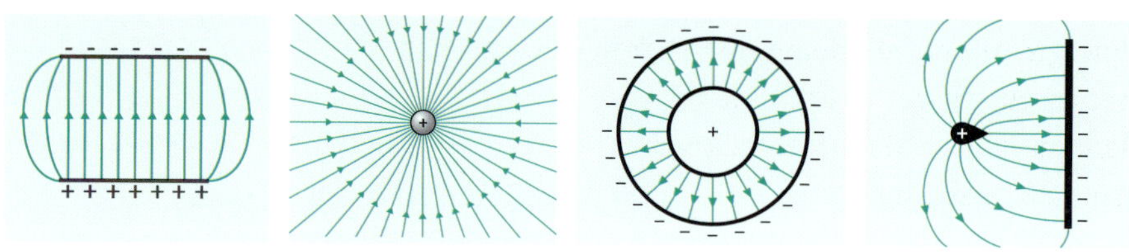

Wesentliche Eigenschaften elektrischer Felder:
- Elektrische Felder wirken durch Glas hindurch.
- Elektrische Felder gibt es auch im luftleeren Raum.
- Elektrische Felder können durch einen Metallkäfig abgeschirmt werden. Im Inneren des Metallkäfigs ist kein elektrisches Feld. Man nennt einen solchen Käfig auch Faraday-Käfig.

Die Kraft, die auf einen elektrisch geladenen Körper im elektrischen Feld wirkt, ist proportional zur Ladung des Körpers. Der Quotient aus der Kraft F und der Ladung Q heißt **elektrische Feldstärke**:

$$E = \frac{F}{Q};\ \text{Einheit: } [E] = 1\,\frac{\text{N}}{\text{C}}.$$

Bei der elektrischen Feldstärke handelt es sich wie bei der Kraft um einen Vektor. Die Richtung des Vektors entspricht der Richtung der Kraft auf einen positiv geladenen Körper.

In homogenen Feldern ist der Betrag und die Richtung der elektrischen Feldstärke überall gleich.
In inhomogenen Feldern ist die Feldstärke an verschiedenen Punkten unterschiedlich. Im radialen Feld nimmt sie nach außen hin symmetrisch ab.

Ladungen versuchen sich auf einem Leiter immer gleichmäßig zu verteilen. Eine Größe, die angibt, wie dicht die Ladungen auf einer Fläche A sitzen, ist die **Flächenladungsdichte** σ.
Für eine homogene Ladungsdichte gilt: $\sigma = \frac{Q}{A}$; Einheit: $[\sigma] = 1\,\frac{\text{C}}{\text{m}^2}$.
Die Flächenladungsdichte ist proportional zur elektrischen Feldstärke. Es gilt:
$\sigma = \varepsilon_0 \cdot E$, wobei $\varepsilon_0 = 8{,}85 \cdot 10^{-12}\,\frac{\text{C}^2}{\text{Nm}^2}$ die **elektrische Feldkonstante** ist.

Die Stärke des elektrischen Feldes wird durch die elektrische Feldstärke angegeben. Sie ist der Quotient der Kraft, die der Körper im Feld erfährt, und der Ladung des Körpers. Die Ladungen verteilen sich immer gleichmäßig auf dem Körper. Die Dichte der Ladung wird durch die Flächenladungsdichte angegeben.

Elektrische Energie und elektrische Spannung

Verschiebt man einen Körper im Gravitationsfeld der Erde entgegen der Gravitationskraft, so wird ihm potenzielle Energie zugeführt. Ähnlich verhält sich ein geladener Körper im elektrischen Feld.

Verschiebt man einen positiv geladenen Körper gegen die Feldlinienrichtung, so wird ihm **elektrische Energie** zugeführt, seine potenzielle Energie nimmt zu. Einem negativ geladenen Körper wird Energie entzogen, seine potenzielle Energie nimmt ab. Keine Energieänderung erfährt der Körper, wenn man ihn senkrecht zu den Feldlinien verschiebt. Aufgrund der Analogie zur potenziellen Energie aus der Mechanik wird auch die elektrische Energie als potenzielle Energie bezeichnet.

Einem positiv geladenen Körper kann man Energie zuführen, indem man ihn gegen die Feldlinienrichtung verschiebt; einem negativ geladenen, indem man ihn mit der Feldlinienrichtung verschiebt. Eine Verschiebung senkrecht zu den Feldlinien führt zu keiner Energieänderung.

Flächen, auf denen sich die potenzielle Energie nicht ändert, nennt man **Äquipotenzialflächen**. Sie stehen senkrecht zu den Feldlinien.

Die potenzielle Energie wird im Gravitationsfeld und im elektrischen Feld bzgl. eines Anfangspunktes angegeben. Dazu wählt man einen Bezugspunkt auf einer Äquipotenzialfläche. Dort ist die potenzielle Energie des Körpers null. Verschiebt man nun den Körper parallel zu den Feldlinien um eine Strecke Δs, so beträgt seine potenzielle Energie: $E_{pot} = F \cdot \Delta s = \pm\, Q \cdot E \cdot \Delta s$.

Unter dem Quotienten aus Energie und Ladung versteht man das elektrische Potenzial. Das elektrische Potenzial ist ortsabhängig.
Die Differenz zwischen zwei Potenzialen ist die elektrische Spannung.

Den Quotienten aus der potenziellen Energie und der Ladung Q nennt man **elektrisches Potenzial** φ.

$$\varphi = \frac{E_{\text{pot}}}{Q} = E \cdot \Delta s; \quad \text{Einheit: } [\varphi] = 1\,\frac{\text{J}}{\text{C}}.$$

Das elektrische Potenzial hängt nur vom Ort und der elektrischen Feldstärke E ab.

Die Potenzialdifferenz zwischen zwei Punkten A und B eines elektrischen Feldes nennt man **elektrische Spannung**.

$$U = \varphi_{\text{B}} - \varphi_{\text{A}} = \frac{E_{\text{B}} - E_{\text{A}}}{Q} = \frac{\Delta E_{\text{AB}}}{Q}; \quad \text{Einheit: } [U] = 1\,\text{V} = 1\,\frac{\text{J}}{\text{C}}$$

Somit ist die Spannung der Quotient aus der Energieänderung ΔE_{AB}, die zum Transport einer Ladung Q vom Punkt A zum Punkt B erforderlich ist, und der Ladung Q.

Die Spannung hängt nicht vom Bezugspunkt des Null-Potenzials ab. Liegen die Punkte A und B auf der gleichen Äquipotenzialfläche, so besteht keine Potenzialdifferenz und somit keine Spannung zwischen ihnen.

Für das homogene Feld zwischen zwei Metallplatten mit dem Abstand d gilt für die Spannung U:

$$U = \frac{\Delta E_{\text{AB}}}{Q} = \frac{Q \cdot E \cdot d}{Q} = E \cdot d.$$

Das Coulomb'sche Gesetz

Das elektrische Feld um eine geladene Kugel ist ein Radialfeld. Dabei nimmt die Feldstärke quadratisch mit der Entfernung zum Mittelpunkt der Kugel ab.

Das elektrische Feld um eine geladene Kugel nennt man **Radialfeld**. Im Radialfeld nimmt die elektrische Feldstärke quadratisch mit der Entfernung vom Mittelpunkt der Kugel nach außen hin ab.

Für die elektrische Feldstärke einer geladenen Kugel gilt:

$$E = \frac{1}{4\pi\varepsilon_0} \cdot \frac{Q}{r^2}.$$

Die Kraft, die zwei geladene Kugeln aufeinander ausüben, wird durch das Coulomb'sche Gesetz beschrieben.

Für die Kraft zwischen zwei Punktladungen gilt das **Coulomb'sche Gesetz**:
Der Betrag dieser Kraft ist proportional zum Produkt der beiden Ladungsmengen Q_1 und Q_2 und umgekehrt proportional zum Quadrat des Abstandes r der Kugelmittelpunkte. Je nach Vorzeichen der Ladungen wirkt die Kraft anziehend oder abstoßend in Richtung der Verbindungsgeraden der Mittelpunkte.

Es gilt: $F = \frac{1}{4\pi\varepsilon_0} \cdot \frac{Q_1 \cdot Q_2}{r^2}$.

Der Kondensator

Kondensatoren sind Bauelemente, die elektrische Ladung bzw. elektrische Energie speichern können.
Ein Kondensator besteht aus zwei gegenüberstehenden elektrisch leitenden Körpern. Dazwischen befindet sich ein Isolator, auch **Dielektrikum** genannt.

Wie viel Ladung ein Kondensator speichern kann, wird durch die **Kapazität** des Kondensators gekennzeichnet.
Die Kapazität C des Kondensators ist der Quotient aus der gespeicherten Ladung Q und der anliegenden Spannung U.

$$C = \frac{Q}{U}; \quad \text{Einheit: } [C] = 1\,\frac{\text{C}}{\text{V}} = 1\,\text{F (Farad)}$$

Die Menge an Ladung, die ein Kondensator speichern kann, wird durch seine Kapazität angegeben. Die Kapazität des Plattenkondensators hängt ab von der Plattenoberfläche, dem Plattenabstand und dem Stoff zwischen den Platten.

Die einfachste Form eines Kondensators ist ein Plattenkondensator, d. h. die beiden leitenden Körper sind Metallplatten, die einander gegenüberstehen.
Seine Kapazität wird durch seine baulichen Größen bestimmt.

Die Kapazität C ist umso größer,
- je größer die Plattenoberfläche (A),
- je kleiner der Plattenabstand (d),
- je besser die Dipolbildung im Dielektrikum (d. h. je größer die relative Dielektrizitätszahl ε_r ist.).

Es gilt: $C = \varepsilon_0 \cdot \varepsilon_r \cdot \frac{A}{d}$, wobei ε_0 = elektrische Feldkonstante,
ε_r = Dielektrizitätszahl ist.

Bei Luft gilt: $\varepsilon_r = 1$.

Lädt man einen Kondensator auf, so speichert man elektrische Energie in ihm.
Für die **elektrische Energie** eines Kondensators gilt:

$$E_{el} = \frac{1}{2}\,Q \cdot U = \frac{1}{2}\,C \cdot U^2.$$

Lädt man einen Kondensator an einer Gleichspannungsquelle auf, so fließen die Elektronen vom Minuspol der Spannungsquelle auf die eine Platte, während die freien Elektronen der anderen Platte zum Pluspol der Spannungsquelle fließen. Zwischen den beiden Platten baut sich ein **elektrisches Feld** auf, das der Polung der Spannungsquelle entgegen wirkt. Nun kann kein Strom mehr fließen. Trennt man den Kondensator von der Spannungsquelle, bleibt das elektrische Feld erhalten. Die Energie, die zum Aufbau des elektrischen Feldes benötigt wurde, ist nun im Kondensator gespeichert.

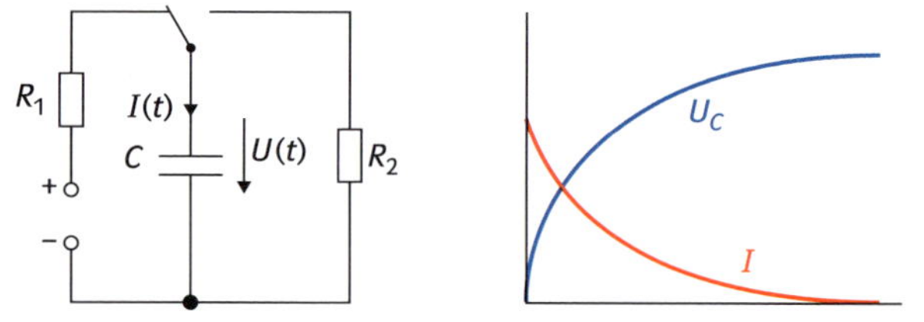

Wird der Kondensator über den elektrischen Widerstand R_2 entladen, so sinkt die Spannung vom Maximalwert auf null ab. Die Stromstärke wechselt ihre Polarität und sinkt auch vom Maximalwert auf null ab. Der Kondensator ist dann entladen, wenn kein Strom mehr fließt.

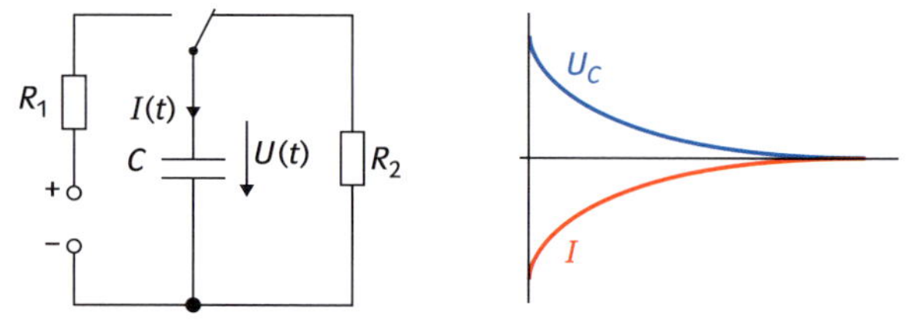

Man kann Kondensatoren parallel und in Reihe schalten, um so eine bestimmte Kapazität zu erhalten.

Bei der Parallelschaltung von Kondensatoren addieren sich die Einzelkapazitäten zur Gesamtkapazität.

Bei der Reihenschaltung addieren sich die Kehrwerte der Einzelkapazitäten zum Kehrwert der Gesamtkapazität.

Bei der **Parallelschaltung** gilt für die Gesamtkapazität:

$$C_{\text{gesamt}} = C_1 + C_2 + \ldots .$$

Die Gesamtkapazität berechnet sich aus der Summe der Einzelkapazitäten.

Bei der **Reihenschaltung** gilt für die Gesamtkapazität:

$$\frac{1}{C_{\text{ges}}} = \frac{1}{C_1} + \frac{1}{C_2} + \ldots .$$

Der Kehrwert der Gesamtkapazität ist gleich der Summe der Kehrwerte der Einzelkapazitäten.

Weitere Gesetze des elektrischen Stromkreises

Trägt man in einem Diagramm die Stromstärke gegenüber der Spannung auf, so erhält man die *U-I*-Kennlinie.
Bei Leitern, bei denen die *U-I*-Kennlinie eine Ursprungsgerade ist, gilt das **Ohmsche Gesetz**:

Die Stromstärke ist zur Spannung proportional: $U \sim I$ bzw. $\frac{U}{I} = \text{konst.}$

Aus dem Ohmschen Gesetz ergibt sich die **Definition des elektrischen Widerstandes**:
Der elektrische Widerstand eines Leiters ist der Quotient aus der am Leiter anliegenden Spannung und der Stärke des durch ihn fließenden Stromes.

$$R = \frac{U}{I}; \quad \text{Einheit: } [R] = 1\,\frac{\text{V}}{\text{A}} = 1\,\Omega.$$

Der elektrische Widerstand eines Körpers lässt sich mithilfe seiner geometrischen Abmessungen und einer materialspezifischen Konstante, dem **spezifischen Widerstand** ϱ berechnen:

$$R = \varrho \cdot \frac{l}{A}.$$

Für die **Reihenschaltung** von Widerständen gilt:

$$R = R_1 + R_2 + \ldots.$$

Der Gesamtwiderstand berechnet sich aus der Summe der Einzelwiderstände.

Für die **Parallelschaltung** von Widerständen gilt:

$$\frac{1}{R} = \frac{1}{R_1} + \frac{1}{R_2} + \ldots.$$

Der Kehrwert des Gesamtwiderstandes ist gleich der Summe der Kehrwerte der Einzelwiderstände.

Ohmsches Gesetz: Die Spannung ist der Stromstärke proportional. Die Proportionalitätskonstante ist der elektrische Widerstand. Bei einer Reihenschaltung berechnet sich der Gesamtwiderstand aus der Summe der Einzelwiderstände. Bei einer Parallelschaltung ist der Kehrwert des Gesamtwiderstandes gleich der Summe der Kehrwerte der Einzelwiderstände.

Besteht ein Stromkreis aus mehreren Spannungsquellen, Widerständen und Kondensatoren, so nennt man ihn ein **Stromnetz**. In solchen Stromnetzen gibt es Punkte, an denen mehrere Leitungen zusammentreffen, man nennt sie **Verzweigungspunkt** oder **Knoten**.
An solchen Knoten gilt der **Ladungserhaltungssatz**: Die Ladungsmenge, die in einer bestimmten Zeit in den Knoten hineinfließt, ist genauso groß wie die Ladungsmenge, die in der gleichen Zeit aus dem Knoten heraus fließt.
Daraus ergibt sich das **1. Kirchhoff'sche Gesetz**:
Die Summe der Stromstärken ist an jedem Knoten null:

$$I_1 + I_2 + \ldots + I_n = 0.$$

Neben den Knoten gibt es in Stromnetzen auch **Schleifen** oder **Maschen**. Dabei besteht eine Masche aus mehreren Zweigen, die Spannungsquellen, Widerstände und Kondensatoren enthalten können. Reiht man sie aneinander, so ergibt sich ein geschlossenes Gebilde.
Für Maschen gilt das **2. Kirchhoff'sche Gesetz**:
In einer Masche ist die Summe der Spannungen gleich null:

$$U_1 + U_2 + \ldots + U_n = 0.$$

Ladungsträger im elektrischen Feld

Unter einem **Ladungsträger** versteht man einen geladenen Körper. Der Ladungsträger mit der kleinsten positiven Ladung ist das Proton. Der leichteste Ladungsträger mit der kleinsten negativen Ladung ist das Elektron.
Protonen und Elektronen tragen dem Betrag nach die gleiche Ladung, nämlich die Elementarladung $e = 1{,}6 \cdot 10^{-19}\,\mathrm{C}$.

Elektronen können aus glühenden Drähten austreten, man nennt diesen Effekt **glühelektrischer Effekt**. Damit das Elektron den Metalldraht verlassen kann, muss ihm Energie zugeführt werden, dies erfolgt in Form elektrischer Energie. Dadurch erhöht sich die thermische Energie der Elektronen und die Elektronen können die für das Material charakteristische Austrittsarbeit überwinden.

Der glühelektrische Effekt wird z. B. in der **Elektronenstrahlröhre** ausgenutzt.

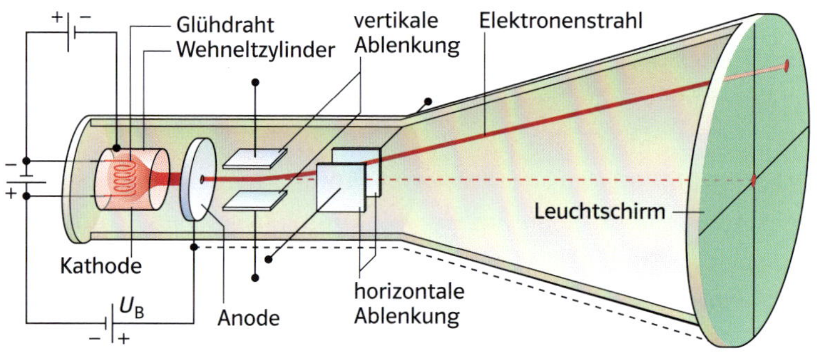

Die aus dem Glühdraht, auch **Kathode** genannt, austretenden Elektronen werden durch eine Spannung U_B, die ein elektrisches Feld zwischen der Kathode und der positiv geladenen Anode erzeugt, beschleunigt. Damit die Elektronen durch das Loch in der Anode fliegen, werden sie durch den negativ geladenen Wehneltzylinder zu einem dünnen Strahl gebündelt. Nach der Anode bewegt sich der Elektronenstrahl gleichförmig. Ohne weitere Ablenkung würde der Elektronenstrahl in der Mitte des Leuchtschirmes am Ende der Röhre einen Leuchtfleck erzeugen.

Die Geschwindigkeit, mit der die Elektronen die Anode verlassen, berechnet sich aus dem Energieerhaltungssatz: $E_{el} = E_{kin}$ bzw. $e \cdot U_B = \frac{1}{2} m v^2$.

Somit ergibt sich für die Geschwindigkeit:

$$v = \sqrt{2 \cdot \frac{e}{m} \cdot U_B}\,.$$

Um die Elektronen von der Mitte des Leuchtschirmes abzulenken, benutzt man elektrische Felder. Dazu unterscheidet man zwischen dem elektrischen Längsfeld und dem elektrischen Querfeld.

Ladungsträger können durch elektrische Felder beschleunigt oder abgelenkt werden. Bewegen sich die Ladungsträger parallel zu den Feldlinien, so werden sie je nach Ladungsart zur entgegengesetzt geladenen Platte beschleunigt. Bewegen sie sich senkrecht zu den Feldlinien, so werden sie von der entgegengesetzt geladenen Platte angezogen und bewegen sich auf einer Parabelbahn.

Elektronen im elektrischen Längsfeld

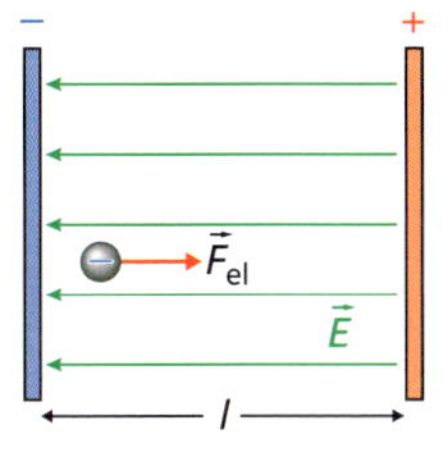

Das Elektron beschleunigt aufgrund der elektrischen Feldkraft in Richtung der positiven Platte.

Für die Beschleunigung gilt: $a = \frac{F}{m} = \frac{(E \cdot e)}{m}$.

Die elektrische Feldenergie E_{el} wird dabei in kinetische Energie des Elektrons E_{kin} umgewandelt: $E_{el} = E_{kin}$ bzw. $U \cdot e = \frac{1}{2}\,\mathrm{m} \cdot v^2$.

Somit berechnet sich die Geschwindigkeit des Elektrons zu:

$$v = \sqrt{2U \cdot \frac{e}{m}}.$$

Elektronen im elektrischen Querfeld

Ein Elektron tritt mit der Anfangsgeschwindigkeit v_0 in ein elektrisches Querfeld ein. Dort wird es zusätzlich aufgrund der elektrischen Feldkraft in Richtung der positiven Platte abgelenkt.

Diese Bewegung ist mit dem waagerechten Wurf aus der Mechanik (→ S. 13) vergleichbar.

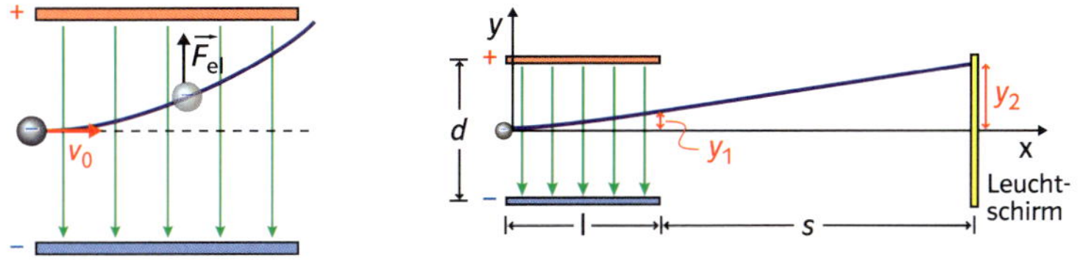

Die gleichförmige Bewegung in x-Richtung wird überlagert durch eine gleichmäßig beschleunigte Bewegung in y-Richtung.

Es gilt:

$v_0 = v_x = \frac{l}{t_1}$ bzw. $t_1 = \frac{l}{v_x}$;

$v_y = a_y \cdot t_1 = \frac{F_y}{m} \cdot t_1 = E \cdot \frac{e}{m} \cdot t_1 = \frac{U}{d} \cdot \frac{e}{m} \cdot t_1$.

Somit gilt für die Ablenkung in y-Richtung:

$y_1 = \frac{1}{2} \cdot a_y \cdot {t_1}^2 = \frac{1}{2} \cdot \frac{e}{m} \cdot \frac{U}{d} \cdot {t_1}^2 = \frac{1}{2} \cdot \frac{e}{m} \cdot \frac{U}{d} \cdot \frac{l^2}{{v_x}^2}$.

Außerhalb des elektrischen Feldes bewegt sich das Elektron gleichförmig und benötigt bis zum Schirm die Zeit $t_2 = \frac{s}{v_x}$. Dabei legt es die Strecke y_2 in y-Richtung zurück:

$y_2 = v_y \cdot t_2 = v_y \cdot \frac{s}{v_x} = \frac{e}{m} \cdot \frac{U}{d} \cdot \frac{(l \cdot s)}{{v_x}^2}$.

Die Gesamtablenkung in y-Richtung y_3 beträgt dann:

$y_3 = y_1 + y_2 = \frac{e}{m} \cdot \frac{U}{d} \cdot \frac{l}{{v_x}^2} \cdot \left(\frac{1}{2}\, l + s\right)$.

Elektrische Ladung: $Q = N \cdot e$,
mit N = Anzahl der Ladungen
und $e = 1{,}6 \cdot 10^{-19}\,\text{C}$

Stromstärke: $I = \frac{\Delta Q}{\Delta t}$

Elektrische Feldstärke: $E = \frac{F}{Q}$

Flächenladungsdichte: $\sigma = \frac{Q}{A} = \varepsilon_0 \cdot E$,
mit $\varepsilon_0 = 8{,}85 \cdot 10^{-12}\,\frac{\text{C}}{\text{Nm}^2}$

Elektrische Energie: $E_{\text{el}} = \pm Q \cdot E \cdot \Delta s$

Elektrisches Potenzial: $\varphi = \frac{E_{\text{el}}}{Q} = E \cdot \Delta s$

Elektrische Spannung: $U = \varphi_{\text{B}} - \varphi_{\text{A}} = \frac{\Delta E_{\text{AB}}}{Q}$

Elektrische Feldstärke einer geladenen Kugel: $E = \frac{1}{4\pi\varepsilon_0} \cdot \frac{Q}{r^2}$

Coulomb'sches Gesetz: $F = \frac{1}{4\pi\varepsilon_0} \cdot \frac{Q_1 \cdot Q_2}{r^2}$

Kapazität eines Kondensators: $C = \frac{Q}{U} = \varepsilon_0 \cdot \varepsilon_r \cdot \frac{A}{d}$

Elektrische Energie eines Kondensators: $E = \frac{1}{2} Q \cdot U = \frac{1}{2} C \cdot U^2$

Geschwindigkeit eines Elektrons im elektrischen Längsfeld: $v = \sqrt{2 \cdot \frac{e}{m} U}$

Elektronen im elektrischen Querfeld bewegen sich auf einer Bahn ähnlich einer Wurfparabel:

gleichförmige Bewegung in *x*-Richtung: $v_0 = v_{\text{x}} = \frac{l}{t_1}$ bzw. $t_1 = \frac{l}{v_{\text{x}}}$

beschleunigte Bewegung in *y*-Richtung: $v_{\text{y}} = a_{\text{y}} \cdot t_1 = \frac{U}{d} \cdot \frac{e}{m} \cdot t_1$

Ablenkung in *y*-Richtung: $y_1 = \frac{1}{2} \cdot a_{\text{y}} \cdot t_1^2 = \frac{1}{2} \cdot \frac{e}{m} \cdot \frac{U}{d} \cdot t_1^2$

$$= \frac{1}{2} \cdot \frac{e}{m} \cdot \frac{U}{d} \cdot \frac{l^2}{v_{\text{x}}^2}$$

Außerhalb des elektrischen Feldes bewegt sich das Elektron gleichförmig und benötigt bis zum Schirm die Zeit $t_2 = \frac{s}{v_{\text{x}}}$. Dabei legt es die Strecke y_2 in *y*-Richtung zurück.

$$y_2 = v_{\text{y}} \cdot t_2 = v_{\text{y}} \cdot \frac{s}{v_{\text{x}}} = \frac{e}{m} \cdot \frac{U}{d} \cdot \frac{(l \cdot s)}{v_{\text{x}}^2}$$

Gesamtablenkung: $y_3 = y_1 + y_2 = \frac{e}{m} \cdot \frac{U}{d} \cdot \frac{l}{v_{\text{x}}^2} \cdot \left(\frac{1}{2} l + s\right)$

AUF EINEN BLICK

Eigenschaften eines Magneten

- Jeder Magnet besitzt einen Nordpol und einen Südpol. Seine magnetische Kraft ist an den Polen am stärksten.
- Gleichnamige Pole stoßen sich ab, ungleichnamige ziehen sich an.
- Wird ein Magnet durchgebrochen, so haben die beiden neuen Magnete wieder jeweils einen Nordpol und einen Südpol.

Diese Eigenschaften lassen sich durch das **Elementarmagnetmodell** erklären.

Unmagnetisierter Zustand:

Die Elementarmagnete sind ungeordnet, der Magnet hat keine magnetische Wirkung.

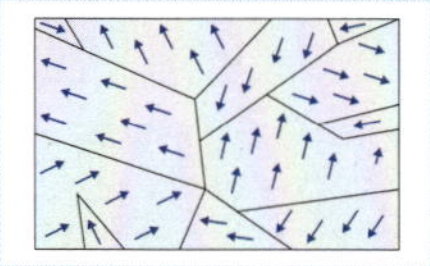

Magnetisierter Zustand:

Die Elementarmagnete sind geordnet.

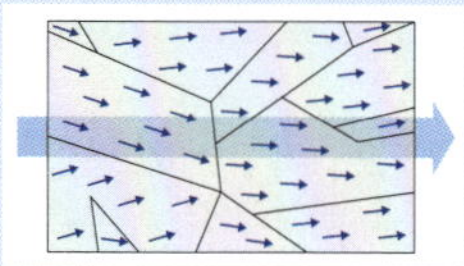

Magnetisches Feld

Jeder magnetische oder stromdurchflossene Leiter ist von einem Feld umgeben. Dieses ist nicht sichtbar, sondern nur an seinen Wirkungen zu erkennen.

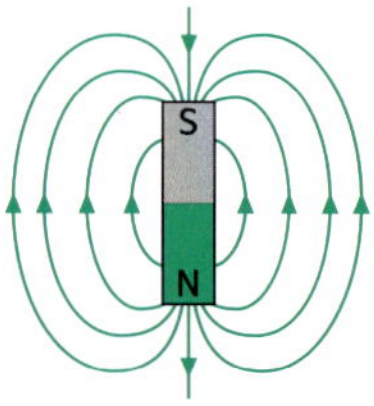

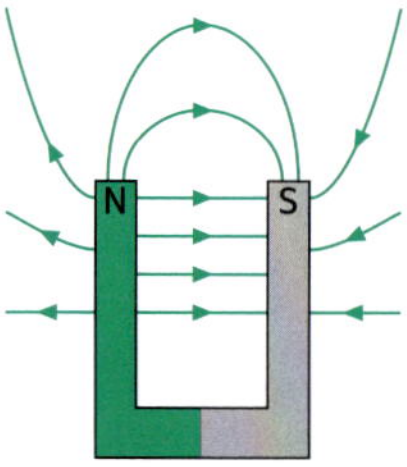

Magnetische Felder können durch stromdurchflossene Spulen erzeugt werden. Sie haben den Vorteil, dass sie in ihrer Stärke und Orientierung variabel sind.
Das Magnetfeld einer idealen Spule ähnelt dem eines Stabmagneten.

Magnetische Flussdichte

Ein stromdurchflossener Leiter erfährt in einem Magnetfeld eine Kraft. Sie ist am größten, wenn der Leiter senkrecht zu den Feldlinien steht.

Der Quotient aus dieser Kraft F und dem Produkt aus der Stromstärke I und der Länge s heißt magnetische Flussdichte B.

$$B = \frac{F}{I \cdot s}$$

Bei der **magnetischen Flussdichte** handelt es sich um einen Vektor, dessen Richtung durch die Richtung der magnetischen Feldlinien bestimmt wird.

Für die Magnetfelder, die durch eine Spule erzeugt werden, gilt:

$$B = \mu_0 \cdot \mu_r \cdot I \cdot \frac{n}{l}.$$

3 Magnetisches Feld

Lorentzkraft

Die Kraft, die elektrisch geladene Teilchen in einem Magnetfeld erfahren, nennt man Lorentzkraft.

Die Richtung der Lorentzkraft wird mithilfe der **Drei-Finger-Regel** der linken Hand bestimmt.

Die Lorentzkraft auf ein einzelnes Elektron berechnet sich durch:

$$F_L = B \cdot e \cdot v$$

Halleffekt

Wird ein stromdurchflossenes leitfähiges Plättchen senkrecht zur Bewegungsrichtung der Elektronen von einem homogenen Magnetfeld durchsetzt, so kann man die **Hallspannung** messen.

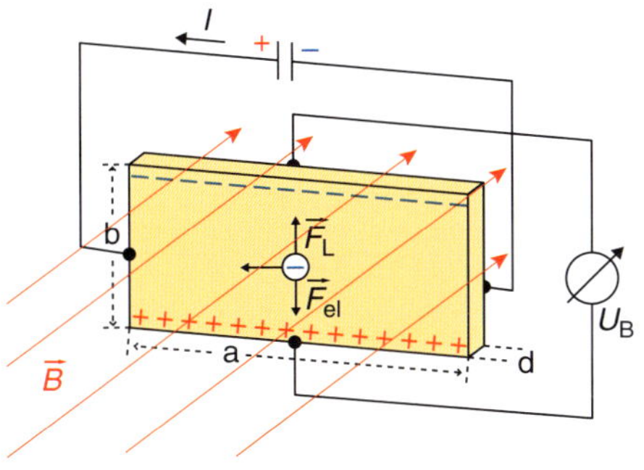

Elektronen auf einer Kreisbahn

Bewegen sich Elektronen senkrecht zu den magnetischen Feldlinien in einem magnetischen Feld, so werden sie auf eine Kreisbahn gezwungen.

Die Lorentzkraft wirkt hierbei wie eine **Zentripetalkraft**.

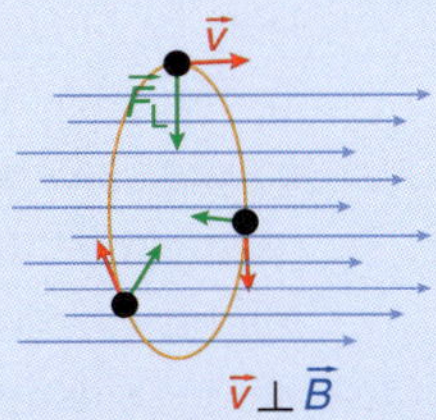

Ist die Bewegungsrichtung der Elektronen schräg zu den Feldlinien, so entsteht eine Schraubenbahn.

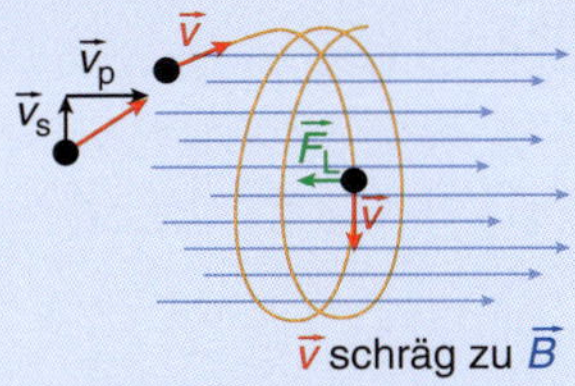

3 Magnetisches Feld

- Jeder Magnet hat einen Nordpol und einen Südpol. Grundlegende Eigenschaften eines Magneten oder eines magnetisierbaren Materials können mittels des Elementarmagnetenmodells beschrieben werden.
- Um einen magnetischen Körper befindet sich ein magnetisches Feld, in dem andere magnetische Körper Kräfte erfahren. Solche Felder werden durch Feldlinien beschrieben.
- Magnetfelder können auch durch stromdurchflossene Spulen erzeugt werden. Diese haben den Vorteil, dass sie in ihrer Stärke und Orientierung leicht variierbar sind.
- Durch ein Magnetfeld kann man elektrisch geladene Teilchen aus ihrer Bahn ablenken. Die Teilchen erfahren im Magnetfeld die Lorentzkraft.
- Zur Messung der magnetischen Flussdichte verwendet man eine Hallsonde. Die Hallsonde ist ein stromdurchflossenes Metallplättchen. Bringt man dieses in ein Magnetfeld, so werden die Elektronen durch die Lorentzkraft zu einer Seite des Plättchens hin abgelenkt. Es entsteht ein elektrisches Feld und es kann eine Spannung, die Hallspannung, abgegriffen werden.
- Elektronen, die durch ein Magnetfeld, das senkrecht zur Bewegungsrichtung der Elektronen steht, fliegen, werden auf eine Kreisbahn abgelenkt.

Grundlegende Eigenschaften eines Magneten

Jeder Magnet hat einen Nordpol und einen Südpol, es existieren keine Monopole.
Die magnetische Wirkung eines Magneten kann durch einen zweiten Magneten verstärkt oder abgeschwächt werden.

Jeder magnetische Körper besitzt zwei Pole, einen **Nordpol** und einen **Südpol**. Dort ist die magnetische Kraft am stärksten.
Treffen gleichnamige Pole aufeinander, so stoßen sie sich ab, während ungleichnamige Pole sich anziehen. Je weiter die Pole von einander entfernt sind, umso geringer ist die Kraft zwischen ihnen.
Man kann die Kraft eines Magneten verstärken, indem man einen zweiten Magneten so daneben hält, dass die beiden Nordpole und die beiden Südpole nebeneinander liegen. Um die Kraft eines Magneten abzuschwächen, hält man einen zweiten Magneten so daneben, das der Südpol des einen neben dem Nordpol des anderen Magneten liegt.

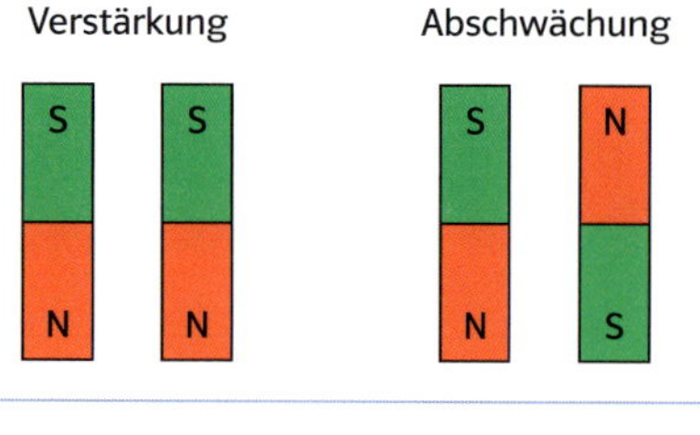

Bricht man einen Stabmagneten in der Mitte durch, so entstehen zwei neue Magneten mit jeweils einem Südpol und einem Nordpol.

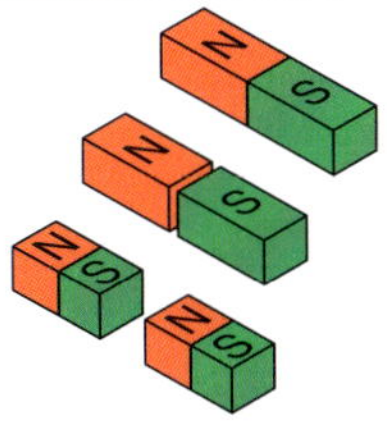

Es gibt keine magnetischen Einzelpole, nur magnetische **Dipole**.

Diese Eigenschaft lässt sich mithilfe des **Elementarmagnetenmodells** verstehen. Dabei stellt man sich vor, dass jedes magnetisierbare Material aus unvorstellbar vielen unvorstellbar kleinen Magneten, den Elementarmagneten, besteht. Diese Elementarmagnete können nicht weiter unterteilt werden.

Man stellt sich vor, dass Magnete bzw. magnetisierbare Körper aus unendlich vielen sehr sehr kleinen Magneten, den Elementarmagneten, bestehen. Befindet sich ein Stoff in einem unmagnetisierten Zustand, so liegen die Elementarmagnete wild durcheinander. Ist er hingegen magnetisiert, so sind die Elementarmagnete geordnet.

Im unmagnetisierten Zustand sind diese Elementarmagnete ungeordnet.

Keine magnetische Wirkung nach außen.

Im magnetisierten Zustand hingegen sind die Elementarmagnete geordnet.

Bricht man nun einen Magneten an einer beliebigen Stelle durch, so können die Elementarmagnete selbst nicht durchbrechen, da sie nicht weiter unterteilt werden können. Man kann nur nebeneinander liegende Elementarmagnete voneinander trennen. Deshalb entstehen an der Bruchstelle neue Pole.

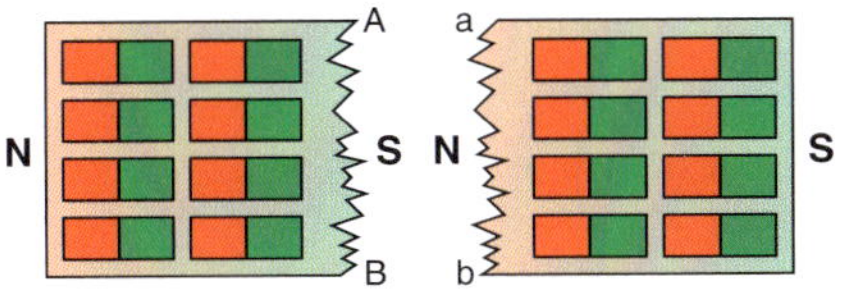

Mithilfe des Elementarmagnetmodells kann mach auch erklären, weshalb man magnetisierbare Stoffe magnetisieren kann.

Das magnetische Feld

Wie jeder elektrisch geladene Körper von einem elektrischen Feld (→ S. 30) umgeben ist, so sind magnetische Körper von einem **magnetischen Feld** umgeben. In diesem magnetischen Feld erfahren magnetische Körper und magnetisierbare Körper Kräfte.

Jeder magnetische oder magnetisierbare Körper erfährt im Magnetfeld eines anderen magnetischen Körpers eine Kraft.

Magnetische Felder kann man nicht sehen, man kann nur ihre Wirkungen erkennen. Sie werden durch Feldlinien beschrieben. Man kann sie mithilfe eines Probemagneten nachweisen oder mithilfe von Eisenfeilspänen sichtbar machen. Eine Feldlinie ist eine Linie, deren Richtung in jedem Punkt des Feldes mit der Richtung der Kraft übereinstimmt, die der Nordpol eines Probemagneten im magnetischen Feld erfährt. D. h. eine Feldlinie geht vom Nordpol aus und endet am Südpol. Eine magnetische Feldlinie beginnt nicht und endet nicht mitten im Raum. Magnetische Feldlinien sind stets geschlossen (im Gegensatz zu elektrostatischen Feldlinien), sie überkreuzen und verzweigen sich nicht.

Magnetfelder werden durch Feldlinien beschrieben, für die gilt:
- Sie sind nicht sichtbar, man kann nur ihre Wirkungen spüren.
- Sie beginnen am Nordpol und enden am Südpol.
- Sie sind geschlossen.
- Sie schneiden sich nicht.

Beispiele magnetischer Feldlinien:

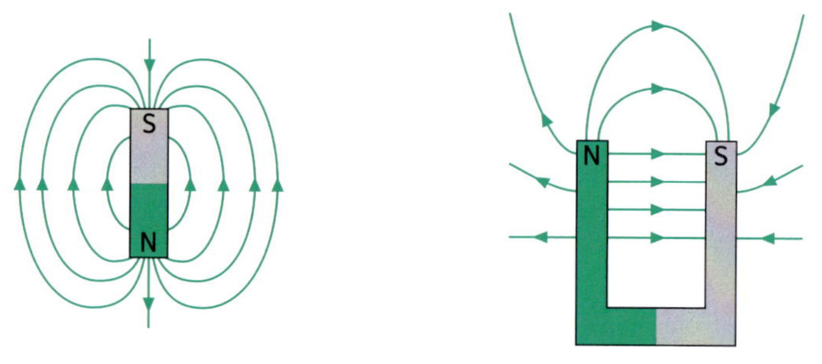

Ein Magnetfeld ist **homogen**, wenn die Kraft in jedem Punkt des Feldes in Betrag und Richtung gleich ist. Die Feldlinien verlaufen dann parallel zueinander und überall gleich dicht.

Die Richtung der Feldlinien um einen stromdurchflossenen Leiter bestimmt man mittels der Linken-Hand-Regel.

Auch **elektrischer Strom** erzeugt magnetische Felder. Dabei laufen die Feldlinien kreisförmig um den stromdurchflossenen Leiter. Kehrt man die Richtung des Stromflusses im Leiter um, so ändern auch die Feldlinien ihre Richtung. Die Richtung der Feldlinien bestimmt man mit der **Linken-Hand-Regel**.
Dazu umfasst man mit der linken Hand den stromdurchflossenen Leiter, wobei der Daumen in Richtung des Elektronenflusses zeigt. Die gekrümmten Finger geben dann die Feldlinienrichtung an.

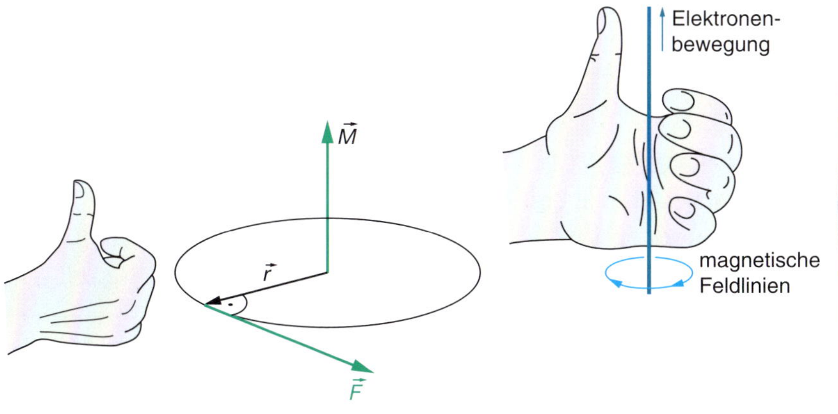

Bringt man einen stromdurchflossenen Leiter senkrecht zu den Feldlinien in ein Magnetfeld, so übt dieses Magnetfeld eine Kraft auf den Leiter aus.
Diese Kraft ist proportional zur Stromstärke und Länge des Leiters. Der Quotient aus der Kraft F und dem Produkt aus der Stromstärke I und der Länge s heißt **magnetische Flussdichte**:

$$B = \frac{F}{I \cdot s}; \quad \text{Einheit: } [B] = 1\,\frac{\text{N}}{\text{Am}} = 1\,\text{T (Tesla)}.$$

Bei der magnetischen Flussdichte handelt es sich wie bei der Kraft um einen Vektor. Die Richtung des Vektors ist durch die Richtung der magnetischen Feldlinien bestimmt. Die magnetische Flussdichte steht sowohl zur Kraft als auch zur Länge des Leiters senkrecht.

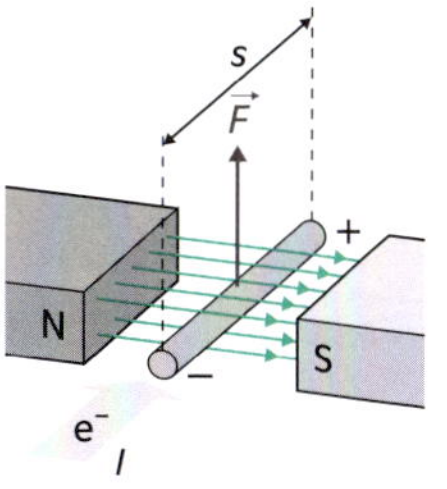

Ein Magnetfeld übt auf einen stromdurchflossenen Leiter eine Kraft aus. Wie groß diese Kraft ist, wird durch die Stärke des magnetischen Feldes bestimmt. -

Das magnetische Feld einer stromdurchflossenen Spule

Magnetfelder werden oft durch stromdurchflossene Spulen erzeugt. Diese Magnetfelder haben den Vorteil, dass sie in Stärke und Orientierung variieren oder abgeschaltet werden können. Bei idealen Spulen, d.h. wenn die Länge l der Spule sehr viel größer als ihr Durchmesser d ist, verlaufen die Feldlinien im Spuleninneren nahezu homogen, d.h. sie verlaufen parallel zur Spulenachse und die Flussdichte ist konstant.

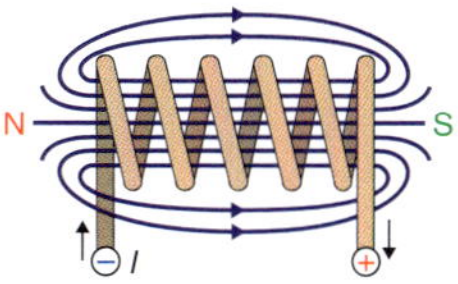

Für die magnetische Flussdichte einer langen Spule gilt:

$B \sim I$, wenn die Windungszahl n und die Länge l der Spule konstant sind.
$B \sim n$, wenn die Stromstärke I und die Länge l der Spule konstant sind.
$B \sim \frac{1}{l}$, wenn die Windungszahl n und die Stromstärke I der Spule konstant sind.

Somit gilt: $B \sim I \cdot \frac{n}{l}$ bzw. $B = \mu_0 \cdot \mu_r \cdot I \cdot \frac{n}{l}$.

In der Stärke variierbare Magnetfelder lassen sich durch Spulen erzeugen. Die Stärke des Magnetfeldes hängt von der Stärke des Stromes ab, der durch die Spule fließt.

Die Proportionalitätskonstante $\mu_0 = 1{,}257 \cdot 10^{-6}\ \frac{\text{Vs}}{\text{Am}}$ heißt magnetische Feldkonstante und die Proportionalitätskonstante μ_r heißt Permeabilitätszahl. Bei μ_r handelt es sich um eine materialspezifische Konstante. Man kann z. B. durch Einfügen eines Stoffes in das Spuleninnere die Stärke des Magnetfeldes verändern.

Dabei unterscheidet man drei Arten von Stoffen:

1. **Ferromagnetische Stoffe**: Sie haben eine hohe Permeabilitätszahl, d. h. sie verstärken das Magnetfeld erheblich. Dazu gehören Eisen, Nickel, Kobalt und spezielle Legierungen.
2. **Paramagnetische Stoffe**: Sie verändern die Stärke des Magnetfeldes nur geringfügig. Die Permeabilitätszahl liegt nur wenig über 1.
3. **Diamagnetische Stoffe**: Sie verringern die Stärke des Magnetfeldes geringfügig. Die Permeabilitätszahl ist < 1.

Die Lorentzkraft

Auf elektrisch geladene Teilchen wirkt im Magnetfeld die Lorentzkraft, deren Richtung mittels der Drei-Finger-Regel der linken Hand bestimmt wird.

Elektrisch geladene Teilchen, wie z. B. Elektronen, die sich in einem Magnetfeld bewegen, erfahren dort eine Kraft, die **Lorentzkraft**. Die Lorentzkraft ist am größten, wenn sich die Elektronen senkrecht zu den Feldlinien des Magnetfeldes bewegen. Bewegen sich die Elektronen parallel zu den Feldlinien, so ist die Lorentzkraft gleich null.

Die Richtung der Lorentzkraft wird mit der **Drei-Finger-Regel** der linken Hand bestimmt.
Dabei zeigt der Daumen in Richtung der bewegten Elektronen, der Zeigefinger in Richtung der magnetischen Feldlinien. Der Mittelfinger gibt dann die Richtung der Kraft an.

Zur Bestimmung der Lorentzkraft auf ein einzelnes Elektron geht man davon aus, dass sich in einem Leiterabschnitt der Länge Δs N Elektronen befinden, die sich senkrecht zur Richtung der magnetischen Feldlinien mit der Geschwindigkeit $v = \frac{\Delta s}{\Delta t}$ bewegen.

Mit: $I = \frac{\Delta Q}{\Delta t} = \frac{N \cdot e}{\Delta t}$ ergibt sich für die Lorentzkraft in diesem Leiterstück

$$F_L = B \cdot I \cdot \Delta s = \frac{B \cdot N \cdot e}{\Delta t} \cdot \Delta s = N \cdot e \cdot v \cdot B\,.$$

Für ein einzelnes Elektron beträgt die Lorentzkraft: $F_L = e \cdot v \cdot B\,.$

Der Halleffekt

Der Halleffekt ist ein einfacher Weg, um die **Stärke magnetischer Felder** experimentell zu bestimmen.

Dazu lässt man durch ein leitfähiges Plättchen einen Strom von Elektronen fließen. Zwei einander gegenüberliegende Kontakte am Rand des Plättchens werden mit einem Spannungsmessgerät verbunden. Dabei wird es von einem Magnetfeld durchsetzt, das in das Plättchen hineinzeigt und senkrecht dazu steht.

Die Stärke des magnetischen Feldes bestimmt man experimentell mittels einer Hallsonde. Diese funktioniert nach dem Prinzip der Ablenkung von Elektronen im Magnetfeld.

Nun erfährt jedes Elektron eine Lorentzkraft und wird nach unten abgelenkt. Somit entsteht am oberen Ende des Plättchens ein Elektronenmangel (P_2) (→ S. 26) und am unteren Ende ein Elektronenüberschuss (P_1) (→ S. 26). Dadurch kann man zwischen P_1 und P_2 eine Spannung messen, die sog. **Hallspannung**.

Diese Spannung wächst solange, bis die Kraft auf die Elektronen im elektrischen Feld F_{el} und die Lorentzkraft gleich groß sind.

$$F_{el} = F_L$$
$$e \cdot E = e \cdot v_D \cdot B$$
$$e \cdot \frac{U_H}{b} = e \cdot v_D \cdot B$$
$$U_H = v_D \cdot B \cdot b$$

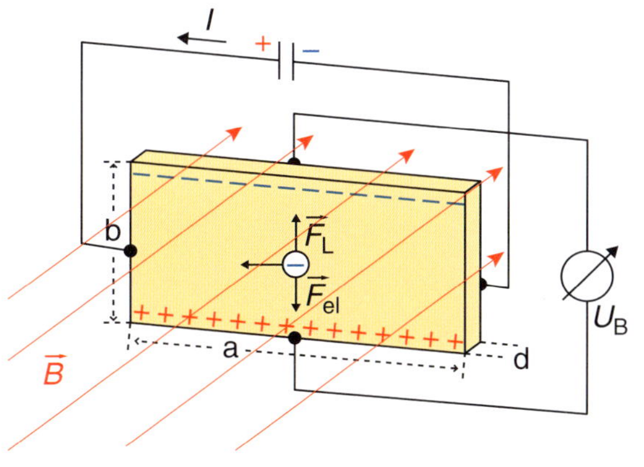

Die Hallspannung ist abhängig vom Material des Plättchens, d. h. von der Beweglichkeit und Dichte der vorhandenen Ladungsträger. Das Material des Plättchens bestimmt jedoch auch die Polung der Hallspannung.

So zeigen Versuche mit Kupfer- oder Silberplättchen, dass P_1 der Minuspol ist. Bei Versuchen mit Zink- oder Cadmiumplättchen hingegen ist P_1 der Pluspol. Die deutet auf bewegliche positive Ladungsträger hin.

Mithilfe der Hallspannung lässt sich auch die mittlere Driftgeschwindigkeit von Elektronen bestimmen. Sie liegt in Metallen bei ungefähr $1\,\frac{\text{mm}}{\text{s}}$. In Halbleitern ist sie wesentlich größer.

Aus der mittleren Driftgeschwindigkeit v_D wiederum kann man die Anzahl, Art und Dichte der Ladungsträger bestimmen.

Für die Driftgeschwindigkeit gilt: $v_D = \frac{I}{q \cdot n \cdot A}$, wobei A der Querschnitt des Leiters und $q \cdot n$ die Ladungsdichte ist.

Elektronen auf einer Kreisbahn

In einem Fadenstrahlrohr werden die Elektronen durch ein äußeres homogenes Magnetfeld auf eine Kreisbahn abgelenkt. Dabei wirkt die Lorentzkraft als Zentripetalkraft.

Im Magnetfeld werden Elektronen durch die Lorentzkraft abgelenkt. Wirkt das Magnetfeld senkrecht zur Bewegungsrichtung der Elektronen, so werden diese auf eine Kreisbahn gezwungen. Die Lorentzkraft wirkt dabei als Zentripetalkraft (→ S. 20). Es gilt also: $F_L = F_Z$ bzw. $e \cdot v \cdot B = m \cdot \frac{v^2}{r}$.

Dieses Verhalten nutzt man im Fadenstrahlrohr zur Bestimmung der spezifischen Ladung und der Masse eines Elektrons.
Ein Fadenstrahlrohr ist ein Glaskolben, der mit Gas gefüllt ist. Treffen die Elektronen auf die Gasatome, so werden diese durch Stöße ionisiert und zum Leuchten angeregt. Nun kann man den Elektronenstrahl in der Röhre sehen. Ohne äußeres Magnetfeld breitet sich der Elektronenstrahl geradlinig aus. Um die Elektronen auf eine Kreisbahn zu lenken, benötigt man ein äußeres homogenes Magnetfeld, dieses wird durch ein Helmholtzspulenpaar erzeugt.

Löst man nun die obige Gleichung nach $\frac{e}{m}$ auf, so erhält man:

$$\frac{e}{m} = \frac{v}{B \cdot r}.$$

Der Elektronenstrahl in der Röhre entsteht durch Glühemission und wird im elektrischen Feld zwischen der Kathode und Anode beschleunigt. Für die Geschwindigkeit des Elektronenstrahls gilt:

$$v = \sqrt{2\,\frac{e}{m}\,U}.$$

Somit erhält man folgende Formel zur Berechnung der spezifischen Ladung des Elektrons: $\frac{e}{m} = \frac{2U}{B^2 \cdot r^2}$.

Messungen ergeben: $\frac{e}{m} = 1{,}7588 \cdot 10^{11}\,\frac{\text{C}}{\text{kg}}$.

Mit dem aus dem Millikan-Versuch (→ S. 28) gewonnenen Wert für die Elementarladung e, ergibt sich für die Masse des Elektrons: $m_e = 9{,}109 \cdot 10^{-31}$ kg.

Magnetische Flussdichte:

$B = \frac{F}{I \cdot s}$, wobei F die Lorentzkraft und s die Leiterlänge

Magnetische Flussdichte einer stromdurchflossenen Spule:

$B = \mu_0 \cdot \mu_r \cdot I \cdot \frac{n}{l}$, wobei $\mu_0 = 1{,}257 \cdot 10^{-6}\,\frac{\mathrm{Vs}}{\mathrm{Am}}$ die magnetische Feldkonstante ist.

Lorentzkraft auf bewegte Ladungen:

$F_L = q \cdot v \cdot B$

Hallspannung:

$U_H = v_D \cdot B \cdot b$

Driftgeschwindigkeit von Ladungen:

$v_D = \frac{I}{q \cdot n \cdot A}$

Elektronen auf einer Kreisbahn:

$F_L = F_Z$ bzw. $e \cdot v \cdot B = m \cdot \frac{v^2}{r}$ mit $v = \sqrt{2\,\frac{e}{m}\,U}$

Spezifische Ladung eines Elektrons:

$\frac{e}{m} = \frac{2\,U}{B^2 \cdot r^2} = 1{,}7588 \cdot 10^{11}\,\frac{\mathrm{C}}{\mathrm{kg}}$

Masse eines Elektrons:

$m_e = 9{,}109 \cdot 10^{-31}\,\mathrm{kg}$

Induktionsspannung

Bewegt man einen Leiter in einem Magnetfeld senkrecht zu den Feldlinien, so wird aufgrund der Lorentzkraft eine Spannung induziert.
Hierbei verschiebt die Lorentzkraft die Elektronen im Leiter so, dass an einem Ende ein Elektronenmangel und am anderen Ende ein Elektronenüberschuss entsteht. Nun herrscht zwischen den beiden Enden ein elektrisches Feld und somit kann eine Spannung abgegriffen werden.

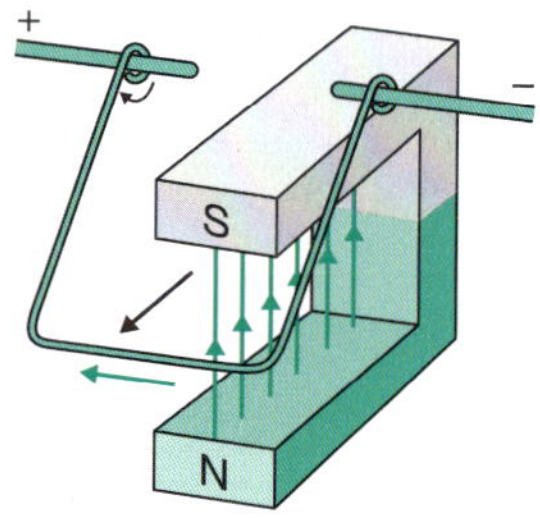

Diese **Induktionsspannung** berechnet man mit der Formel:

$$U_{ind} = B \cdot l \cdot v.$$

Induktionsgesetz

Nach dem Induktionsgesetz tritt eine Induktionsspannung auf, wenn
- sich die magnetische Flussdichte bei konstanter Fläche ändert,
- sich die vom Magnetfeld durchsetzte Fläche bei konstanter Flussdichte zeitlich ändert,
- wenn sich die vom Magnetfeld durchsetzte Fläche und die magnetische Flussdichte ändern.

Für die Induktionsspannung gilt:

$$U_{ind} = -n \cdot \dot{\Phi}.$$

Mit der Formel für den **magnetischen Fluss** $\Phi = A_s \cdot B$ folgt:

$$U_{ind} = -n \cdot (\dot{A}_s \cdot B + A_s \cdot \dot{B}).$$

Das Minuszeichen folgt aus dem **Lenz'schen Gesetz**:
Die Induktionsspannung und der dadurch hervorgerufene Induktionsstrom wirken immer ihrer Ursache entgegen.

Selbstinduktion

Befindet sich in einer Reihenschaltung eine Spule vor einer Glühlampe, so leuchtet die Glühlampe später auf, als wenn sich ein Ohmscher Widerstand mit dem gleichen Widerstandswert wie die Spule im Stromkreis befindet.

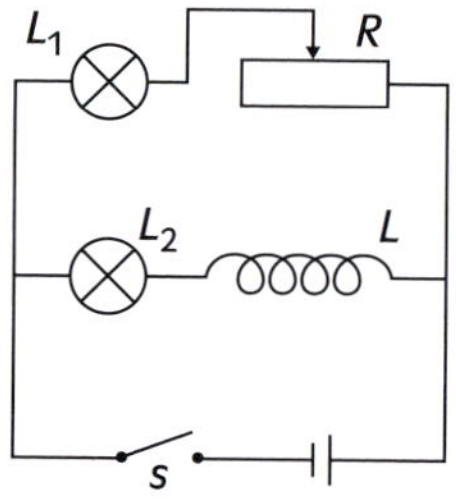

Diese Verzögerung entsteht durch den Aufbau des magnetischen Feldes in der Spule, welches eine Induktionsspannung hervorruft, die nach Lenz der angelegten Spannung entgegenwirkt.
Die Größe dieser Induktionsspannung wird durch die **Induktivität** L der Spule bestimmt.
Für die **Induktionsspannung** gilt:

$$U_{ind} = -L \cdot \dot{I}.$$

4 Elektromagnetische Induktion

Wechselspannung

Dreht man eine Leiterschleife in einem homogenen Magnetfeld, so wird eine Wechselspannung induziert.

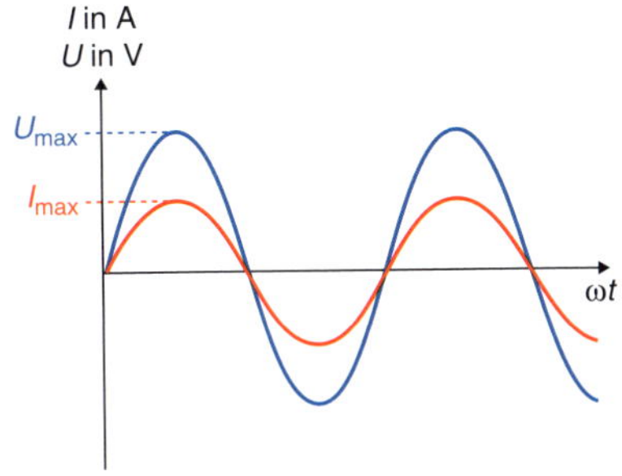

Stromstärke und Spannung sind in Phase, wenn sie zur gleichen Zeit ihren maximalen Wert annehmen.

$$U_{\text{ind}}(t) = \hat{U} \cdot \sin(\omega \cdot t)$$

$$I(t) = \frac{U_{\text{ind}}(t)}{R} = \frac{\hat{U}}{R} \cdot \sin(\omega \cdot t) = \hat{I} \cdot \sin(\omega \cdot t)$$

Der maximale Wert berechnet sich aus den **Effektivwerten**:

$\hat{U} = \sqrt{2} \cdot U_{\text{eff}}$ und $\hat{I} = \sqrt{2} \cdot I_{\text{eff}}$.

Widerstände

Im Wechselstromkreis gibt es ohmsche, induktive und kapazitive Widerstände.

- Ohmsche Widerstände sind **Wirkwiderstände.** Sie wandeln elektrische Energie in Wärme oder Licht um.
- Induktive und kapazitive Widerstände sind **Blindwiderstände**, da sie keine Energie umwandeln.

Transformator

Der Transformator ist eine Anwendung der **elektromagnetischen Induktion**. Dabei werden Wechselspannungen und Wechselströme durch Induktion herauftransformiert oder heruntertransformiert.

Man unterscheidet den unbelasteten und den belasteten Transformator.

Idealer unbelasteter Transformator

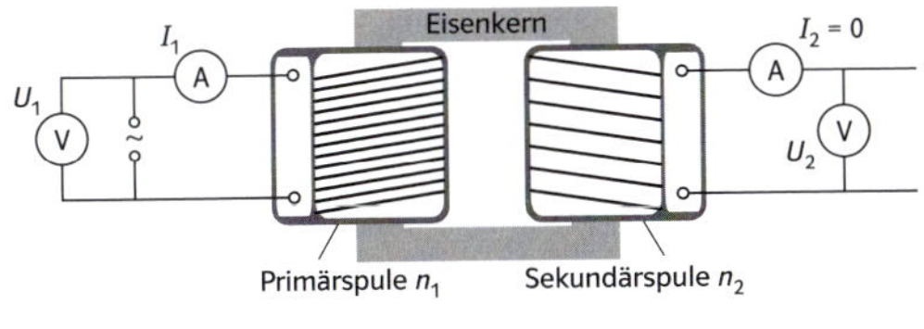

Idealer belasteter Transformator

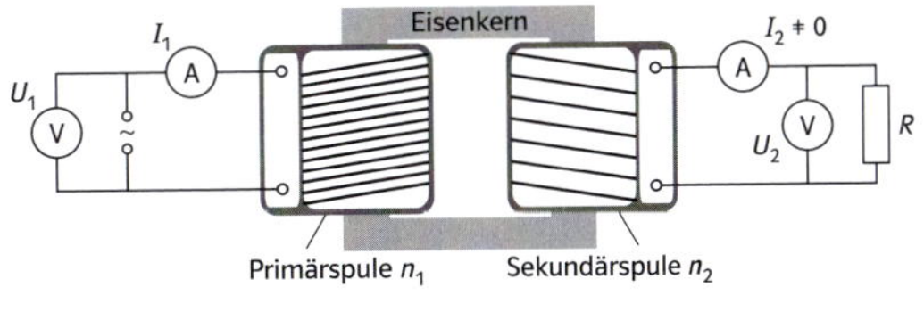

4 Elektromagnetische Induktion

- Durch Bewegen von Elektronen in einem Magnetfeld kann ein Strom induziert werden. Er ruft eine Induktionsspannung hervor.
- Nicht nur durch Bewegung von Elektronen kann eine Spannung hervorgerufen werden, sondern auch, wenn sich das Magnetfeld mit der Zeit ändert oder wenn sich die vom Magnetfeld durchsetzte Fläche ändert.
- Baut sich in einer Spule, die von einem Strom durchflossen wird, ein Magnetfeld auf, so entsteht während des Aufbaus eine Induktionsspannung, die dem Aufbau entgegen wirkt. Den gleichen Effekt hat man beim Abbau des Magnetfeldes, da sich auch hier wieder das Magnetfeld mit der Zeit ändert und eine Induktionsspannung hervorgerufen wird.
- In jedem magnetischen Feld ist Energie gespeichert.
- Rotiert eine Spule in einem Magnetfeld, so wird eine Wechselspannung induziert. Diese wiederum ruft einen Wechselstrom hervor.
- Im Wechselstromkreis gibt es drei Arten von Widerständen: ohmscher, induktiver und kapazitiver Widerstand. Der ohmsche Widerstand verhält sich im Wechselstromkreis wie im Gleichstromkreis. Er wandelt elektrische Energie in Wärme oder Licht um. Beim kapazitiven und induktiven Widerstand hingegen findet keine Energieumwandlung statt.
- Um den Wert der Wechselspannung bzw. des Wechselstroms zu verändern, benutzt man einen Transformator. Mit ihm kann man den Wert der Spannung bzw. des Stroms erhöhen oder verringern.

Die Induktionsspannung

Bewegen sich in einem Leiter Elektronen, so fließt elektrischer Strom. Dieser elektrische Strom erzeugt ein magnetisches Feld, das Einfluss auf bewegte Ladungsträger hat.
Michael Faraday stellte sich die Frage, ob man diesen Vorgang auch umdrehen kann, d.h. ob man durch Bewegung von Ladungsträgern in einem Magnetfeld Strom erzeugen kann.
Diesen Effekt nennt man **elektromagnetische Induktion**.

Durch Bewegen eines Leiters im Magnetfeld senkrecht zu den Feldlinien werden im Leiter aufgrund der Lorentzkraft die Elektronen verschoben.
Im Leiter findet eine Ladungstrennung statt, die ein elektrisches Feld hervorruft. Es kann nun eine Spannung an den Leiterenden abgegriffen werden.

Bewegt man einen Leiter in einem Magnetfeld, so kann man eine Spannung erzeugen, die **Induktionsspannung**.

Diese Spannung ist eine Folge der Lorentzkraft (→ S. 46). Durch die Bewegung des Leiters senkrecht zu den Magnetfeldlinien, werden auch die Elektronen im Leiter senkrecht zu den Feldlinien bewegt und erfahren die Lorentzkraft F_L. Die Lorentzkraft wirkt senkrecht zur Bewegungsrichtung der Elektronen und verschiebt diese zusätzlich. Die Richtung der Verschiebung wird mit der Drei-

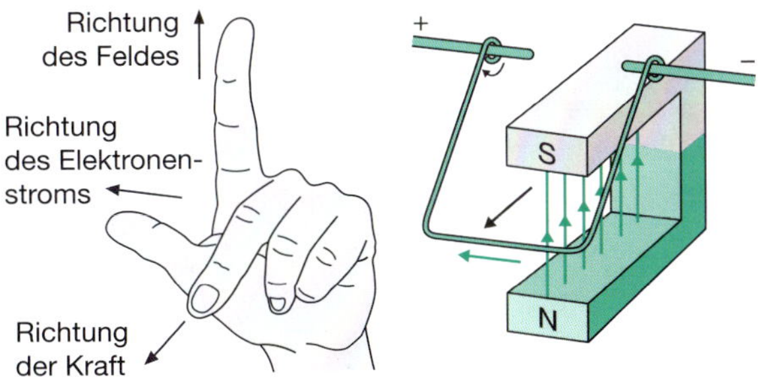

Finger-Regel der linken Hand bestimmt (→ S. 46). So entsteht am einen Ende des Leiters ein Elektronenüberschuss und am anderen Ende des Leiters ein Elektronenmangel. Zwischen den beiden Leiterenden entsteht somit ein elektrisches Feld und man kann eine Induktionsspannung U_{ind} abgreifen.

Es gilt: $F_L = B \cdot e \cdot v$ und $F_{el} = e \cdot E = e \cdot \frac{U_{ind}}{l}$, wobei l = Leiterlänge ist.

Wenn $F_L = F_{el}$ ist, ist die Ladungstrennung abgeschlossen und es ergibt sich für die Induktionsspannung: $U_{ind} = B \cdot l \cdot v$.

Bei diesem Vorgang wird kinetische Energie in elektrische Energie umgewandelt. Dieses Prinzip benutzt man bei **Generatoren**.

Ändert sich das Magnetfeld, in dem sich eine Leiterschleife oder eine Spule befindet, mit der Zeit, so wird eine Spannung induziert. Diese Spannung hängt ab von der zeitlichen Änderung des Magnetfeldes, der Fläche, die vom Magnetfeld durchsetzt wird, und der Windungszahl der Spule.

Das Induktionsgesetz

Eine Induktionsspannung tritt auch auf, wenn eine Spule oder Leiterschleife, die sich komplett im Magnetfeld befindet und nicht bewegt wird, von einem sich **zeitlich ändernden Magnetfeld** durchsetzt wird. Da hier keine Bewegung stattfindet, kann die Induktionsspannung nicht mithilfe der Lorentzkraft erklärt werden.
Nimmt die magnetische Flussdichte zeitlich linear zu oder ab, so wird in der Spule oder in der Leiterschleife eine konstante Spannung induziert.
Die induzierte Spannung ist der zeitlichen Änderung der magnetischen Flussdichte proportional. Es gilt: $U \sim \frac{\Delta B}{\Delta t}$.

Ändert sich die magnetische Flussdichte nicht linear, sondern beliebig mit der Zeit, so gilt: $U \sim \frac{dB}{dt} = \dot{B}$.

Außerdem ist die Induktionsspannung proportional zur Windungszahl n und zur senkrecht vom Magnetfeld durchsetzten Fläche A_s der Spule oder Leiterschleife: $U \sim n \cdot A_s$.

Auch eine zeitliche Änderung der vom Magnetfeld durchsetzten Fläche führt zu einer Induktionsspannung. Diese hängt von der zeitlichen Änderung der Fläche, dem Magnetfeld und der Windungszahl der Spule ab.
Ebenso wird eine Spannung hervorgerufen, wenn sich beides, das Magnetfeld und die senkrecht durchsetzte Fläche, gleichzeitig mit der Zeit ändern.

Für die **Induktionsspannung** einer Spule oder Leiterschleife mit konstanter Fläche und Windungszahl, gilt:

$$U = n \cdot A_s \cdot \dot{B}.$$

Eine weitere Möglichkeit eine Induktionsspannung zu erzeugen ist es, die magnetische Flussdichte konstant zu halten und die vom Magnetfeld durchsetzte Fläche mit der Zeit zu ändern.
Dabei gilt: Nimmt die vom Magnetfeld durchsetzte Fläche mit der Zeit linear ab oder zu, so wird eine konstante Induktionsspannung erzeugt. Es gilt:

$$U \sim \frac{\Delta A_s}{\Delta t}.$$

Ändert sich die Fläche zeitlich nicht linear, sondern beliebig, so gilt:

$$U \sim \frac{dA_s}{dt} = \dot{A}_s.$$

Außerdem ist die Induktionsspannung proportional zur Windungszahl n der Spule oder Leiterschleife und zur konstanten magnetischen Flussdichte.

$$U \sim n \cdot \dot{B}.$$

Für die Induktionsspannung einer Spule oder Leiterschleife mit konstanter magnetischer Flussdichte und Windungszahl, gilt:

$$U = n \cdot B \cdot \dot{A}_s.$$

Ändert sich sowohl die magnetische Flussdichte als auch die vom Magnetfeld durchsetzte Fläche, so gilt für die Induktionsspannung:

$$U = n \cdot \dot{A}_s \cdot B + n \cdot A_s \cdot \dot{B} = n \cdot \left(\dot{A}_s \cdot B + A_s \cdot \dot{B}\right) = \mathrm{n} \cdot \frac{d}{dt}(A_s \cdot B).$$

Der hervorgerufene Induktionsstrom wirkt immer seiner Ursache entgegen. D.h. das Magnetfeld, das durch den Strom hervorgerufen wird, wirkt der magnetischen Flussänderung, die den Strom erzeugt, entgegen.

Das Produkt aus durchsetzter Fläche und magnetischer Flussdichte nennt man auch **magnetischer Fluss**:

$$\Phi = A_s \cdot B.$$

Mittels dieser Definition ergibt sich das **Induktionsgesetz** zu:

$$U_{ind} = -n \cdot \dot{\Phi}.$$

Die Induktionsspannung ist proportional zur Windungszahl der Spule und zur zeitlichen Änderung des magnetischen Flusses.

Das Minuszeichen im Induktionsgesetz kommt durch die **Lenz'sche Regel** zustande:
Die Induktionsspannung und der dadurch hervorgerufene Induktionsstrom wirken immer ihrer Ursache entgegen.

Entstehung von Induktionsspannung

Im Folgenden werden verschiedene Experimente, mit denen man die Entstehung der Induktionsspannung untersuchen kann, erläutert.

1. Versuch:

Eine Spule wird an ein Spannungsmessgerät angeschlossen. Nun werden mit einem Stabmagnet folgende Bewegungen durchgeführt und das Messgerät beobachtet:

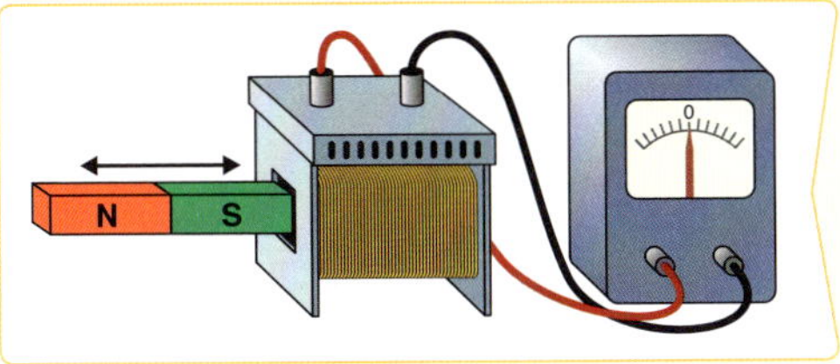

a) Der Stabmagnet wird langsam in die Spule geschoben und wieder herausgezogen.

b) Die Spule wird langsam auf den Magneten zu bewegt und wieder von ihm entfernt.

Der Ausschlag am Messgerät ist immer dann vorhanden, wenn sich der Magnet oder die Spule relativ zu einander bewegen.

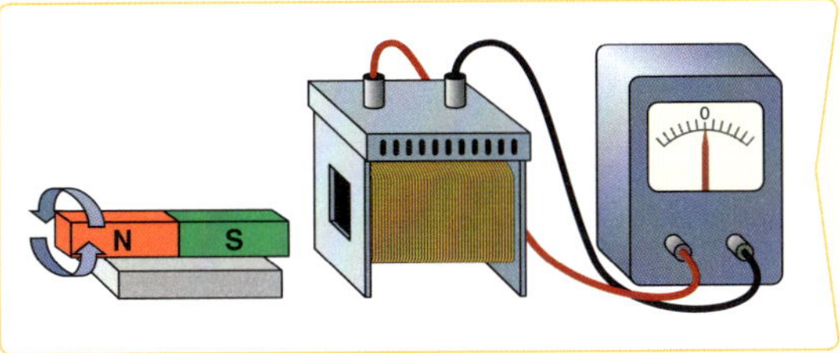

c) Der Stabmagnet liegt auf einer Unterlage und wird um seine Längsachse gedreht, ohne dass er der Spule genähert wird.

Es ist am Messgerät kein Ausschlag zu beobachten.

d) Der Stabmagnet und die Spule werden ohne gegenseitige Annäherung gleichzeitig in die gleiche Richtung bewegt.

Auch hier ist kein Ausschlag am Messgerät zu beobachten.

2. Versuch:

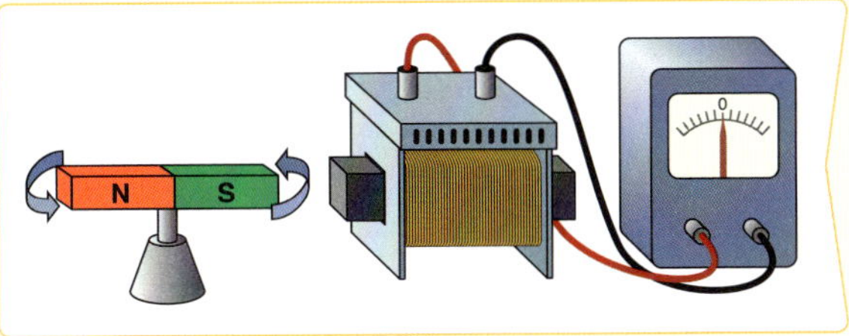

Ein Stabmagnet ist drehbar gelagert und befindet sich vor einer Spule, die an eine Spannungsmessgerät angeschlossen ist. Nun dreht man den Stabmagneten vor der Spule langsam.

Dreht man den Stabmagneten gleichmäßig, so pendelt der Zeiger des Messgerätes gleichmäßig hin und her.

Es entsteht eine Wechselspannung. Schiebt man zusätzlich einen Eisenkern in die Spule, so wird die Spannung größer.

3. Versuch:

Es werden drei Spulen mit einem Spannungsmessgerät in Reihe geschaltet. Nun bewegt man einen Stabmagneten nacheinander in die drei Spulen hinein und zieht ihn wieder heraus.

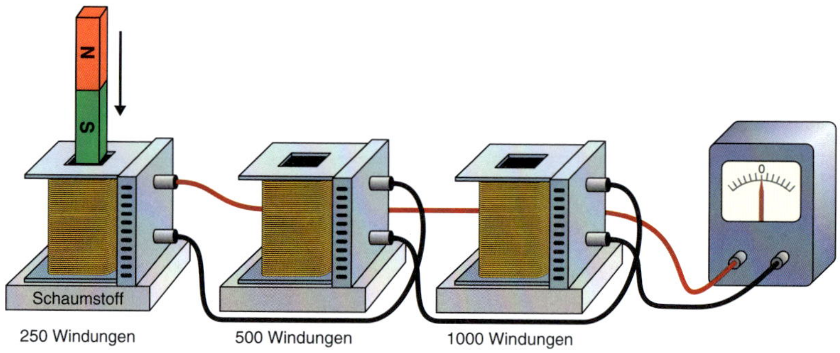

Je größer die Windungszahl der Spule, umso größer ist auch die Anzeige am Messgerät.

4. Versuch:

Eine Spule mit 1000 Windungen und einem Eisenkern wird an ein Spannungsmessgerät angeschlossen. Eine zweite Spule mit ebenfalls 1000 Windungen und einem Eisenkern wird an eine Gleichspannungsquelle angeschlossen. Die beiden Spulen werden so nebeneinander gestellt, dass sich die Eisenkerne fast berühren. Nun wird die Spannungsquelle ein und wieder ausgeschaltet. Was ist am Messgerät zu beobachten? Was beobachtet man bei dem gleichen Experiment, wenn man die Windungszahl der Spule, die am Messgerät angeschlossen ist, verkleinert?

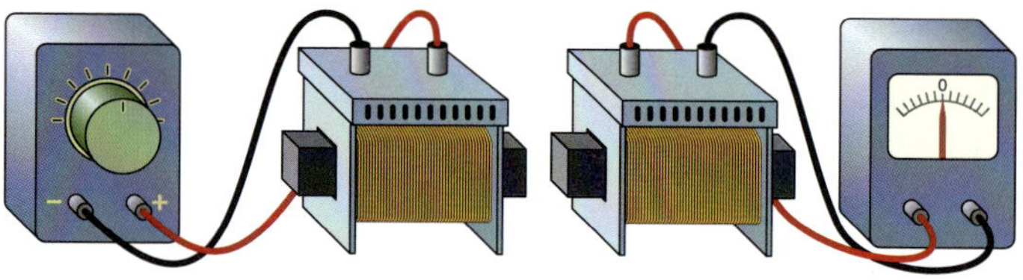

Schaltet man die Spannungsquelle ein und wieder aus, so bewegt sich der Zeiger am Messgerät. Bei der größten Windungszahl ist auch die Spannung am größten. Je kleiner die Windungszahl, umso kleiner die Spannung.

Selbstinduktion

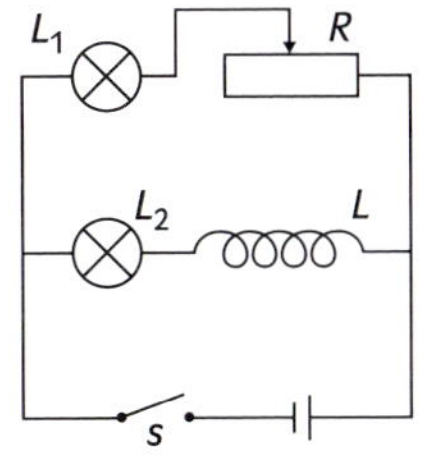

Schaltet man an einem Stromkreis eine Spule L und eine Glühlampe in Reihe und parallel dazu einen Widerstand R und eine Glühlampe, so leuchtet nach schließen des Schalters S zuerst die Glühlampe in dem Stromkreis mit dem Widerstand auf. Mit kurzer Verzögerung leuchtet auch die Glühlampe, die mit der Spule in Reihe geschaltet ist.

Hinweis: Der Widerstand R dient zum Ausgleich des ohmschen Widerstandes der Spule, damit der Stromfluss durch beide Glühlampen gleich ist.

Diese Verzögerung entsteht dadurch, dass die Spule, die von einem Strom durchflossen wird, im Inneren ein Magnetfeld aufbaut. Dieses Magnetfeld induziert eine Spannung und einen Strom. Dieser Induktionsstrom wirkt nun nach Lenz der Ursache, also der angelegten Spannung und dem damit verbunden Strom, entgegen. Diesen Vorgang nennt man **Selbstinduktion**.
Somit steigt in der Spule der Strom langsamer an und das Glühlämpchen leuchtet später. Auch beim Öffnen des Stromkreises führt die Spule dazu, dass die Stromstärke langsamer abfällt und somit die Glühlampe mit der vorgeschalteten Spule länger leuchtet.

Fließt durch eine Spule ein Strom, so baut sich in ihrem Inneren ein Magnetfeld auf. Dieses Magnetfeld ändert sich beim Aufbau mit der Zeit und ruft somit eine Induktionsspannung hervor. Diese Spannung wirkt der Stromstärke zum Aufbau des Magnetfeldes entgegen und verzögert ihn.

Die folgende Abbildung zeigt den Verlauf der Stromstärke beim Einschalt- und Ausschaltvorgang.

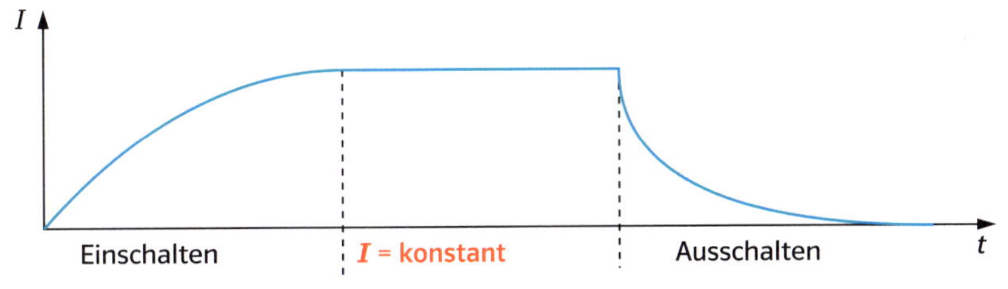

Die **Induktivität** einer Spule gibt an, wie stark die Größe der Spule, also ihre Querschnittsfläche, ihre Länge und Windungszahl den Anstieg bzw. Abfall der Stromstärke durch die Induktionsspannung behindert.
Da sich bei der Spule die durchsetzte Fläche nicht ändert, ist $\frac{dA_s}{dt} = 0$ und nach dem Induktionsgesetz vereinfacht sich die Gleichung für die Induktionsspannung zu

$$U_{ind} = -n \cdot A_s \cdot \frac{dB}{dt}.$$

Nach dem Energieerhaltungssatz wird die elektrische Energie, die zum Aufbau des Magnetfeldes notwendig ist, als magnetische Energie gespeichert.

Setzt man für B die Formel für die magnetische Flussdichte einer langgestreckten Spule ein, so folgt:

$$U_{\text{ind}} = -n \cdot A_s \cdot \frac{\mathrm{d}\left(\mu_0 \cdot \mu_r \cdot \frac{n}{l} \cdot I\right)}{\mathrm{d}t} = -n \cdot \mu_0 \cdot \mu_r \cdot \frac{n}{l} \cdot A_s \cdot \frac{\mathrm{d}I}{\mathrm{d}t} = -L \cdot \frac{\mathrm{d}I}{\mathrm{d}t}.$$

Dabei ist L die Induktivität der Spule. Ihre Einheit ist $1\,\mathrm{H}$ (Henry) $= 1\,\frac{\mathrm{Vs}}{\mathrm{A}}$.

Es gilt: Eine Spule hat die Induktivität 1 H, wenn bei einer Stromstärkenänderung von 1 A pro Sekunde eine Induktionsspannung von 1 V entsteht.

Die Energie des magnetischen Feldes

In einem Stromkreis, der aus einer Reihenschaltung mit Spule und Glühlampe und einem parallel geschalteten Widerstand mit Glühlampe besteht (siehe Schaltbild im Abschnitt „Selbstinduktion") leuchtet die Glühlampe mit der vorgeschalteten Spule nach Öffnen des Schalters länger als die mit dem vorgeschalteten Widerstand.
Diese Erscheinung erklärt sich mittels des Energieerhaltungssatzes (→ S. 17).
Die im Magnetfeld der Spule gespeicherte Energie wird in elektrische Energie umgewandelt.
Für die **Energie des Magnetfeldes** gilt:

$$E_{\text{mag}} = \frac{1}{2} L I^2.$$

Erzeugung von Wechselspannung

Eine Spannung wird induziert, wenn sich die vom Magnetfeld senkrecht durchsetzte Fläche oder die magnetische Flussdichte ändert. Rotiert eine Spule in einem Magnetfeld, so ändert sich die senkrecht durchsetzte Fläche mit der Zeit ständig. Es entsteht eine Induktionsspannung, die einer Wechselspannung entspricht.

Wechselspannung wird mithilfe von Generatoren erzeugt. Dabei wird die sinusförmige Wechselspannung durch **Rotation einer Spule** oder einer Leiterschleife in einem homogenen Magnetfeld erzeugt. Diese Rotation bewirkt eine Änderung des magnetischen Flusses und damit eine Induktionsspannung.
Rotiert die Spule mit der Frequenz f in einem homogenen Magnetfeld, so ändert sich die vom Magnetfeld senkrecht durchsetzte Spulenfläche A_s ständig.

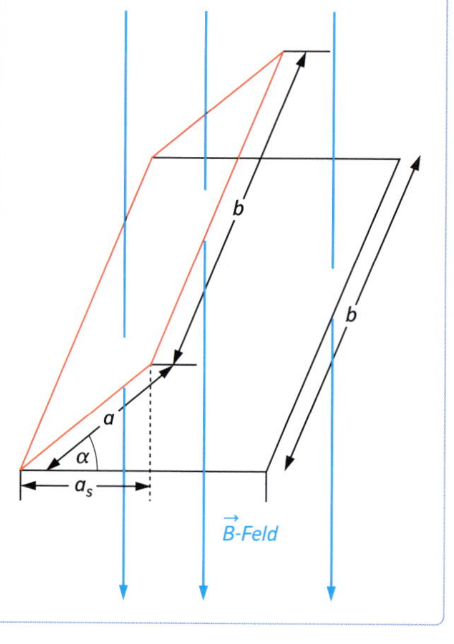

Für die Spulenfläche A_s gilt:

$$A_s = a_s \cdot b = a \cdot \cos\alpha \cdot b$$
$$= a \cdot b \cdot \cos(\omega t), \quad \text{mit dem Drehwinkel } \alpha = \omega t.$$

Somit ergibt sich für die Induktionsspannung:

$$U_{ind} = -n \cdot \frac{d\Phi}{dt} = \frac{-n \cdot d(B \cdot a \cdot b \cdot \cos(\omega t))}{dt}$$
$$= -n \cdot B \cdot a \cdot b \cdot \frac{d(\cos(\omega t))}{dt}$$
$$= n \cdot B \cdot a \cdot b \cdot \omega \cdot \sin(\omega t).$$

$\hat{U} = n \cdot B \cdot a \cdot b \cdot \omega$ ist der maximale Wert der Spannung, auch Scheitelwert genannt, und wächst proportional mit der Drehfrequenz ω.

Nehmen Spannung und Stromstärke zur gleichen Zeit ihre maximalen Werte an, so beträgt die Phasenverschiebung φ zwischen ihnen null. In diesem Fall gilt:

$$I(t) = \frac{U_{ind}}{R} = \frac{\hat{U}}{R} \cdot \sin(\omega t) = \hat{I} \cdot \sin(\omega t).$$

Nehmen die beiden ihre maximalen Werte zu verschiedenen Zeit an, so gilt für die Spannung:

$$U_{ind}(t) = \hat{U} \cdot \sin(\omega t - \varphi).$$

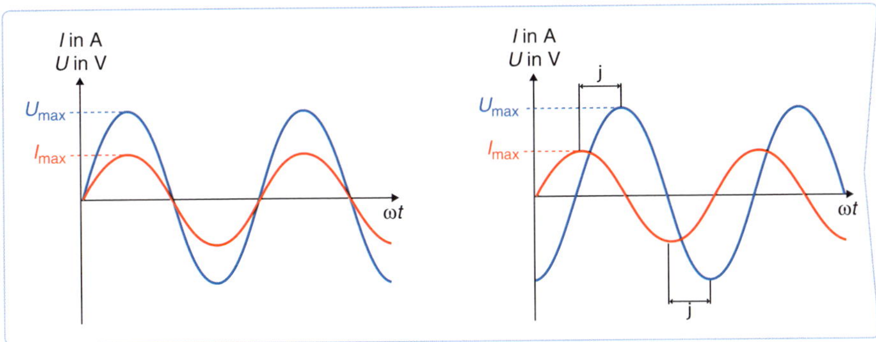

Messgeräte messen nicht die Scheitelwerte der Wechselspannung oder des Wechselstroms, sondern ihre Effektivwerte. Diese Effektivwerte entsprechen den Werten einer Gleichspannungsquelle, die im gleichen Stromkreis die gleiche Leistung umsetzt.

Zur Messung von Wechselspannung und Wechselstrom gibt es Messgeräte, die einen konstanten Wert anzeigen. Dies sind nicht die maximalen Werte, sondern kleinere Effektivwerte. Die Effektivwerte für Wechselspannung und Wechselstrom entsprechen der Spannung und der Stromstärke einer Gleichspannungsquelle, die im gleichen Stromkreis die gleiche Leistung umsetzt.

Es gilt:

$$\hat{U} = \sqrt{2} \cdot U_{eff} \qquad \text{und} \qquad \hat{I} = \sqrt{2} \cdot I_{eff}.$$

Widerstände im Wechselstromkreis

Im Wechselstromkreis gibt es ohmsche, induktive und kapazitive Widerstände.

Ohmsche Widerstände

Ohmsche Widerstände nennt man Wirkwiderstände, da sich elektrische Energie in Licht oder Wärme umwandeln.

Sowohl im Gleichstromkreis als auch im Wechselstromkreis hat ein ohmscher Widerstand die Eigenschaft elektrische Energie in Wärme oder Licht umzuwandeln. Man nennt sie deshalb **Wirkwiderstände R**. Weil bei dieser Umwandlung die Stromrichtung unwichtig ist, gelten für Wirkwiderstände im Wechselstromkreis die gleichen Gesetze wie im Gleichstromkreis. Es gilt:

$$R = \frac{U}{I}.$$

Beim Wirkwiderstand sind Stromstärke I und Spannung U in Phase.

Induktive Widerstände

Induktive Widerstände sind Blindwiderstände, da keine Energie umgewandelt wird.

Der Widerstand einer Spule im Wechselstromkreis ist sehr viel größer als im Gleichstromkreis. Dies kommt daher, dass die Selbstinduktionsspannung in der Spule einen Induktionsstrom hervorruft, der nach dem Lenz'schen Gesetz seiner Ursache entgegenwirkt.
Aufgrund der Induktivität L der Spule nennt man diesen Widerstand **induktiver Widerstand** R_L oder X_L. Es gilt:

$$R_L = \frac{U_{eff}}{I_{eff}} = \frac{\hat{U}}{\hat{I}} = 2\pi \cdot f \cdot L = \omega \cdot L.$$

Beim induktiven Widerstand sind Stromstärke I und Spannung U phasenverschoben. Die Stromstärke erreicht eine Viertelperiode nach der Spannung ihren maximalen Wert.
Da in einem Stromkreis mit induktivem Widerstand die Energie erhalten bleibt, nennt man diesen Widerstand auch Blindwiderstand.

Kapazitive Widerstände

Auch kapazitive Widerstände sind Blindwiderstände.

Legt man an einem Kondensator Wechselspannung an, so wird er abwechselnd aufgeladen und entladen und ruft dadurch einen Wechselstrom hervor, der durch den Widerstand des Kondensators begrenzt wird.
Aufgrund der Kapazität C des Kondensators nennt man den Widerstand kapazitiven Widerstand R_C oder X_C. Es gilt:

$$R_C = \frac{U_{eff}}{I_{eff}} = \frac{\hat{U}}{\hat{I}} = \frac{1}{2\pi \cdot f \cdot C} = \frac{1}{\omega \cdot C}.$$

Wie beim induktiven Widerstand sind auch beim kapazitiven Widerstand Stromstärke und Spannung phasenverschoben. Die Stromstärke erreicht eine Viertelperiode vor der Spannung ihren maximalen Wert.
Auch dieser Widerstand ist ein Blindwiderstand.

Für das **Zusammenwirken mehrerer Widerstände** gilt:

Größe	Reihenschaltung	Parallelschaltung
Wirkwiderstand R	$R_{ges} = R_1 + R_2$	$\frac{1}{R_{ges}} = \frac{1}{R_1} + \frac{1}{R_2}$
Blindwiderstand X	$X = \omega \cdot L - \frac{1}{\omega \cdot C}$	$\frac{1}{X} = \omega \cdot C - \frac{1}{\omega \cdot L}$
Scheinwiderstand Z	$Z = \sqrt{R^2 + (R_L - R_C)^2}$	$\frac{1}{Z} = \sqrt{\frac{1}{R^2} + \left(\frac{1}{R_C} - \frac{1}{R_L}\right)^2}$

Der Transformator

Eine Anwendung der elektromagnetischen Induktion findet sich beim **Transformator**. Er kann mittels Induktion Wechselspannungen und Wechselströme herauf- und heruntertransformieren.

Ein Transformator erhöht oder reduziert Wechselspannungen. Dabei ändert sich auch der Strom, der auf der Sekundärseite entnommen wird. Wird die Spannung heruntertransformiert, so steigt der Strom. Wird sie erhöht, so sinkt der Strom.

Auf einem geschlossenen Eisenkern befinden sich zwei Spulen, die **Primärspule** und die **Sekundärspule**. An den Enden der Primärspule liegt eine Wechselspannung $U_1(t) = \hat{U}_1 \cdot \sin(\omega \cdot t)$. Diese führt in der Primärspule zu einem Wechselstrom $I_1(t)$, der im Eisenkern einen sich ändernden magnetischen Fluss $\Phi_1(t)$ bewirkt. Die Änderung des magnetischen Flusses erzeugt in der Sekundärspule eine Induktionsspannung.

Entnimmt man der Sekundärspule keinen Strom $(I_2 = 0)$, so handelt es sich um einen **unbelasteten Transformator**.

Verbindet man die Sekundärspule mit einem Widerstand, so wird in ihr ein Strom erzeugt, der wiederum einen magnetischen Fluss hervorruft. Es handelt sich um einen **belasteten Transformator**.

Zusätzlich unterscheidet man noch zwischen einem **idealen** und einem **realen Transformator**. Beim idealen Transformator treten keine Energieverluste auf, d. h. die gesamte zugeführte Energie wird im Sekundärkreis genutzt. Beim realen Transformator geht hingegen ein Teil z. B. in Form von thermischer Energie verloren. Wir beschränken uns im Folgenden auf den idealen Transformator.

Es gibt reale und ideale Transformatoren. Beim idealen gibt es keine Energieverluste. Beim realen geht ein Teil der Energie als thermische Energie verloren.

Idealer unbelasteter Transformator

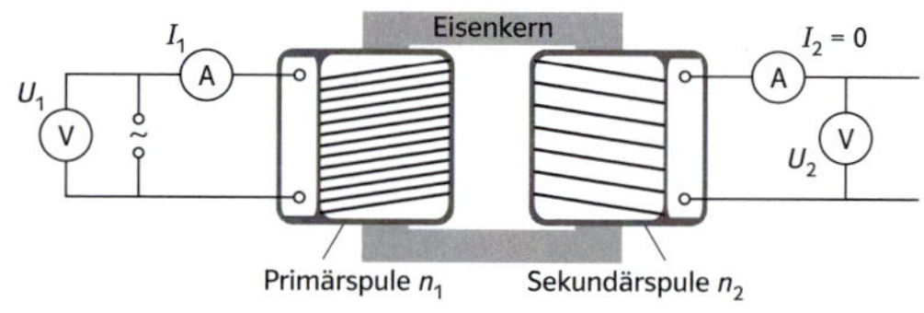

Der durch die Primärspule im Eisenkern erzeugte magnetische Fluss $\Phi_1(t)$ durchsetzt auch die Sekundärspule: $\Phi_2(t) = \Phi_1(t) = \Phi(t)$. Es entsteht eine Induktionsspannung $U_{2,\text{ind}}(t)$. Wird der Sekundärspule kein Strom entnommen, so erzeugt sie kein Magnetfeld und wirkt nicht auf die Primärspule:
In der Primärspule wird eine Selbstinduktionsspannung $U_{1,\text{ind}}$ erzeugt, die nach dem Lenz'schen Gesetz der angelegten Wechselspannung U_1 entgegenwirkt.
Da bei einem idealen Transformator der ohmsche Widerstand der Primärspule null ist, gilt:
$U_1(t) = -U_{1,\text{ind}}(t) = n_1 \cdot \frac{\Delta\Phi}{\Delta t}$. In der Sekundärspule wird die Induktionsspannung $U_2(t) = -n_2 \cdot \frac{\Delta\Phi}{\Delta t}$ induziert. Da es beim unbelasteten Transformator keine weiteren Induktionsvorgänge gibt, folgt:

$$\frac{U_1(t)}{U_2(t)} = -\frac{n_1}{n_2} \qquad \text{bzw.} \qquad \frac{U_{1,\text{eff}}}{U_{2,\text{eff}}} = \frac{n_1}{n_2}.$$

Idealer belasteter Transformator

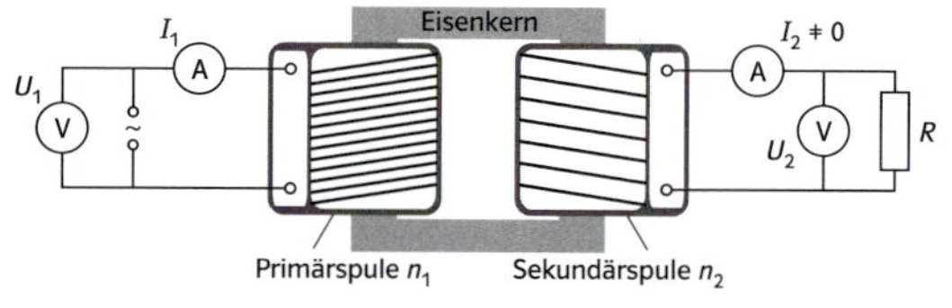

Befindet sich im Sekundärkreis ein Verbraucher R, so fließt der Strom $I_2(t) = \frac{U_2(t)}{R}$ durch ihn. Beim idealen Transformator ist dabei die vom Sekundärkreis abgegebene Wirkleistung genauso groß wie die vom Primärkreis aufgenommene Wirkleistung.

$$P_1(t) = P_2(t)$$
$$U_{1,\text{eff}} \cdot I_{1,\text{eff}} = U_{2,\text{eff}} \cdot I_{2,\text{eff}}$$

Mit $\frac{U_{1,\text{eff}}}{U_{2,\text{eff}}} = \frac{n_1}{n_2}$ folgt:

$$\frac{I_{2,\text{eff}}}{I_{1,\text{eff}}} = \frac{U_{1,\text{eff}}}{U_{2,\text{eff}}} = \frac{n_1}{n_2}.$$

Durch **Bewegung** hervorgerufene Induktionsspannung: $U_{ind} = B \cdot l \cdot v$

Durch **zeitliche Änderung des Magnetfeldes** hervorgerufene Induktionsspannung: $U = n \cdot A_s \cdot \dot{B}$

Durch **zeitliche Änderung der senkrecht durchsetzten Fläche** hervorgerufene Induktionsspannung: $U = n \cdot B \cdot \dot{A}_s$

Induktionsgesetz: $U_{ind} = -n \cdot \dot{\Phi}$

Magnetischer Fluss: $\Phi = A_s \cdot B$

Induktivität: $U_{ind} = -n \cdot A_s \cdot \frac{d\left(\mu_0 \cdot \mu_r \cdot \frac{n}{l} \cdot I\right)}{dt} = -n \cdot \mu_0 \cdot \mu_r \cdot \frac{n}{l} \cdot A_s \cdot \frac{dI}{dt} = -L \cdot \frac{dI}{dt}.$

Energie des magnetischen Feldes: $E_{mag} = \frac{1}{2} L I^2$

Induktionsspannung einer im Magnetfeld **rotierenden Spule** ohne Phasenverschiebung:
$U_{ind}(t) = n \cdot B \cdot a \cdot b \cdot \omega \cdot \sin(\omega t) = \hat{U} \cdot \sin(\omega t)$

Wechselspannung **mit Phasenverschiebung**:
$U_{ind}(t) = \hat{U} \cdot \sin(\omega t - \varphi).$

Effektivwerte: $\hat{U} = \sqrt{2} \cdot U_{eff}$ und $\hat{I} = \sqrt{2} \cdot I_{eff}$

Ohmscher Widerstand: $R = \frac{U}{I}$

Induktiver Widerstand: $R_L = \omega \cdot L$

Kapazitiver Widerstand: $R_C = \frac{1}{\omega \cdot C}$

Größe	Reihenschaltung	Parallelschaltung
Wirkwiderstand R	$R_{ges} = R_1 + R_2$	$\frac{1}{R_{ges}} = \frac{1}{R_1} + \frac{1}{R_2}$
Blindwiderstand X	$X = \omega \cdot L - \frac{1}{\omega \cdot C}$	$\frac{1}{X} = \omega \cdot C - \frac{1}{\omega \cdot L}$
Scheinwiderstand Z	$Z = \sqrt{R^2 + (R_L - R_C)^2}$	$\frac{1}{Z} = \sqrt{\frac{1}{R^2} + \left(\frac{1}{R_C} - \frac{1}{R_L}\right)^2}$

Idealer unbelasteter Transformator: $\frac{U_1(t)}{U_2(t)} = -\frac{n_1}{n_2}$ bzw. $\frac{U_{1,eff}}{U_{2,eff}} = \frac{n_1}{n_2}$

Idealer belasteter Transformator: $\frac{I_{2,eff}}{I_{1,eff}} = \frac{U_{1,eff}}{U_{2,eff}} = \frac{n_1}{n_2}$

Schwingungen

Schwingungen sind regelmäßige **periodische Bewegungen**.
Schwingungen werden durch charakteristische Größen beschrieben.

- Oszillator: schwingendes System
- Ruhelage: Position, bei der der Oszillator in Ruhe ist
- Umkehrpunkte: Punkte, in denen der Oszillator seine Richtung ändert
- Periode: vollständige Hin- und Herbewegung zwischen den beiden Umkehrpunkten
- Periodendauer *T*: Zeitdauer einer Periode
- Frequenz: Kehrwert der Periodendauer
- momentane Auslenkung oder Elongation *s*: Abstand des Oszillators von der Ruhelage
- Amplitude $\hat{s}$: maximale Auslenkung

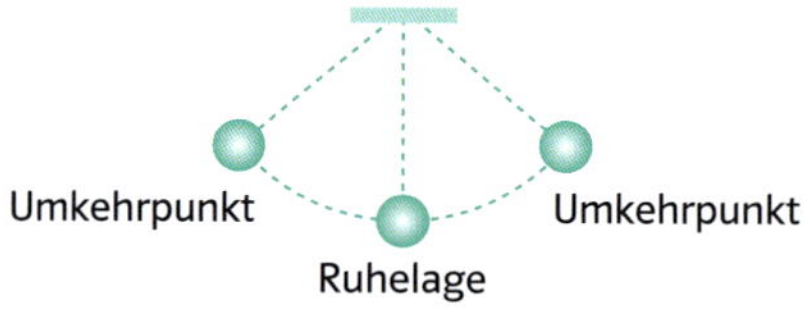

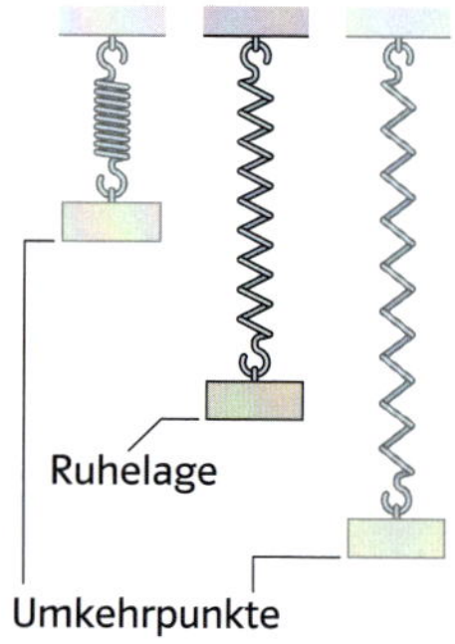

Harmonische Schwingung

Eine Schwingung ist **harmonisch**, wenn sie mit der Projektion einer gleichförmigen Kreisbewegung identisch ist. Es gilt das Zeit-Elongation-Gesetz:

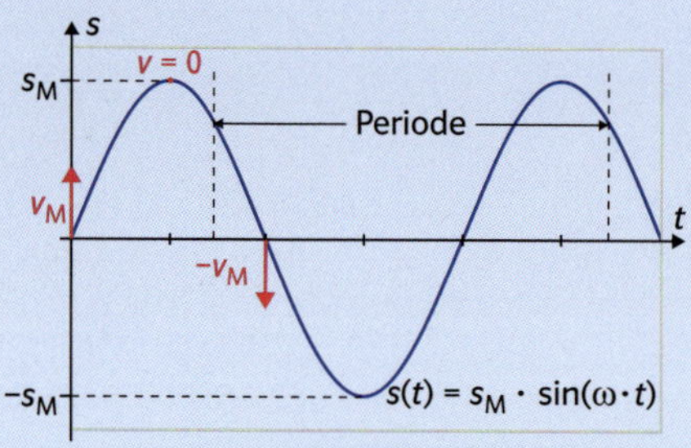

Zeit-Elongation-Gesetz

Ein weiteres Merkmal für harmonische Schwingungen ist die Gültigkeit des **linearen Kraftgesetzes**:

$$F(t) = -D \cdot s(t), \text{ wobei } D = m \cdot \omega^2.$$

Fadenpendel

Für das Fadenpendel gilt das lineare Kraftgesetz und damit die Gesetze der harmonischen Schwingung nur für kleine Auslenkungen (kleine Winkel φ_M).

Es folgt:

$$F = m \cdot g \cdot \frac{s}{l}.$$

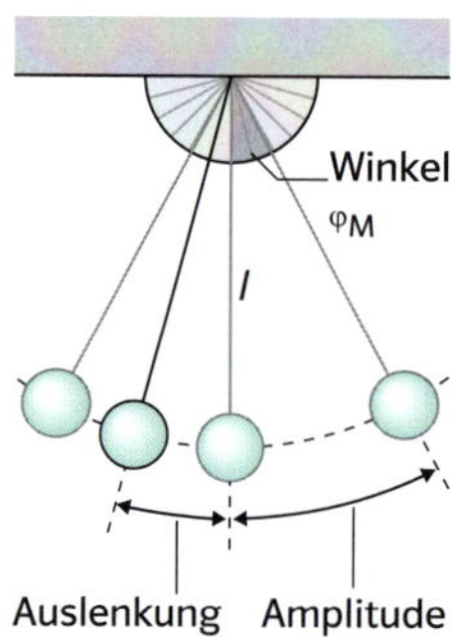

5 Mechanische Schwingungen

Überlagerung

Mittels eines **Zeigerdiagramms** kann man die resultierende Schwingung bei der Überlagerung mehrerer Schwingungen bestimmen.
Dazu addiert man die einzelnen Zeiger zu einem resultierenden Zeiger.

Zwei harmonische Schwingungen mit gleicher Amplitude und gleicher Frequenz löschen sich bei einer Phasenverschiebung von π oder einem geradzahligen Vielfachen von π aus.
Überlagern sich zwei harmonische Schwingungen unterschiedlicher Frequenz, so ist die resultierende Schwingung nicht mehr harmonisch.
Überlagern sich zwei Schwingungen, die sich in ihrer Frequenz nur wenig unterscheiden, so entsteht eine **Schwebung**.

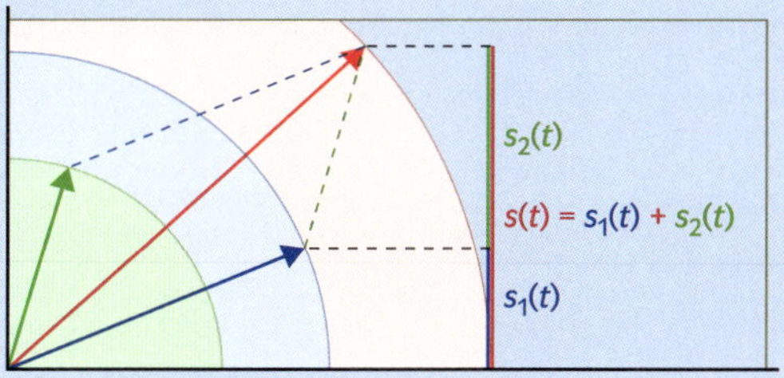

Erzwungene Schwingung

Zwei Pendelkörper werden kurz angestoßen. Beide Pendel schwingen mit ihrer Eigenfrequenz. Dabei erfährt das Pendel ohne Blatt eine geringere Dämpfung als das Pendel mit Blatt.

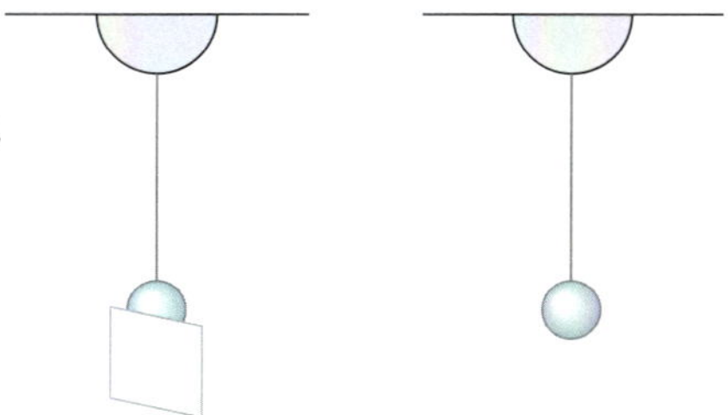

Regt man die Pendel von außen an, so erhält man eine **erzwungene Schwingung**. Die Amplitude des angeregten Pendels und die Phasendifferenz zwischen Erreger und Pendel hängen dabei von der Erregerfrequenz ab.

Es gibt drei Extremfälle:

- Die Eigenfrequenz ist sehr viel kleiner als die Erregerfrequenz: Pendel und Erreger besitzen die gleiche Amplitude und schwingen in Phase.
- Die Eigenfrequenz ist sehr viel größer als die Erregerfrequenz: die Amplitude des Pendels geht gegen Null. Zwischen beiden herrscht eine Phasendifferenz von π.
- Die Eigenfrequenz und die Erregerfrequenz sind gleich groß: die Amplitude des Pendels wird maximal. Zwischen beiden herrscht eine Phasendifferenz von $\frac{\pi}{2}$.
  Es tritt **Resonanz** auf.

5 Mechanische Schwingungen

- Ein Körper, der sich zwischen zwei Umkehrpunkten um eine Ruhelage hin- und herbewegt, beschreibt eine Schwingung. Schwingungen treten in verschiedenen Formen auf, z. B. als Uhrenpendel oder als Kinderschaukel.
- Eine harmonische Schwingung kann man mithilfe einer gleichförmigen Kreisbewegung beschreiben und in mathematische Formeln fassen.
- Eine harmonische Schwingung wird eindeutig durch das Zeit-Elongation-Gesetz, das Zeit-Geschwindigkeit-Gesetz und das Zeit-Beschleunigung-Gesetz beschrieben.
- Eine Schwingung ist harmonisch, wenn die Projektion einer gleichförmigen Kreisbewegung deckungsgleich ist mit der Schwingung eines Pendels oder wenn das Zeit-Elongation-Gesetz eine Sinuskurve beschreibt oder wenn das lineare Kraftgesetz erfüllt ist.
- Wird das Fadenpendel nur um kleine Winkel ausgelenkt oder ist die Fadenlänge sehr viel größer als die Auslenkung, so handelt es sich dabei um eine harmonische Schwingung.
- Die Überlagerung von Schwingungen wird beim Stimmen von Instrumenten, z. B. Gitarren, ausgenutzt. Überlagern sich zwei harmonische Schwingung, deren Frequenzen sich nur sehr wenig unterscheiden, so entsteht ein Ton, der in periodischen Abständen lauter und wieder leiser wird.
- Lenkt man ein Pendel aus, so schwingt es mit seiner Eigenfrequenz. Unter alltäglichen Bedingungen, nimmt dabei die Amplitude mit der Zeit ab. Soll die Amplitude nicht abnehmen, so muss man von außen Energie zuführen. Es entsteht eine erzwungene Schwingung.

Beschreibung von Schwingungen

Eine Schwingung ist eine periodische Hin- und Herbewegung zwischen zwei Umkehrpunkten um die Ruhelage.
Eine Schwingung wird durch folgende Größen beschrieben:
Periode, Periodendauer, momentane Auslenkung, Amplitude und Frequenz.

Kehrt sich bei einer **periodischen Bewegung**, d. h. einer Bewegung, die sich in gleichen Zeitabständen ständig wiederholt, die Richtung immer wieder um, so nennt man dies eine **Schwingung**. Das schwingungsfähige System nennt man **Oszillator**.

Die periodische Bewegung findet um die **Ruhelage**, zwischen zwei Punkten, den **Umkehrpunkten**, statt. Eine vollständige Hin- und Herbewegung zwischen den beiden Umkehrpunkten nennt man eine **Periode**.

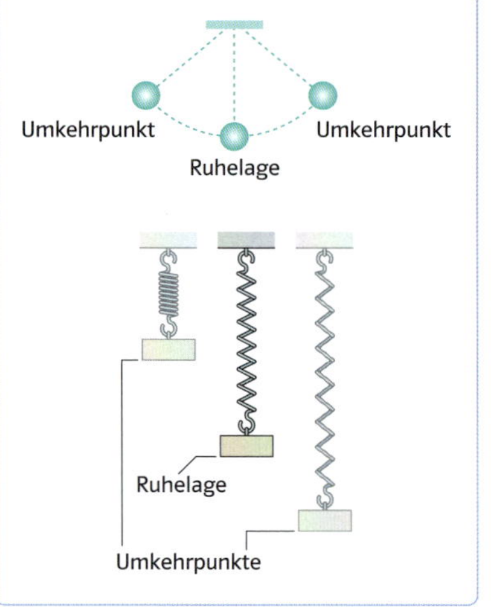

Eine Schwingung wird durch folgende Größen beschrieben:

- **Periodendauer** T: Zeit, die das Pendel für eine Periode benötigt;
- **Frequenz** f: Quotient aus der Anzahl n der Schwingungen und der dazu benötigten Zeit $f = \frac{n}{t} = \frac{1}{T}$;
- **momentane Auslenkung** oder **Elongation** s: Entfernung zur Ruhelage in einem bestimmte Zeitpunkt;
- **Amplitude** $\hat{s}$: Entfernung von der Ruhelage zum Umkehrpunkt. Sie entspricht der maximalen Entfernung.

Wird im Laufe der Schwingung die Amplitude kleiner, so spricht man von einer **gedämpften Schwingung**. Bleibt die Amplitude gleich, so handelt es sich um eine **ungedämpfte Schwingung**.

Die harmonische Schwingung

Projiziert man die Bewegung eines Körpers, der sich gleichförmig auf einer Kreisbahn bewegt, auf einen Schirm, so sieht man eine periodische Hin- und Herbewegung des Körpers. Man kann diese Bewegung mit der Schwingung eines Fadenpendels zur Deckung bringen.
Der Körper auf der Kreisbahn läuft auf einem Kreis mit Radius r, während der Körper am Fadenpendel eine Schwingung um die Ruhelage ausführt. Dabei entspricht der Radius r der Amplitude $\hat{s}$ der Schwingung.

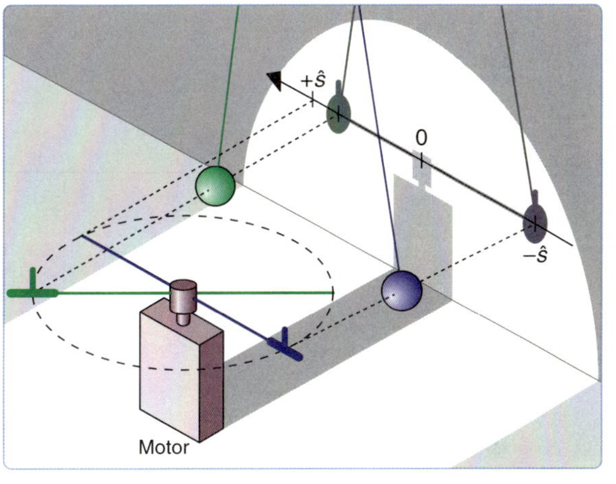

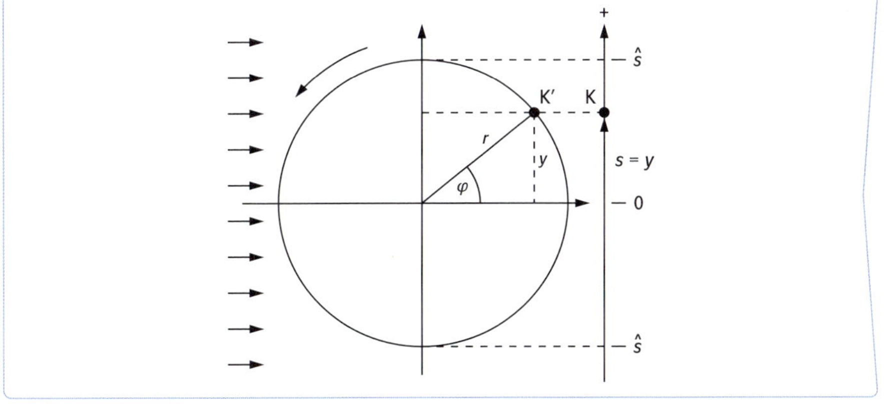

Eine Schwingung ist harmonisch, wenn sie mit der Projektion einer gleichförmigen Kreisbewegung übereinstimmt bzw. wenn ihre Zeit-Elongation-Funktion eine Sinuskurve beschreibt.

Für die Strecke s gilt: $s = r \cdot \sin\varphi = \hat{s} \cdot \sin\varphi$.
Dabei nennt man den Winkel zwischen dem Radius r und der positiven x-Achse den **Phasenwinkel der Schwingung**.

Für die Winkelgeschwindigkeit ω einer Kreisbewegung (→ S. 19) gilt:

$$\omega = \frac{\varphi}{t} \quad \text{bzw.} \quad \omega = \frac{2\pi}{T} = 2\pi f.$$

Somit ergibt sich für die Strecke s: $s = \hat{s} \cdot \sin(\omega t)$.

Eine Schwingung ist **harmonisch**, wenn sie mit der Projektion einer gleichförmigen Kreisbewegung identisch ist.
Für das **Zeit-Elongation-Gesetz** einer harmonischen Schwingung gilt:

$$s = \hat{s} \cdot \sin(\omega t).$$

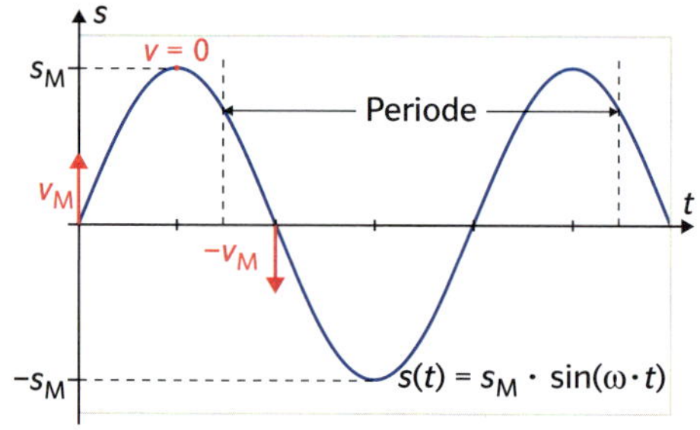

Gesetze der harmonischen Schwingung

Eine harmonische Schwingung wird eindeutig beschrieben, durch das Zeit-Elongation-Gesetz, das Zeit-Geschwindigkeit-Gesetz und das Zeit-Beschleunigung-Gesetz. Dabei gilt: $v(t) = \dot{s}(t)$ und $a(t) = \dot{v}(t) = \ddot{s}(t)$.

Außer dem Zeit-Elongation-Gesetz existieren zwei weitere Gesetze zur Beschreibung einer harmonischen Schwingung:
Das **Zeit-Geschwindigkeit-Gesetz** und das **Zeit-Beschleunigung-Gesetz**.
Der Geschwindigkeitsvektor einer Kreisbewegung ist tangential zur Bahnkurve und damit senkrecht zum Radiusvektor.

Es gilt:

$$v_y = v \cdot \cos(\omega t).$$

Mit $v = \frac{s}{t} = \frac{2\pi r}{T} = \omega r$ und $r = \hat{s}$ ergibt sich das Zeit-Geschwindigkeit-Gesetz zu:

$$v_y = \omega \cdot \hat{s} \cdot \cos(\omega t).$$

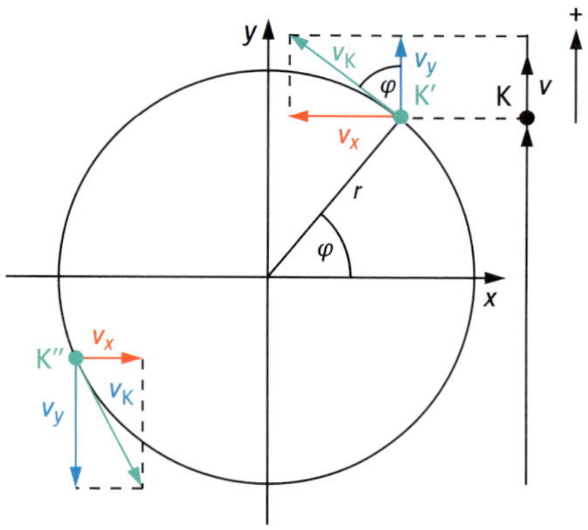

Da der Körper auf der Kreisbahn stets zum Mittelpunkt hin beschleunigt wird, zeigt der Vektor der Beschleunigung in Richtung des Mittelpunktes des Kreises.

Es gilt:

$$a_y = -a \cdot \sin(\omega t).$$

Mit der Zentripetalbeschleunigung

$a = \frac{v^2}{r} = \omega^2 r$ und $r = \hat{s}$

ergibt sich das Zeit-Beschleunigung-Gesetz zu:

$$a_y = -\omega^2 \cdot \hat{s} \cdot \sin(\omega t).$$

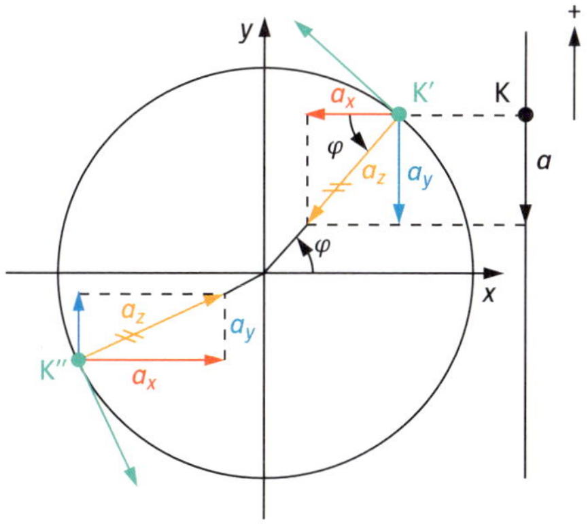

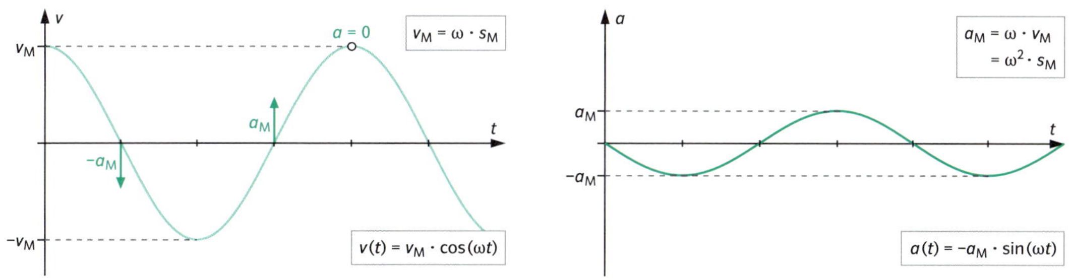

Das lineare Kraftgesetz

Ein schwingender Körper wird auf seinem Weg vom Umkehrpunkt zur Ruhelage beschleunigt.

Nach dem Newton'schen Grundgesetz und mit dem Zeit-Beschleunigung-Gesetz für eine harmonische Schwingung beträgt die beschleunigende Kraft:

$$F(t) = m \cdot a(t) = m \cdot \left(-\omega^2 \cdot \hat{s} \cdot \sin(\omega t)\right) = -m\omega^2 \cdot s(t).$$

Somit ist die beschleunigende Kraft proportional zur Elongation s.

Mit $m\omega^2 = D$ ergibt sich für die Kraft:

$$F(t) = -D \cdot s(t).$$

Man nennt diesen Zusammenhang zwischen Kraft und Auslenkung **lineares Kraftgesetz**. Da die Kraft den Körper immer zur Ruhelage hin beschleunigt, nennt man sie **Rückstellkraft**. Das Minuszeichen deutet darauf hin, dass Elongation und Rückstellkraft stets einander entgegengesetzt gerichtet sind.

Gilt für einen Oszillator das lineare Kraftgesetz, so schwingt dieser harmonisch. Mit $D = m\omega^2 = m \cdot \left(\frac{2\pi}{T}\right)^2$ ergibt sich für die **Periodendauer** einer harmonischen Schwingung:

$$T = 2\pi\sqrt{\frac{m}{D}}.$$

Eine Schwingung ist harmonisch, wenn die Rückstellkraft und die Auslenkung zueinander proportional sind.

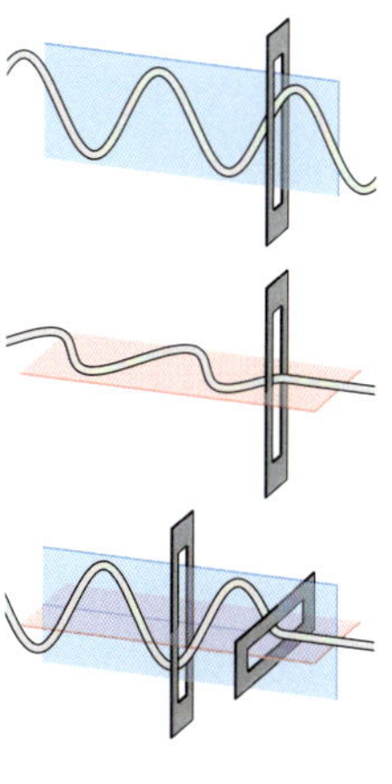

Das Fadenpendel

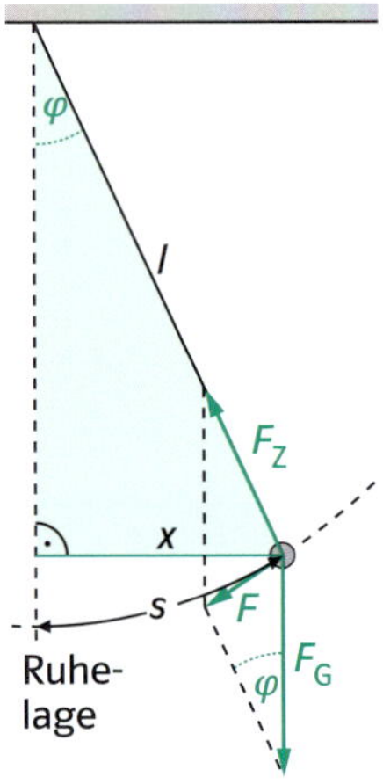

Bei einem Fadenpendel bewegt sich ein an einem Faden hängender Pendelkörper der Masse m auf einer Kreisbahn um seine Ruhelage. Dabei dient der Winkel φ als Maß für die Auslenkung s. Wird φ im Bogenmaß gemessen, so gilt:

$$\varphi = \frac{s}{l}.$$

Die Rückstellkraft F wirkt tangential zur Pendelbahn. Sie ist die Gesamtkraft aus der Gewichtskraft F_G und der Zentripetalkraft F_Z:

$$F = F_G \cdot \sin\varphi = m \cdot g \cdot \sin\left(\frac{s}{l}\right).$$

Da die Kraft F nicht proportional zur Auslenkung s ist, schwingt das Fadenpendel **nicht harmonisch**.

Bei kleinen Winkeln kann jedoch mit hinreichender Genauigkeit gesagt werden, dass $s \approx x$ gilt. Mit $\sin\varphi = \frac{x}{l} \approx \frac{s}{l}$ folgt $F = m \cdot g \cdot \frac{s}{l}$. Damit ist $F \sim s$.
Also gilt für kleine Winkel bzw. kleine Auslenkungen das lineare Kraftgesetz und das Pendel schwingt harmonisch.

Aus dem linearen Kraftgesetz $F = -D \cdot s$ und $F = m \cdot g \cdot \frac{s}{l}$ folgt:

$$D = m \cdot \frac{g}{l}.$$

Mit $T = 2\pi\sqrt{\frac{m}{D}}$ berechnet sich bei **kleinen Auslenkungen** die **Periodendauer** T durch:

$$T = 2\pi\sqrt{\frac{l}{g}}.$$

An der Formel erkennt man, dass die Masse für die Schwingungsdauer T keine Rolle spielt. Sie hängt vielmehr von der Fadenlänge und der Fallbeschleunigung g am Ort des Versuchs ab.

Überlagerung von Schwingungen

Mithilfe der Zeigerdarstellung einer Schwingung kann man die Gleichung der überlagerten Schwingung bestimmen.

Mehrere Schwingungen können sich zu einer resultierenden Schwingung überlagern. Überlagern sich harmonische Schwingungen gleicher Frequenz und ohne Phasenverschiebung, so ergibt sich wieder eine harmonische Schwingung mit der gleichen Frequenz (Abbildung → S. 71 oben).

Das Zeit-Elongation-Diagramm der überlagerten Schwingung erhält man durch **Addition der Auslenkungen** der harmonischen Schwingungen.

Überlagern sich zwei harmonische Schwingungen gleicher Frequenz mit Phasenverschiebung, so verwendet man zur Addition der Auslenkungen die **Zeigerdarstellung**.

Hierbei rotiert ein Zeiger mit einer bestimmten Winkelgeschwindigkeit um den Ursprung des Koordinatensystems. Die Projektion des Zeigers auf die *y*-Achse ist

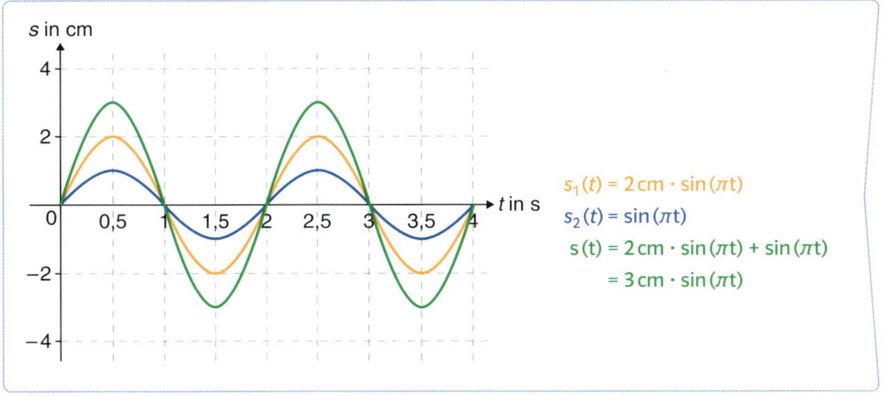

die Auslenkung der Schwingung. Die Länge des Zeigers ist die Amplitude. Der Winkel, den der Zeiger mit der positiven *x*-Achse einschließt ist die **Phase** (der Phasenwinkel) der Schwingung.

Die Phase kennzeichnet den momentanen Schwingungszustand. Zwei Schwingungen können sich in ihrer Phase unterscheiden. Die Schwingungen sind dann phasenverschoben, sie besitzen eine **Phasendifferenz** oder **Phasenverschiebung**.

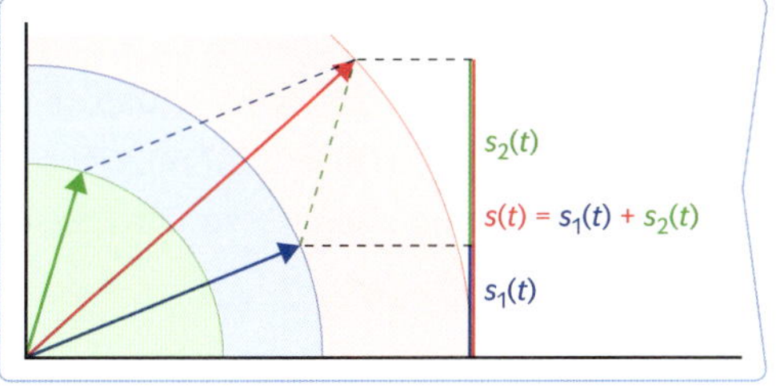

Überlagern sich zwei harmonische Schwingungen gleicher Amplitude und gleicher Frequenz, die eine Phasenverschiebung von π haben, so löscht sich die überlagerte Schwingung aus.

Überlagern sich zwei harmonische Schwingungen mit unterschiedlichen Frequenzen, so ist die überlagerte Schwingung **nicht harmonisch**.
Unterscheiden sich zwei Schwingungen in ihrer Frequenz nur wenig, so entsteht eine **Schwebung**.

Erzwungene Schwingung

Regt man einen Oszillator einmal an, dann schwingt er mit einer bestimmten Frequenz, seiner **Eigenfrequenz** f_0. Dabei gibt er Energie ab und die Amplitude wird kleiner. Es handelt sich um eine gedämpfte Schwingung.

Soll die Amplitude nicht abnehmen, so muss man von außen periodisch Energie zuführen. Man nennt eine solche Schwingung **erzwungene Schwingung**.

Wird ein Oszillator mit der Eigenfrequenz f_0 von einem Erreger mit der Erregerfrequenz f_E zu Schwingungen angeregt, so gibt es Phasenunterschiede zwischen den beiden. Außerdem ändert sich abhängig von der Frequenz die Amplitude:

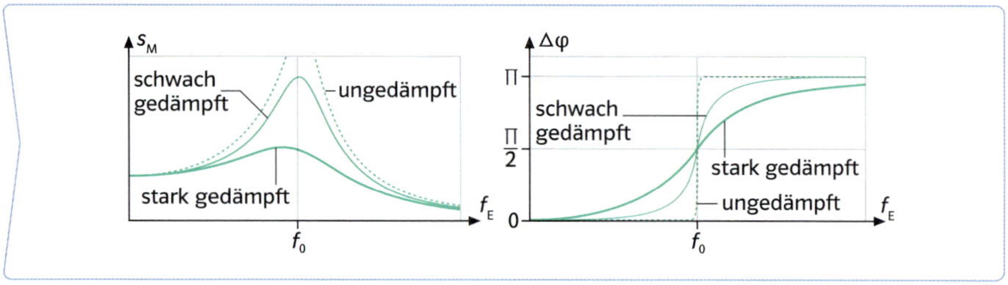

Phase und Amplitude bei einer erzwungenen Schwingung

Schwingt ein Körper mit einer Frequenz, die von außen vorgegeben wird, so unterscheidet man drei Fälle:

1. Die Eigenfrequenz des schwingenden Systems ist sehr viel kleiner als die von außen vorgegebene.
2. Die Eigenfrequenz des schwingenden Systems ist sehr viel größer als die von außen vorgegebene.
3. Die Eigenfrequenz entspricht der von außen vorgegebenen. In diesem Fall tritt Resonanz auf.

- $f_E << f_0$: Erreger und Oszillator besitzen die gleiche Amplitude. Sie schwingen ohne Phasendifferenz.
- $f_E >> f_0$: Die Amplitude des Oszillators geht gegen null. Erreger und Oszillator haben eine Phasendifferenz von π.
- $f_0 = f_E$: Die Amplitude des Oszillators wird maximal. Der Erreger und Oszillator haben eine Phasendifferenz von $\frac{\pi}{2}$. Man spricht von **Resonanz**.Ist die Schwingung ungedämpft, so wird die Amplitude immer größer.

Im Resonanzfall ist die vom Erreger auf das schwingende System übertragene Energie maximal, d. h. die Amplitude erreicht ein Maximum. Für diese maximale Energieübertragung ist die Phasendifferenz $\frac{\pi}{2}$ wichtig.
Die vom Erreger ausgeübte Kraft F_E wird beschrieben durch

$$F_E(t) = \hat{F} \cdot \sin(\omega t).$$

Für die erzwungene Schwingung gilt:
$s(t) = \hat{s} \cdot \sin\left(\omega t - \frac{\pi}{2}\right) = -\hat{s} \cdot \cos(\omega t).$
Damit gilt für die Geschwindigkeit:

$$v(t) = \frac{ds}{dt} = \dot{s}(t) = \hat{s} \cdot \omega \cdot \sin(\omega t).$$

Die Funktionen $s(t)$ und $v(t)$ haben eine Phasendifferenz von $\frac{\pi}{2}$. Da die Kraft F_E und die Geschwindigkeit v in Phase sind, unterstützt die Kraft die Bewegung.

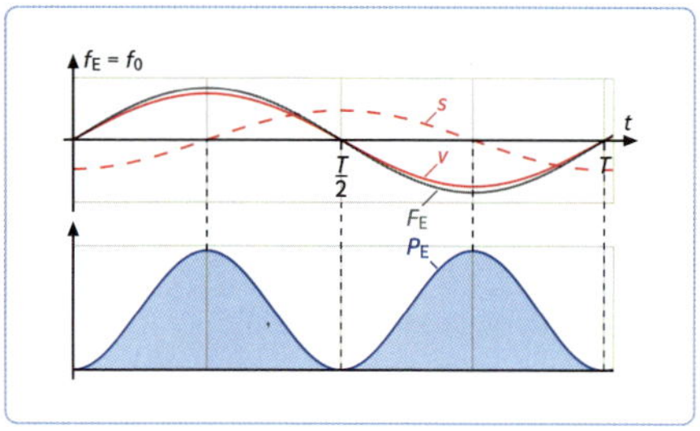

Maximale Energieübertragung bei Phasengleichheit

Ist die zugeführte Energie größer als der abgeführte Teil, so wird die Amplitude sehr groß, der Oszillator wird zerstört. Diesen Fall nennt man **Resonanzkatastrophe**. Sie kann nur durch eine ausreichende Dämpfung verhindert werden.

Frequenz einer Schwingung:

$$f = \frac{n}{t} = \frac{1}{T}$$

Zeit-Elongation-Gesetz einer harmonischen Schwingung:

$s(t) = \hat{s} \cdot \sin(\omega t)$, wobei $\omega = \frac{2\pi}{T} = 2\pi f$

Zeit-Geschwindigkeit-Gesetz einer harmonischen Schwingung:
$v(t) = \omega \cdot \hat{s} \cdot \cos(\omega t)$

Zeit-Beschleunigung-Gesetz einer harmonischen Schwingung:
$a(t) = -\omega^2 \cdot \hat{s} \cdot \sin(\omega t)$

Lineares Kraftgesetz: $F(t) = -D \cdot s(t)$

Periodendauer einer harmonischen Schwingung:

$$T = 2\pi \cdot \sqrt{\frac{m}{D}}$$

Periodendauer eines Fadenpendels bei kleinen Auslenkungen:

$$T = 2\pi \cdot \sqrt{\frac{l}{g}}$$

Mechanische Wellen

Eine Welle besteht aus vielen gekoppelten Oszillatoren.

Eine Welle wird durch folgende Begriffe beschrieben:

- Schwingungsdauer T: Zeitdauer, die ein einzelner Oszillator für eine Schwingung bzw. Periode benötigt
- Frequenz f: Kehrwert der Schwingungsdauer
- momentane Auslenkung oder Elongation s: Abstand eines Oszillators von der Ruhelage
- Amplitude $\hat{s}$: maximale Auslenkung eines Oszillators
- Wellenlänge λ: räumliche Periode
- Ausbreitungsgeschwindigkeit c: Geschwindigkeit, mit der sich die Welle im Raum ausbreitet

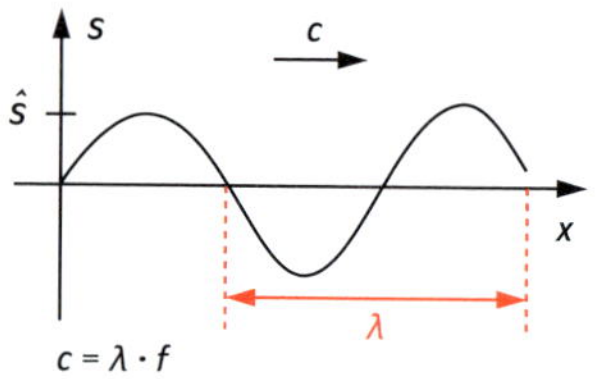

Eine Welle ist eine periodische Bewegung, die sowohl vom Ort als auch der Zeit abhängt. Deshalb verwendet man zur Beschreibung zwei verschiedene Diagramme:

t-s-Diagramm

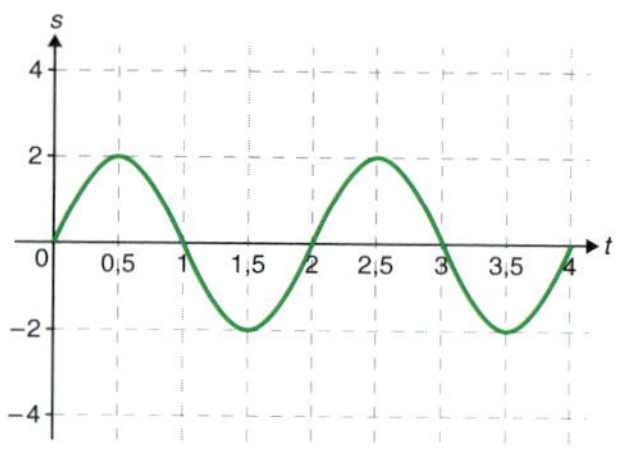

Welle zu einem festen Zeitpunkt

x-s-Diagramm

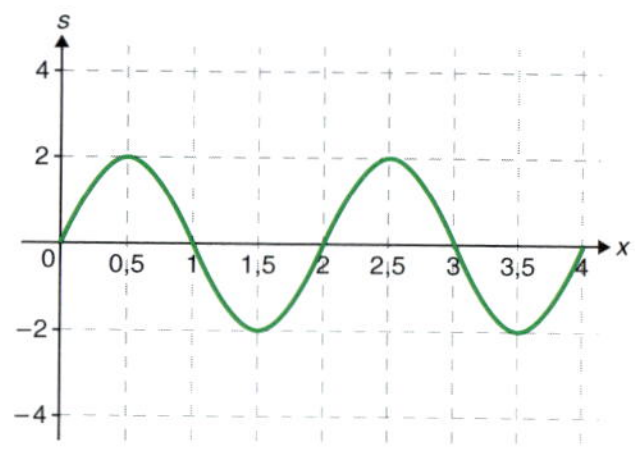

Welle an einem festen Ort

Überlagerung von Wellen

Ähnlich der Überlagerung von Schwingungen überlagern sich auch Wellen.
Die Auslenkungen der einzelnen Oszillatoren addieren sich zu einer resultierenden Auslenkung und ergeben somit eine überlagerte Welle.
Überlagern sich dabei Wellen mit gleicher Frequenz, so spricht man von **Interferenz**.

Da das Aussehen der überlagerten Welle von der Phasenverschiebung der ursprünglichen Wellen abhängt, unterscheidet man zwei Arten von Interferenz:

Konstruktive Interferenz

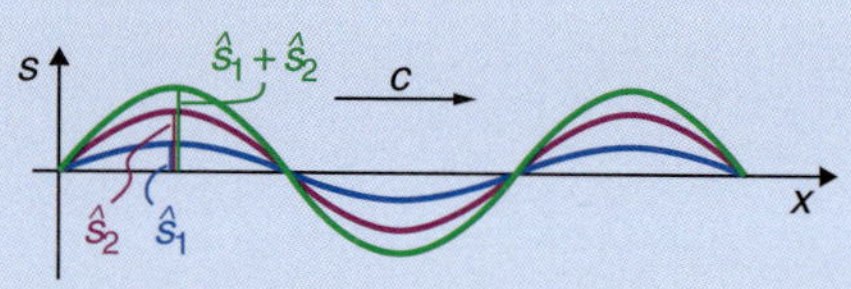

Destruktive Interferenz

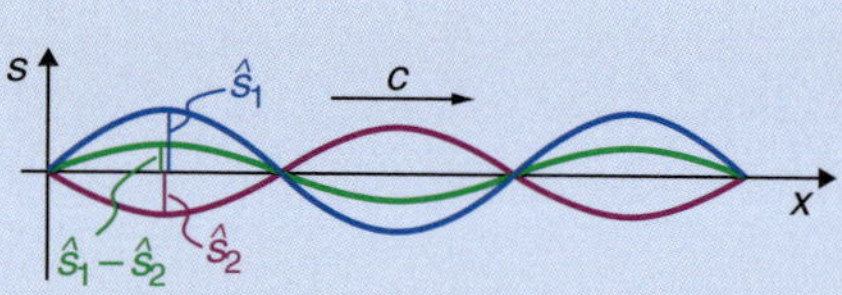

6 Mechanische Wellen

Stehende Wellen

Sie entstehen bei der Überlagerung zweier gleichfrequenter Wellen, die phasengleich schwingen und aufeinander zulaufen. Dabei können die beiden aufeinander zulaufenden Wellen durch zwei Erreger erzeugt werden oder durch Reflexion entstehen. Bei der Reflexion unterscheidet man zwischen einem festen und einem losen Ende.

Merkmale einer stehenden Welle:
- Auf dem Wellenträger gibt es Stellen, die dauerhaft in Ruhe sind. Diese **Schwingungsknoten** haben den Abstand einer halben Wellenlänge voneinander.
- Zwischen zwei Knoten schwingen die Teilchen auf und ab und erreichen dabei jeweils gleichzeitig ihr Maximum und die Nulllage. Das Teilchen in der Mitte hat die größte Amplitude.
- Rechts und links eines Knotens schwingen die Teilchen gegenphasig.

Stehende Wellen auf einem endlich langen Träger entstehen nur bei bestimmten Frequenzen:

zwei feste Enden

$f_k = k \cdot \frac{c}{2l}$

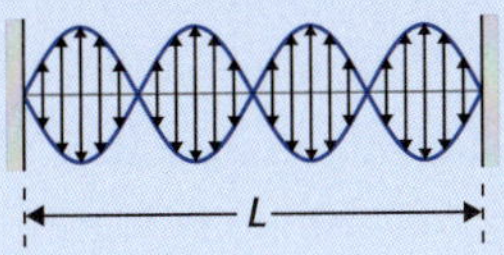

zwei lose Enden

$f_k = (2k - 1) \cdot \frac{c}{4l}$

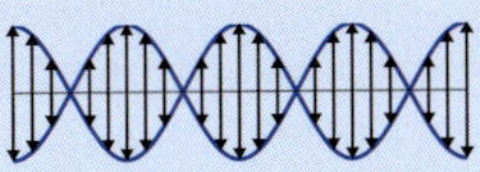

Huygens'sches Prinzip

Mit ihm lassen sich Eigenschaften von Wellen wie Brechung, Reflexion, Beugung und Interferenz erklären. Jeder Punkt einer Wellenfront kann als Ausgangspunkt einer **Elementarwelle** betrachtet werden. Wellenfronten lassen sich als Einhüllende der Elementarwellen darstellen.

Reflexion nach Huygens

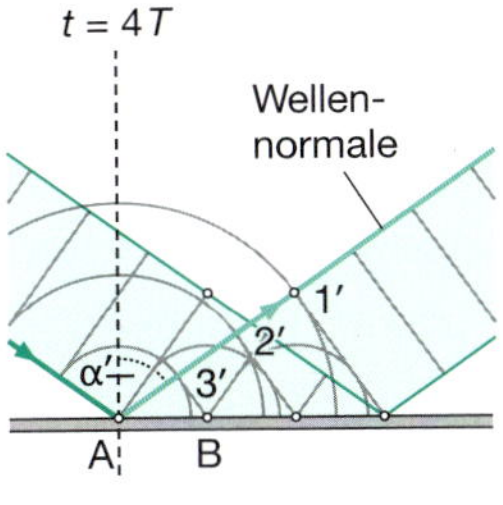

Brechung nach Huygens

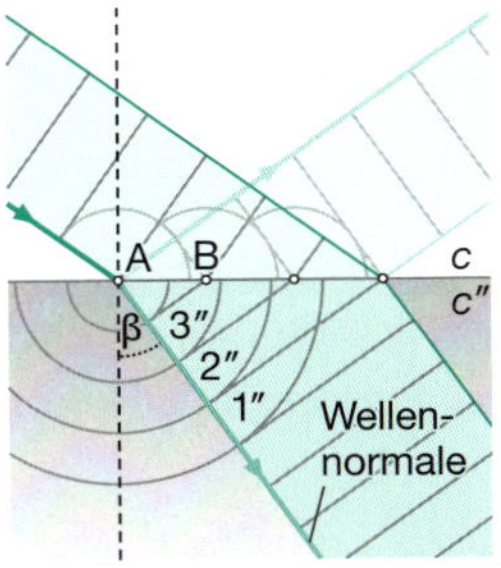

6 Mechanische Wellen

- Schwingende Teilchen, die miteinander verbunden sind, können Energie aufeinander übertragen. Lenkt man ein Teilchen aus, so dass es mit der Schwingung beginnt und daneben liegende Teilchen zum Schwingen anregt, so entsteht eine fortschreitende Welle.
- Wellen können sich wie Schwingungen auch überlagern. Dabei entsteht eine neue Welle, deren Aussehen von der Amplitude und dem Gangunterschied der ursprünglichen Wellen abhängt.
- Überlagern sich zwei Wellen mit gleicher Frequenz und Amplitude, so entsteht auf einem unendlich langen Wellenträger eine stehende Welle. Hat der Wellenträger eine endliche Länge, so entsteht eine stehende Welle, wenn sich reflektierte Wellen überlagern.
- Mithilfe des Huygens'schen Prinzips kann die Reflexion, Brechung und Beugung von Wellen erklärt werden.

Beschreibung von Wellen

Eine Welle ist ein zeitlich und räumlich periodischer Vorgang. Die zeitliche Periode ist die Schwingungsdauer, die räumliche Periode die Wellenlänge.
Bei einer Welle wird nur Energie transportiert, aber keine Materie.

Verbindet man schwingungsfähige Teilchen miteinander, so dass Energie von einem Teilchen auf die daneben liegenden Teilchen übertragen wird, so entsteht eine **Welle**, die sich im Raum ausbreitet. Führen die Oszillatoren eine harmonische Schwingung (→ S. 67) aus, so ist auch die Welle eine harmonische Welle.
Bei einer Welle wird Energie übertragen, aber kein Stoff bzw. Materie transportiert.

Wie bei Schwingungen nutzt man zur Beschreibung mechanischer Wellen die Begriffe: Elongation s, Amplitude $\hat{s}$, Schwingungsdauer T und Frequenz f.
Zusätzlich verwendet man die Begriffe **Wellenlänge** und **Ausbreitungsgeschwindigkeit**.
Die Wellenlänge λ ist die kürzeste Entfernung zwischen zwei Oszillatoren, die sich im gleichen Schwingungszustand befinden. Die Ausbreitungsgeschwindigkeit c ist die Geschwindigkeit, mit der sich die Welle fortbewegt.
Es gilt: $c = \lambda \cdot f$.

Eine Welle breitet sich im Gegensatz zu einer Schwingung nicht nur zeitlich, sondern auch räumlich aus. Dabei ist die zeitliche Periode die Schwingungsdauer T und die räumliche Periode die Wellenlänge λ.

Aus diesem Grund verwendet man zur Darstellung zwei Diagramme:

***t-s*-Diagramm**	***x-s*-Diagramm**
Es beschreibt den entsprechenden Oszillator an einem festen Ort.	Es beschreibt die Wellen zu einem festen Zeitpunkt.

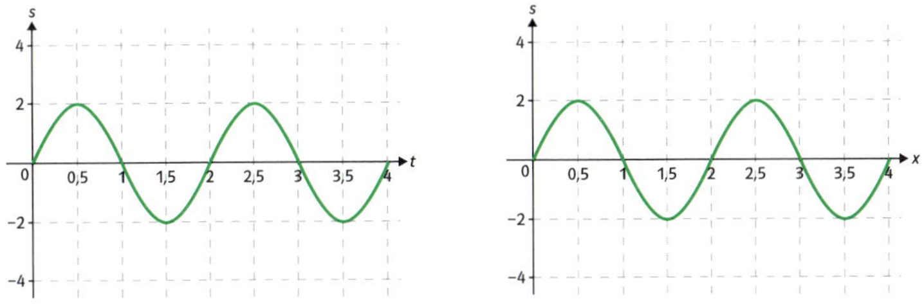

Eine Welle wird durch folgende Gleichung beschrieben:

Wellengleichung: $s(t, x) = \hat{s} \cdot \sin\left(2\pi \cdot \left(\frac{t}{T} - \frac{x}{\lambda}\right)\right).$

Je nach Ausbreitungsrichtung unterscheidet man zwischen **Längswellen** (**Longitudinalwellen**) und **Querwellen** (**Transversalwellen**).
Bei Längswellen stimmen Ausbreitungsrichtung der Welle und Bewegungsrichtung der Oszillatoren überein.
Bei Querwellen verlaufen Ausbreitungsrichtung der Welle und Bewegungsrichtung der Oszillatoren senkrecht zu einander.

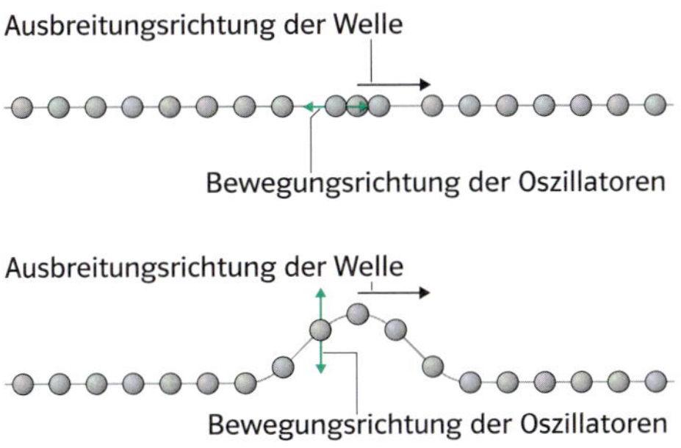

Man unterscheidet zwei Arten von Wellen: Längs- und Querwellen. Bei Längswellen schwingen die Oszillatoren in der gleichen Richtung, wie sich die Welle ausbreitet. Bei Querwellen schwingen die Oszillatoren senkrecht zur Ausbreitungsrichtung der Welle.

Überlagerung von Wellen

Breiten sich auf einer Wasseroberfläche zwei Wasserwellen kreisförmig aus, so durchdringen sich die beiden Wellen ungestört und überlagern sich. Nach der Überlagerung breiten sie sich wieder so aus, als sei die andere Welle nicht vorhanden. Bei der Überlagerung addieren sich die Auslenkungen der einzelnen Welle zur Auslenkung der überlagerten Welle. Man nennt diese ungestörte Überlagerung von Wellen gleicher Frequenz **Interferenz**.

Treffen zwei Wellen, die aufeinander zulaufen, zusammen, so überlagern sie sich zu einer resultierenden Welle.
Je nach Gangunterschied verstärkt sich die Welle oder sie schwächt sich ab.

Wir betrachten im Folgenden Wellen mit gleicher Wellenlänge und Frequenz, die in die gleiche Richtung laufen.

Dopplereffekt

Die folgenden Experimente sind Experimente zum Dopplereffekt.

1. Ein Sender bewegt sich mit konstanter Geschwindigkeit v auf einen ruhenden Empfänger zu. Die vom bewegten Sender ausgesandten Wellenzüge erreichen den Beobachter in kürzeren Abständen, als wenn der Sender ruhen würde.

   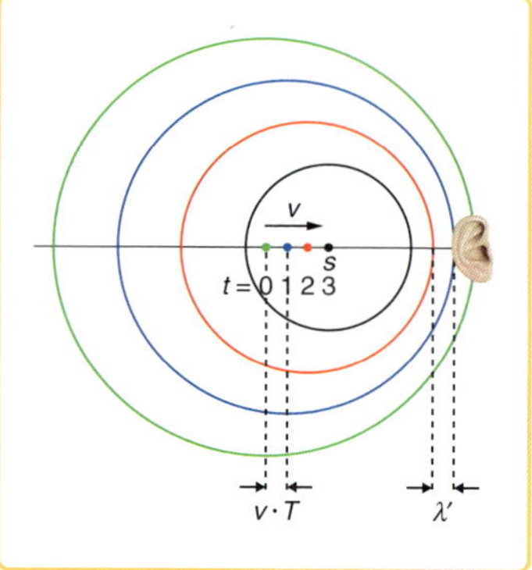

   In der Zeit T bewegt sich der Sender um die Strecke $\Delta s = v \cdot T = \frac{v}{f}$ auf den Empfänger zu und die Welle breitet sich um die Strecke λ aus.
   Für den Empfänger nimmt der Abstand zweier Wellenberge ab.

   Die Abbildung zeigt vier aufeinander folgende Wellenberge. Zum Zeitpunkt $t = 0$ startet die Bewegung. Im Punkt 1 hat sich der Sender um die Strecke Δs, im Punkt 2 um $2\Delta s$ und im Punkt 3 um $3\Delta s$ bewegt. Zusätzlich breitet sich um den Sender eine Welle aus. Zum Zeitpunkt $t = 3$ hat sich um den Sender ein Wellenberg mit dem Radius λ ausgebreitet, einen Punkt früher $t = 2$ ein Wellenberg mit dem Radius 2λ, einen weiteren Punkt früher $t = 1$ mit dem Radius 3λ und damit zum Zeitpunkt $t = 0$ mit dem Radius 4λ.

   Die verkürzte Wellenlänge, die der Empfänger wahrnimmt, beträgt:

   $\lambda' = \lambda - \frac{v}{f}$. Daraus folgt für die Frequenz, die der Empfänger wahrnimmt:

   $$f' = \frac{c}{\lambda'} = \frac{c}{\lambda - \frac{v}{f}} = f \cdot \frac{c}{\lambda \cdot f - v} = f \cdot \frac{c}{c - v}.$$

   Die Frequenz vergrößert sich. Der Ton, den der Empfänger hört, wird höher.

2. Nun entfernt sich der Sender vom Empfänger. Der Abstand, der vom bewegten Sender ausgesandten Wellenzüge wird größer als bei ruhendem Sender.

   In der Zeit T bewegt sich der Sender um die Strecke $\Delta s = v \cdot T = \frac{v}{f}$ vom Empfänger weg.

Die vergrößerte Wellenlänge, die der Empfänger wahrnimmt, beträgt:

$\lambda'' = \lambda + \frac{v}{f}$.

Daraus folgt für die Frequenz, die der Empfänger wahrnimmt:

$$f'' = \frac{c}{\lambda''} = \frac{c}{\lambda + \frac{v}{f}}$$

$$= f \cdot \frac{c}{\lambda \cdot f + v} = f \cdot \frac{c}{c + v}.$$

Die Frequenz wird kleiner, der Ton tiefer.

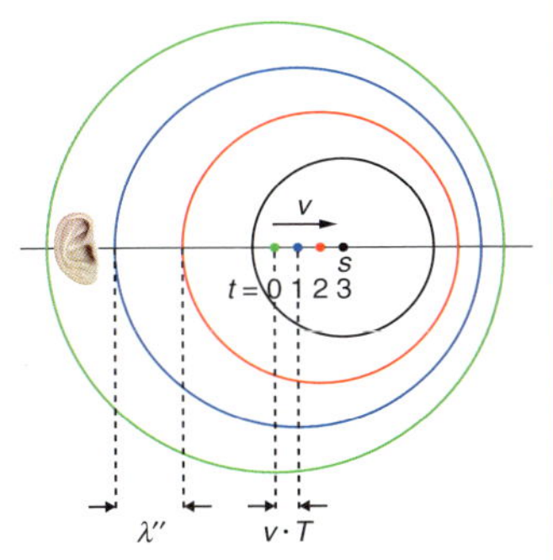

3. Überschallknall:

In den bisher betrachteten Fällen ist die Geschwindigkeit v des Senders kleiner als die Ausbreitungsgeschwindigkeit der Welle.

Ist die Geschwindigkeit des Senders genauso groß wie die Ausbreitungsgeschwindigkeit der Welle, so bewegen sich die Wellenberge mit der Bewegungsrichtung des Senders und bilden eine Schallmauer.

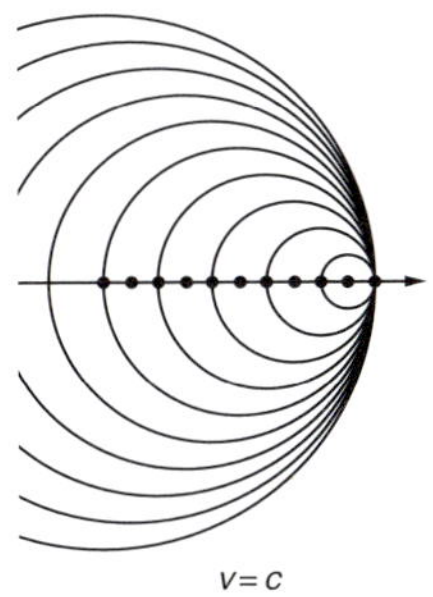

Der Empfänger nimmt diese Schallmauer als lauten Knall wahr.

Ist die Geschwindigkeit des Senders größer als die Ausbreitungsgeschwindigkeit der Welle und damit größer als die Schallgeschwindigkeit, so entsteht ein Überschallknall. Die Schallmauer wurde durchstoßen und die Wellen überlagern sich entlang eines Kegels, dem sogenannten Mach'schen Kegel, zu einer verstärkten Druckwelle.

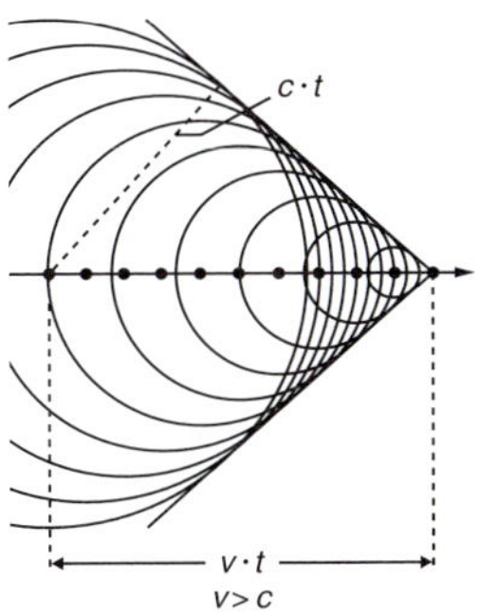

Das Ergebnis der Überlagerung hängt nicht nur von ihrer Amplitude ab, sondern auch davon, wie stark die beiden Wellen gegeneinander verschoben sind. Diesen Wegunterschied gibt man häufig in Bruchteilen oder Vielfachen der Wellenlänge an. Man nennt ihn **Gangunterschied Δl**. Für den Gangunterschied gilt: $\Delta l = s_2 - s_1$, wobei s_1 und s_2 die Wegstrecken vom Ort der Überlagerung zum entsprechenden Erreger sind.

Beträgt der Gangunterschied $\Delta l = k \cdot \lambda$, wobei $k = 0, 1, 2, \dots$ kommt es zu einer **Verstärkung** der Welle (**konstruktive Interferenz**). Dann haben die Auslenkungen der beiden Wellen die gleiche Richtung.
Haben beide Wellen gleichgroße Amplituden, so hat die überlagerte Welle die doppelte Amplitude.

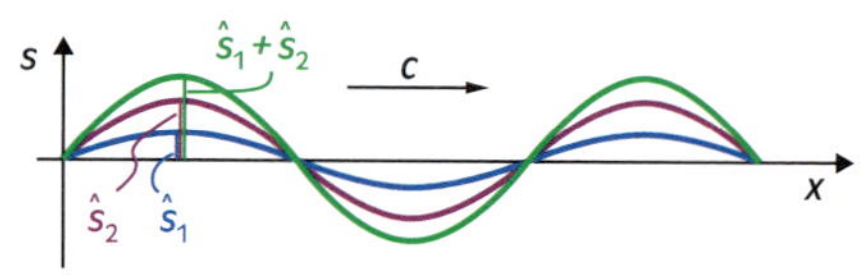

Beträgt der Gangunterschied $\Delta l = (2k + 1) \cdot \frac{\lambda}{2}$ mit $k = 0, 1, 2, \dots$ kommt es zu einer **Abschwächung** der Welle (**destruktive Interferenz**). Dann haben die Auslenkungen entgegensetzte Richtungen. Sind in diesem Falle die Amplituden gleich groß, so wird die Welle **ausgelöscht**.

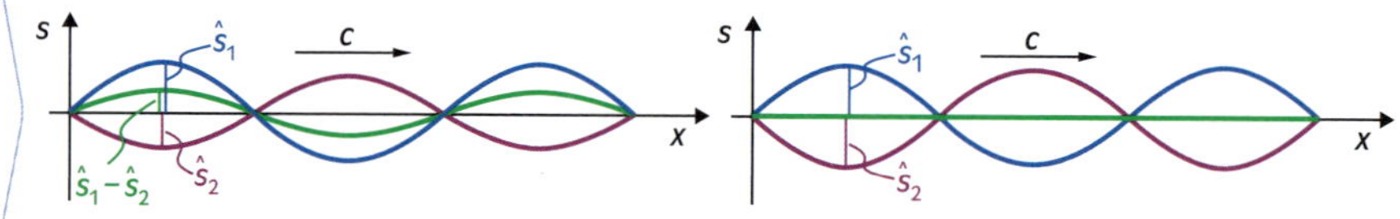

Selbstverständlich können sich auch Wellen mit beliebigem Gangunterschied und beliebiger Amplitude überlagern.

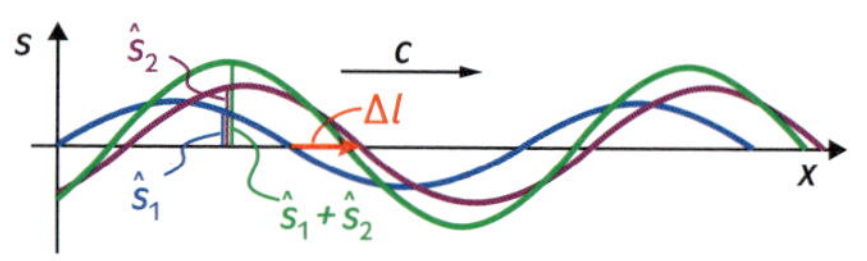

Stehende Welle

Haben zwei Wellen, die sich überlagern, die gleiche Frequenz und Amplitude, so entsteht eine stehende Welle.

Überlagern sich zwei Wellen gleicher Frequenz und gleicher Amplitude, die aufeinander zulaufen, so entsteht eine **stehende Welle**.
Diese beiden Wellen können aus zwei verschiedenen Erregern stammen oder durch Reflexion einer Welle an einem Hindernis entstehen.

Für stehende Wellen gilt:

- Die Amplituden sind an jedem Ort zeitlich konstant.
- Stellen, an denen die Auslenkungen immer null sind, heißen **Knoten**.
- Stellen, an denen die Auslenkungen immer maximal sind, heißen **Bäuche**. In ihnen ist die Energie der Welle gespeichert. Eine stehende Welle transportiert keine Energie.
- Zwei Knoten bzw. zwei Bäuche sind immer $\frac{\lambda}{2}$ voneinander entfernt.
- Zwischen zwei nebeneinander liegenden Knoten schwingen die Oszillatoren gleichphasig.
- Vor und hinter einem Knoten schwingen die Oszillatoren gegenphasig.

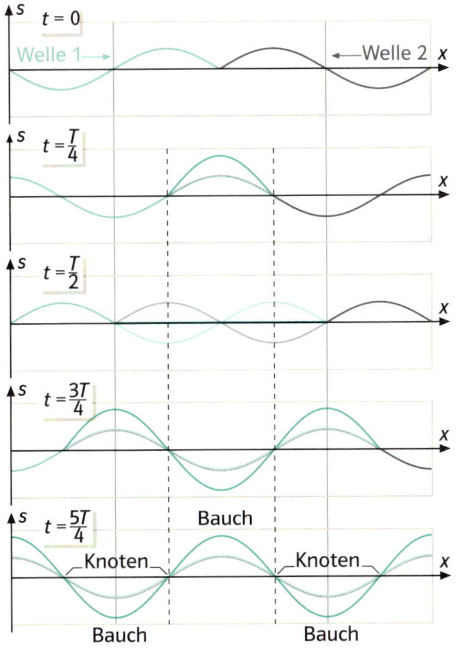

Für die Reflexion von Wellen unterscheidet man zwei Möglichkeiten:

1. Das Ende kann frei mitschwingen (**loses Ende**).
2. Das Ende, an dem die Welle reflektiert wird, wird festgehalten und kann somit nicht mitschwingen (**festes Ende**).

Bei der Reflexion von Wellen muss man zwei Arten von Enden, an denen die Wellen reflektiert werden, unterscheiden.

Festes Ende: bei der Reflexion tritt ein Phasensprung von π a uf. **Loses Ende:** die Welle wird ohne Phasensprung reflektiert.

1. Reflexion am losen Ende:

Die grau gezeichnete Welle läuft auf das freie Ende zu und wird dort reflektiert (grüne Welle). Die beiden Wellen überlagern sich zur schwarz dargestellten stehenden Welle.

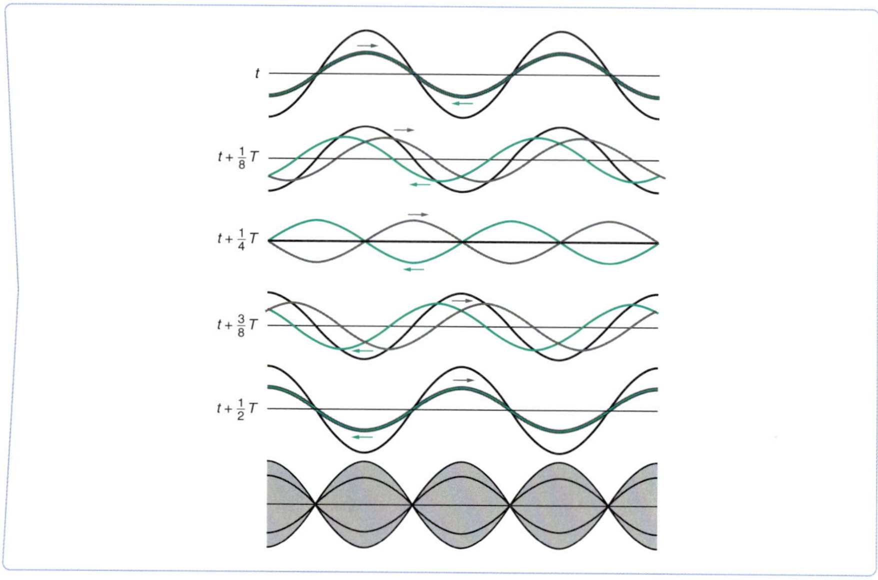

Die ankommende Welle wird ohne Phasensprung am freien Ende reflektiert, d. h. ein Wellenberg wird als Wellenberg, ein Wellental als Wellental reflektiert.

2. Reflexion am festen Ende:

Die grau gezeichnete Welle läuft auf das feste Ende zu und wird dort reflektiert (grüne Welle). Die beiden Wellen überlagern sich zur schwarz dargestellten stehenden Welle.

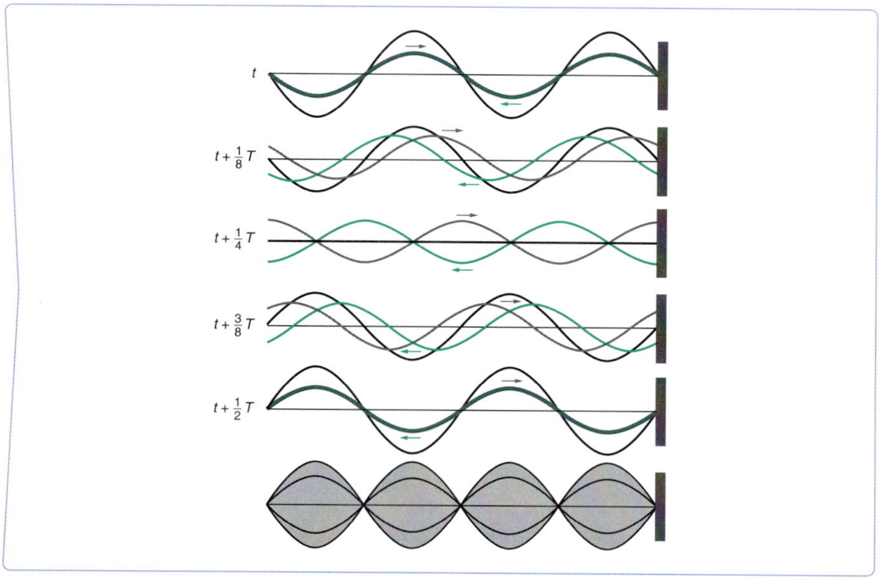

Bei endlich langen Wellenträgern entsteht eine stehende Welle nur bei bestimmten Frequenzen.

Die ankommende Welle wird mit einem Phasensprung von π reflektiert, d. h. ein Wellenberg wird als Wellental, ein Wellental als Wellenberg reflektiert.
Ist der Wellenträger unendlich lang, so entsteht nach der Reflexion bei der

Überlagerung immer eine stehende Welle. Ist der Wellenträger nicht unendlich lang, so entsteht eine stehende Welle nur bei bestimmten Frequenzen, den sog. **Eigenfrequenzen des Systems**, und, wenn die Welle mehrfach reflektiert wird. Z.B. ein Gummiseil wird an beiden Enden eingespannt und an den beiden Enden immer wieder reflektiert.

Sind beide Enden fest oder beide Enden lose, so entsteht eine stehende Welle nur, wenn die Länge l ein ganzzahliges Vielfaches der halben Wellenlänge beträgt:

$$l = k \cdot \frac{\lambda_k}{2} \text{ mit } k = 1, 2, 3, \ldots .$$

Mit $\lambda_k = \frac{c}{f_k}$ ergibt sich für die Eigenfrequenzen: $f_k = k \cdot \frac{c}{2l}$.

Ist dagegen ein Ende fest und ein Ende lose, so entsteht eine stehende Welle nur, wenn für die Länge l gilt:

$$l = (2k - 1) \cdot \frac{\lambda_k}{4} \text{ mit } k = 1, 2, 3, \ldots .$$

Hier gilt für die Eigenfrequenzen: $f_k = (2k - 1) \cdot \frac{c}{4l}$.

Für $k = 1$ liegt die einfachste Form der Eigenschwingung vor, die sogenannte **Grundschwingung**, auch 1. Harmonische genannt. Für $k = 2, 3, \ldots$ heißen sie **Oberschwingungen** oder 2., 3., … Harmonische.

Huygens'sches Prinzip

Christian Huygens hat ein Prinzip formuliert, mit dessen Hilfe man die Eigenschaften von Wellen wie Brechung, Reflexion, Beugung und Interferenz erklären kann.

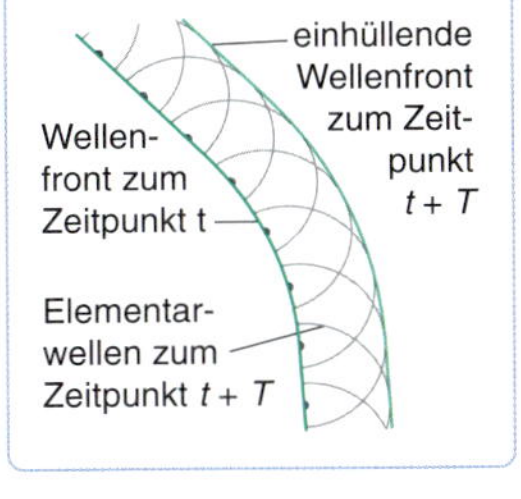

Jeder Punkt einer Wellenfront (Punkte mit gleicher Phase) lässt sich als Ausgangpunkt einer **Elementarwelle** betrachten. Wellenfronten lassen sich als **Einhüllende** dieser Elementarwellen darstellen. Die Elementarwellen haben immer gleiche Frequenz und Wellenlänge wie die Welle, aus der sie entstanden sind oder die sie erzeugen.

Von jedem Punkt einer Wellenfront geht eine Elementarwelle aus, die sich mit der gleichen Frequenz und Geschwindigkeit wie die ursprüngliche Welle ausbreitet.

Werden Wellen an einem Hindernis reflektiert, so ändert sich die Ausbreitungsrichtung, aber nicht die Wellenlänge.

Bei der Reflexion an einem Hindernis ändert sich die Ausbreitungsrichtung der Welle, aber nicht die Wellenlänge.

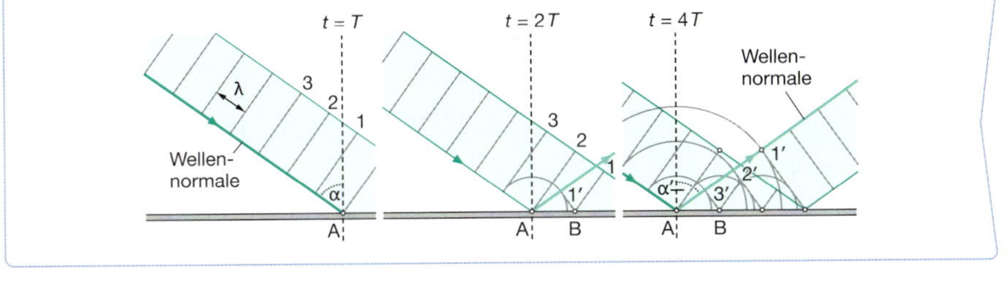

Treffen gerade Wellenfronten auf ein Hindernis, so wird zuerst die Wellenfront 1 am Punkt A reflektiert und erzeugt dort eine Elementarwelle. Bis die Wellenfront 2 am Punkt A eintrifft, hat sich die erste Elementarwelle bereits ausgebreitet und die Wellenfront 1 ist am Punkt B eingetroffen und hat dort wieder eine Elementarwelle erzeugt. Die Einhüllende dieser beiden Elementarwellen ergibt eine Wellenfront 1′.
Analog erfolgt die Entstehung der Wellenfront 2′, 3′, usw.

Wird eine Welle gebrochen, so ändert sich ihre Ausbreitungsgeschwindigkeit.

Mittels des Huygens'schen Prinzips kann gezeigt werden, dass das Reflexionsgesetz gilt:
Der Einfallswinkel α ist gleich dem Ausfallswinkel β: $\alpha = \beta$.
Ändert sich beim Ausbreiten einer Welle die Wassertiefe, so kann sie sich nicht mehr ungestört ausbreiten. Sie wird **gebrochen**.

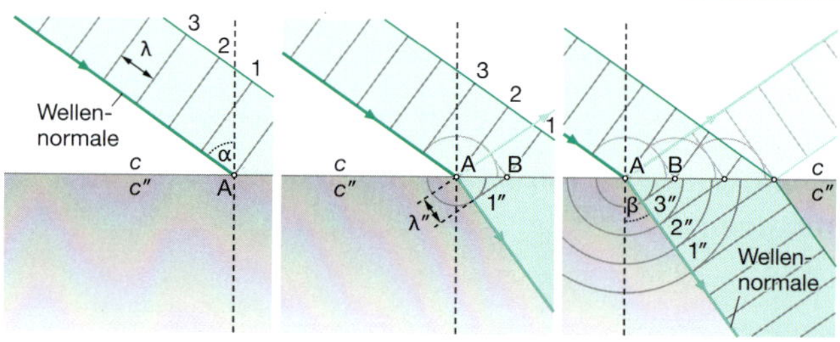

Treffen gerade Wellenfronten auf flacheres Wasser, so trifft zuerst die Wellenfront 1 am Punkt A ein und erzeugt dort eine Elementarwelle, die sich im flacheren Wasser langsamer ausbreitet. Bis die Wellenfront 2 am Punkt A eintrifft, hat sich die erste Elementarwelle bereits ausgebreitet und die Wellenfront 1 ist am Punkt B eingetroffen und hat dort wieder eine Elementarwelle erzeugt. Die Einhüllende dieser beiden Elementarwellen ergibt eine Wellenfront 1″.

Analog erfolgt die Entstehung der Wellenfront 2″, 3″, usw.
Mittels des Huygens'schen Prinzips ergibt sich das Brechungsgesetz:

$$\frac{\sin\alpha}{\sin\beta} = \frac{c_1}{c_2},$$

wobei c_1 = Ausbreitungsgeschwindigkeit der Welle im Medium 1
und c_2 = Ausbreitungsgeschwindigkeit der gebrochenen Welle im Medium 2.

Wellengleichung: $s(x,t) = \hat{s} \cdot \sin\left(2\pi\left(\frac{t}{T} - \frac{x}{\lambda}\right)\right)$

Konstruktive Interferenz: $\Delta l = k \cdot \lambda$, wobei $k = 0, 1, 2, \ldots$

Destruktive Interferenz: $\Delta l = (2k + l) \cdot \frac{\lambda}{2}$, wobei $k = 0, 1, 2, \ldots$

Für die **Eigenfrequenzen** einer stehenden Welle bei **zwei festen bzw. zwei losen Enden** gilt:
$f_k = k \cdot \frac{c}{2l}$, wobei $k = 1, 2, 3, \ldots$

Für die **Eigenfrequenzen** einer stehenden Welle bei **einem festen und einem losen Ende** gilt:
$f_k = (2k - 1) \cdot \frac{c}{4l}$, wobei $k = 1, 2, 3, \ldots$

Reflexionsgesetz: Einfallswinkel α = Reflexionswinkel β

Brechungsgesetz: $\frac{\sin \alpha}{\sin \beta} = \frac{c_1}{c_2}$

AUF EINEN BLICK

Schwingkreis

Ein Schwingkreis besteht aus einer Spannungsquelle, einer Spule, einem Kondensator und den verbindenden Leitungen. Beim Aufladen des Kondensators wird in ihm elektrische Energie gespeichert. Diese Energie wird beim Entladen des Kondensators in magnetische Energie der Spule umgewandelt. Baut sich das magnetische Feld der Spule wieder ab, so lädt sich der Kondensator wieder auf, wobei magnetische Energie in elektrische umgewandelt wird. Ist der Kondensator vollständig aufgeladen, beginnt der Vorgang wieder von vorne.
Hierbei entsteht eine **elektromagnetische Schwingung** in Analogie zum harmonischen Oszillator.

Schwingkreis

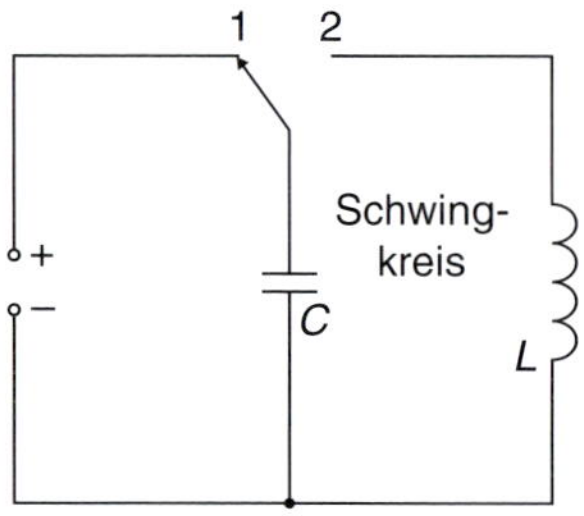

Analogie harmonischer Oszillator

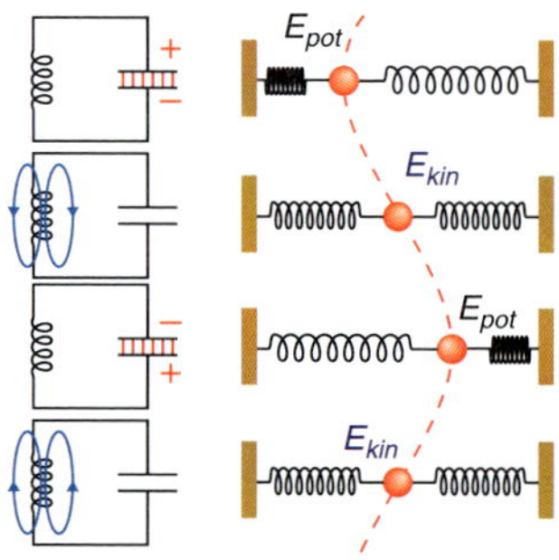

Elektromagnetische Wellen

Elektromagnetische Wellen bestehen aus gekoppelten elektrischen und magnetischen Feldern, die senkrecht zueinander stehen.
Sie werden von einem **Dipol** ausgesendet.
Ein Dipol ist ein elektrischer Schwingkreis mit sehr kleiner Kapazität und Induktivität.

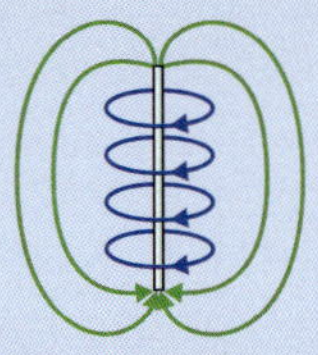

Lichtmodelle

Bei der Untersuchung von Licht werden zwei Modelle verwendet, das Lichtstrahlenmodell und das Wellenmodell. Im **Lichtstrahlenmodell** (geometrische Optik) betrachtet man Licht als Strahl, d.h. man geht von einer geradlinigen Ausbreitung des Lichtes aus.

Damit lassen sich unsere Alltagsbeobachtungen sehr gut erklären:
- Entstehung von Licht und Schatten,
- Brechung und Reflexion an Grenzflächen,
- Verlauf von Lichtstrahlen durch Prismen und Linsen.

Im **Wellenmodell** beschreibt man das Licht durch Wellen. Dabei gilt das Huygens'sche Prinzip, d.h. das Modell der Elementarwellen.

Mithilfe dieses Modells lassen sich die folgenden Phänomene erklären:
- Interferenz,
- Beugung an sehr kleinen Spalten und Kanten,
- Polarisation.

Beide Modelle sind jedoch nicht in der Lage alle Phänomene des Lichtes zu erklären, wie z.B. den Fotoeffekt.

7 Elektromagnetische Schwingungen und Wellen

Doppelspalt

Trifft monochromatisches kohärentes Licht auf einen Doppelspalt, dessen Spaltöffnung kleiner als die Wellenlänge des Lichtes ist, so entsteht hinter dem Spalt durch Überlagerung ein Interferenzmuster. Die Elementarwellen, die hinter den beiden Spalten aufgrund des Huygens'schen Prinzips entstehen, überlagern sich **konstruktiv** und **destruktiv**.

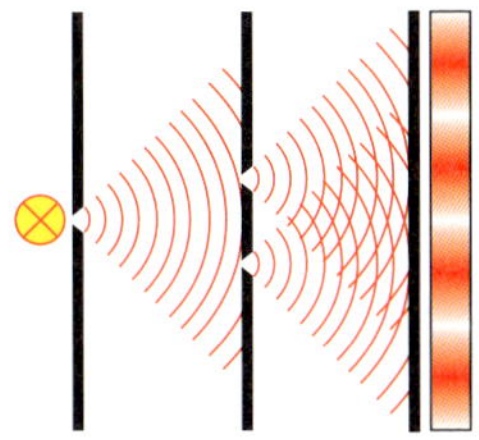

Da das Interferenzbild beim Doppelspalt sich aus der Überlagerung des Interferenzbildes beim Einzelspalt zusammensetzt, sind beim Doppelspalt Intensitätsminima an der Stelle, an der beim Einzelspalt Intensitätsmaxima liegen.

Einzelspalt

Beim Einzelspalt geht man davon aus, dass von jedem Punkt des Einzelspaltes eine Elementarwelle ausgeht.
Die Überlagerung dieser Wellen ergibt ein Interferenzmuster mit einem **Hauptmaximum** und mehreren **Nebenmaxima**.
Die Nebenmaxima sind umso breiter, je enger der Spalt ist.

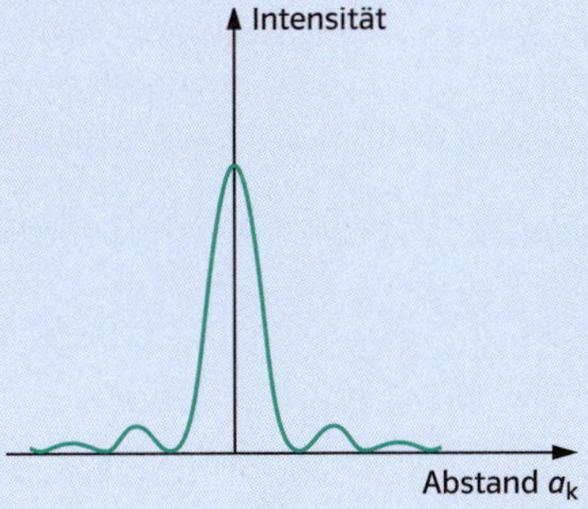

Gitter

Ein optisches Gitter ist eine Anordnung mehrerer Spalte mit der gleichen Spaltbreite.
Wie beim Doppelspalt entsteht bei Bestrahlung mit monochromatischem kohärentem Licht ein Interferenzmuster. Dieses Interferenzmuster ähnelt dem des **Interferenzmusters beim Doppelspalt**. Bei gleicher Spaltbreite ist die Lage der Maxima gleich.

Dennoch gibt es Unterschiede:
- die Maxima beim Gitter sind heller als beim Doppelspalt, da hier mehr Licht aus Einzelspalten miteinander interferiert;
- die Maxima beim Gitter sind auch schmaler und schärfer abgegrenzt.

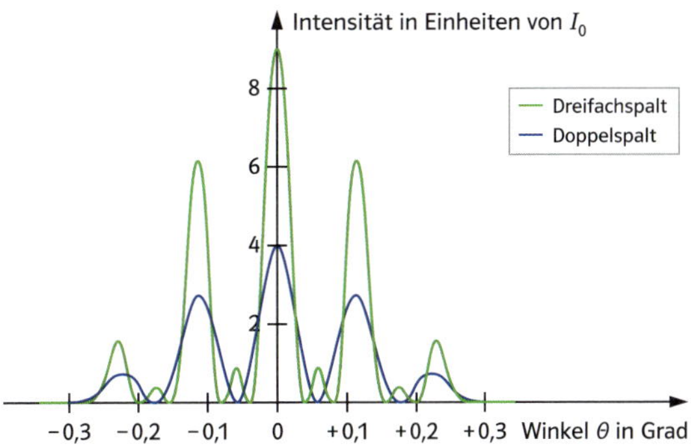

7 Elektromagnetische Schwingungen und Wellen

- Schaltet man einen Kondensator und eine Spule parallel, so entsteht eine elektrische Schwingung.
- Einen elektrischen Schwingkreis kann man auch zu erzwungenen Schwingungen anregen. Dabei entsteht Resonanz, wenn die Erregerfrequenz der Eigenfrequenz des Schwingkreises entspricht.
- Elektromagnetische Wellen entstehen, wenn sich Ladungen bewegen. Sie verhalten sich ähnlich den mechanischen Wellen und zeigen Eigenschaften wie z. B. Interferenz, Beugung und Resonanz.
- Dipole senden und empfangen elektromagnetische Wellen im Wellenlängenbereich von 10 cm bis 10 m. Dipole entstehen z. B., wenn man einen elektrischen Schwingkreis aufbiegt. Dann entsprechen die Enden des Dipols dem Kondensator und das magnetische Feld der Spule dem magnetischen Feld eines geraden Leiters.
- Licht ist eine elektromagnetische Welle, die uns jeden Tag begegnet. Mithilfe des Wellenmodells lassen sich viele Eigenschaften des Lichtes beschreiben, jedoch nicht alle. Einige Phänomene lassen sich nur mithilfe des Teilchenmodells beschreiben.
- Trifft Licht auf einen Einzelspalt, einen Doppelspalt oder ein Gitter, so breiten sich hinter dem Hindernis nach Huygens Elementarwellen aus. Diese Elementarwellen überlagern sich und es entstehen helle und dunkle Stellen.
- Trifft Licht auf einen Ölfleck, so sieht man das Öl in den Regenbogenfarben schillern. Dieses Phänomen lässt sich durch das Wellenmodell erklären.
- Da Licht eine Transversalwelle ist, lässt es sich durch Polarisationsfilter polarisieren. D. h. bei unpolarisiertem Licht schwingen die Lichtwellen in unterschiedlichen Ebenen, während bei polarisiertem Licht die Lichtwellen nur in einer Ebene schwingen. Polarisation findet man z. B. bei einigen Sonnenbrillen. Dort führt die Polarisation dazu, dass an der Wasseroberfläche reflektiertes Licht nicht so stark blendet.

Der elektrische Schwingkreis

In einem elektrischen Schwingkreis wird elektrische Energie in magnetische Energie umgewandelt und umgekehrt, magnetische in elektrische Energie. Es entsteht eine ungedämpfte Schwingung.

Eine Parallelschaltung aus einem Kondensator (→ S. 33) und einer Spule erzeugt eine **elektromagnetische Schwingung**. Man nennt diese Anordnung auch **Schwingkreis**.

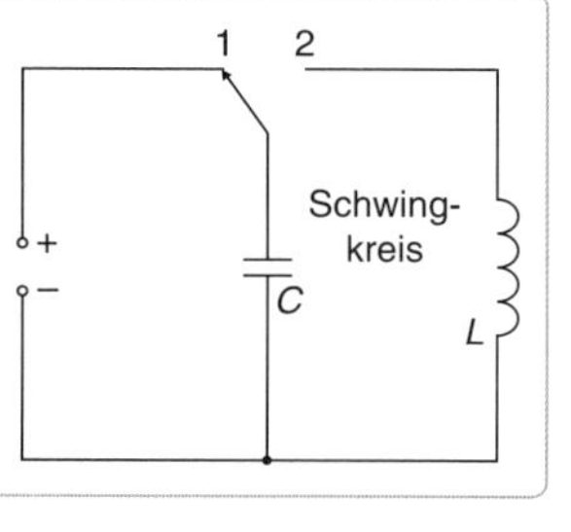

Über eine elektrische Quelle wird in Schalterstellung 1 der Kondensator aufgeladen. Somit ist die

elektrische Energie im Kondensator gespeichert.
Bringt man nun den Schalter in Position 2, so wird der Kondensator entladen und ein Strom fließt durch die Spule, der ein magnetisches Feld erzeugt. An den Enden der Spule entsteht nach Lenz eine Induktionsspannung, die dem Stromanstieg entgegenwirkt. Ist der Kondensator entladen, so ist der Strom in der Spule am größten und die gesamte elektrische Energie ist in magnetische Energie umgewandelt worden. Da nun der Kondensator entladen ist, kann er den Strom nicht mehr weiter antreiben und das Magnetfeld bricht zusammen. Die Selbstinduktion der Spule bewirkt jedoch ein Weiterfließen des Stromes in gleicher Richtung und der Kondensator wird wieder aufgeladen, jedoch mit umgekehrter Polung. Nun wird die magnetische Energie in elektrische Energie umgewandelt. Sobald das magnetische Feld komplett abgebaut ist, erreicht der Kondensator seine maximale Ladung.

Der Vorgang wiederholt sich nun mit umgekehrter Stromrichtung, bis der Ausgangszustand erreicht ist.
Somit entsteht eine **ungedämpfte Schwingung** (➔ S. 67).

Es besteht eine Analogie zur **harmonischen Schwingung** (➔ S. 67). Dabei entspricht der elektrischen Energie im Kondensator die potenzielle Energie der Masse m, während die magnetische Energie der Spule der kinetischen Energie der Masse m entspricht.

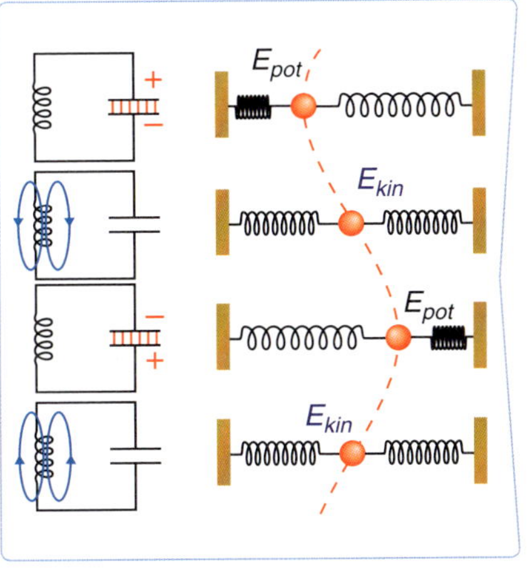

Thomson'sche Schwingungsgleichung

Kann in einem Schwingkreis der ohmsche Widerstand vernachlässigt werden, so liegt ein abgeschlossenes System vor. Für die Summe der Energien gilt:

$$E_{ges} = E_{Kondensator} + E_{Spule} = \frac{1}{2}CU^2 + \frac{1}{2}LI^2 = \frac{1}{2}\frac{Q^2}{C} + \frac{1}{2}LI^2 = \text{konstant.}$$

Leitet man diese Gleichung nach der Zeit ab, so folgt:

$$\frac{Q}{C}\cdot\dot{Q} + L\cdot I\cdot\dot{I} = 0 \quad \text{bzw.} \quad Q\cdot\dot{Q} + L\cdot C\cdot I\cdot\dot{I} = 0.$$

Mit $I = \dot{Q}$ und $\dot{I} = \ddot{Q}$ folgt $Q\cdot\dot{Q} + L\cdot C\cdot\dot{Q}\cdot\ddot{Q} = 0$ bzw. $Q + L\cdot C\cdot\ddot{Q} = 0$.
Mit der Lösung
$Q(t) = \hat{Q}\cdot\cos(\omega t)$ wird $\dot{Q}(t) = -\hat{Q}\cdot\omega\cdot\sin(\omega t)$ und $\ddot{Q}(t) = -\hat{Q}\cdot\omega^2\cdot\cos(\omega t)$.
Einsetzen in die Differenzialgleichung liefert:
$\hat{Q}\cdot\cos(\omega t) = L\cdot C\cdot\omega^2\cdot\hat{Q}\cdot\cos(\omega t)$
und mit $\omega = \frac{2\pi}{T}$ folgt: $T = 2\pi\cdot\sqrt{L\cdot C}$.
Für die Eigenfrequenz eines Schwingkreises gilt somit: $f = \frac{1}{2\pi\cdot\sqrt{L\cdot C}}$

Wird ein Schwingkreis von außen durch einen Frequenzgenerator zu Schwingungen angeregt, so entsteht eine erzwungene ungedämpfte Schwingung.

Erzwungene elektromagnetische Schwingung

Ein ohmscher Widerstand, eine Spule und ein Kondensator sind in Reihe geschaltet und an einen Sinusgenerator mit variabler Frequenz angeschlossen. Verändert man bei konstanter Generatorspannung die Frequenz, so ändert sich die Stromstärke. Die Änderung entspricht in ihrem Verlauf der Resonanzkurve einer erzwungenen Schwingung (➔ S. 72). Die Stromstärke erreicht ihr Maximum, wenn die Erregerfrequenz der Eigenfrequenz des Schwingkreises entspricht.
Eine solche Reihenschaltung nennt man auch **Resonanzkreis**.

Die Eigenfrequenz berechnet sich durch: $f_0 = \frac{1}{2\pi \cdot \sqrt{L \cdot C}}$.

Elektromagnetische Wellen

Eine elektromagnetische Welle entsteht, wenn Ladungen schwingen. Dabei entsteht ein kontinuierliches Spektrum, in dem sich die einzelnen Wellen in ihrer Frequenz und damit Energie unterscheiden.
Bei elektromagnetischen Wellen handelt es sich um Querwellen. Sie zeigen die von den mechanischen Wellen bekannten Eigenschaften.

Von jeder schwingenden Ladung breitet sich eine **elektromagnetische Welle** (➔ S. 108). im Raum aus. Sie besteht aus gekoppelten elektrischen und magnetischen Feldern, wobei die elektrische und magnetische Feldstärke senkrecht zueinander polarisiert sind. Zu den elektromagnetischen Wellen gehören z. B. Radiowellen, Mikrowellen, Infrarotstrahlung, sichtbares Licht, UV-Strahlung, sowie Röntgen- und Gammastrahlung. Sie unterscheiden sich in ihrer Frequenz bzw. Wellenlänge.
Das elektromagnetische Spektrum ist ein **kontinuierliches Spektrum**.

Wellenlänge		Frequenz	Vorkommen/Nutzung
km	$3 \cdot 10^4$	10	
	$3 \cdot 10^3$	10^2	Technischer Wechselstrom
	$3 \cdot 10^2$	10^3	
	30	10^4	Nachrichtentechnik
	3	10^5	
m	$3 \cdot 10^2$	10^6	
	30	10^7	Fernseh-, Rundfunktechnik
	3	10^8	Diathermie
cm	30	10^9	
	3	10^{10}	Radartechnik
mm	3	10^{11}	Mikrowellenherde
	0,3	10^{12}	

Wellenlänge		Frequenz	Vorkommen/Nutzung
nm	$3 \cdot 10^4$	10^{13}	
	$3 \cdot 10^3$	10^{14}	Wärmestrahlung (780 – 1000)
	$3 \cdot 10^2$	10^{15}	Sichtbares Licht (380 – 780)
	30	10^{16}	Ultraviolett, Höhensonne
	3	10^{17}	
	0,3	10^{18}	Röntgenstrahlen
	$3 \cdot 10^{-2}$	10^{19}	
	$3 \cdot 10^{-3}$	10^{20}	
	$3 \cdot 10^{-4}$	10^{21}	Radioaktive Stoffe
	$3 \cdot 10^{-5}$	10^{22}	
	$3 \cdot 10^{-6}$	10^{23}	Kosmische Strahlung
	$3 \cdot 10^{-7}$	10^{24}	

Elektromagnetische Wellen sind Querwellen (Transversalwellen) (→ S. 77) und brauchen zur Ausbreitung kein Medium. Eine elektrische Welle transportiert Energie.

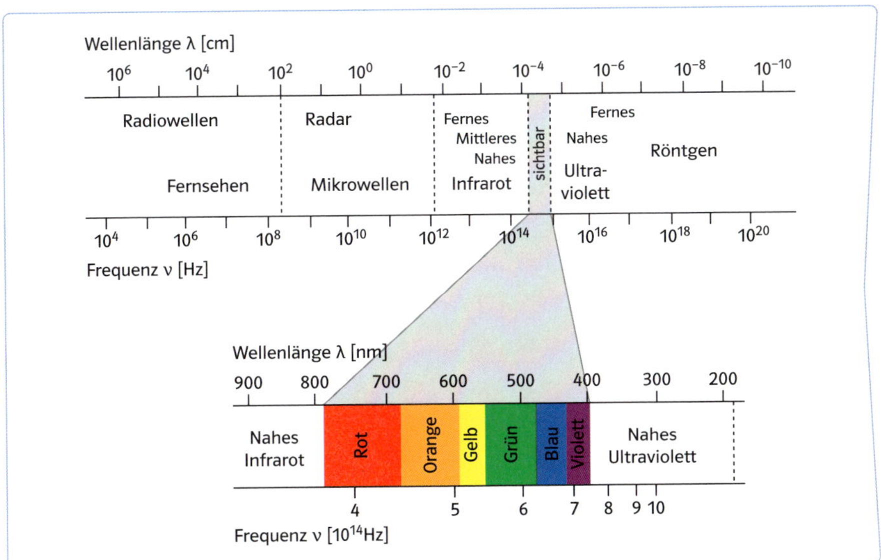

Jede elektromagnetische Welle besitzt die typischen Merkmale der Wellenausbreitung wie Reflexion, Beugung, Brechung und Interferenz. Sie können auch stehende Wellen bilden und sie breiten sich mit der Geschwindigkeit $c = \lambda \cdot f$ aus.

Für die Ausbreitungsgeschwindigkeit gilt:

$$c = \frac{1}{\sqrt{\mu_0 \cdot \mu_r \cdot \varepsilon_0 \cdot \varepsilon_r}},$$

wobei $\varepsilon_0 = 8{,}85 \cdot 10^{-12}\,\frac{\text{Am}}{\text{Vs}}$ die elektrische Feldkonstante, ε_r die Permittivitätszahl, $\mu_0 = 1{,}26 \cdot 10^{-6}\,\frac{\text{Vs}}{\text{Am}}$ die magnetische Feldkonstante und μ_r die Permeabilitätszahl ist.

Für elektromagnetische Wellen gelten bei Überlagerung die gleichen Formeln wie bei mechanischen Wellen (→ S. 76).

Entstehung elektromagnetischer Wellen

Ein Dipol kann als Sender und als Empfänger für elektromagnetische Welle verwendet werden. Dabei wird ein elektrisches und magnetisches Feld im Wechsel aufgebaut und abgebaut. Dadurch entsteht eine elektromagnetische Welle, die sich im Raum ausbreitet.

Als Quelle einer elektromagnetischen Welle kann ein **Dipol** verwendet werden. Er entsteht, indem man einen geschlossenen Schwingkreis aufbiegt.

Der Kondensator bildet die Leiterenden und das Magnetfeld der Spule entspricht dem Magnetfeld eines geraden Leiters. Der Dipol schwingt mit sehr hoher Frequenz, da die Kapazität des Kondensators und die Induktivität der Spule sehr klein sind. Das elektrische und magnetische Feld um den Dipol breitet sich sehr weit im Raum aus.
Die Eigenfrequenz, mit der ein Dipol schwingt, hängt von seiner Länge ab.

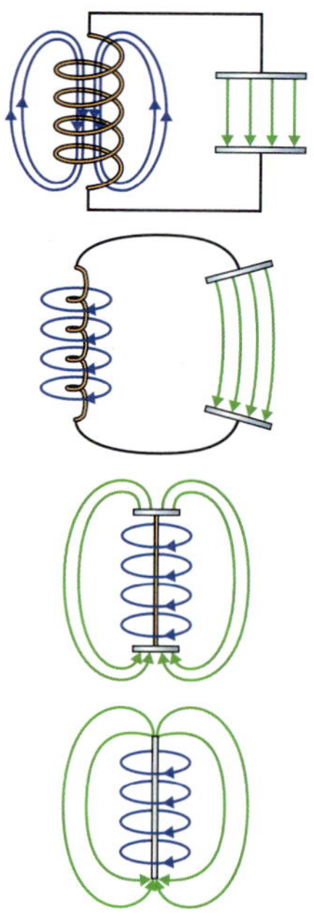
Vom Schwingkreis zum Dipol

Sitzen alle negativen Ladungen an einem Ende und alle positiven am anderen Ende des Dipols, so ist das elektrische Feld am größten. Gleichen sich die Ladungen aus, so fließt ein Strom und ein magnetisches Feld baut sich um den Dipol auf. Dieser Strom ist am größten, wenn längs des Dipols Ladungsausgleich herrscht.
Wenn das magnetische Feld wieder zusammenbricht, wird ein Strom induziert, der dem Strom, der zum Magnetfeldaufbau geflossen ist, entgegengerichtet ist. Dies führt wieder zur Ladungstrennung, das elektrische Feld wird wieder maximal. Dieser Vorgang wiederholt sich nun fortwährend.

Kann sich entlang eines Dipols eine stehende Welle ausbilden, so tritt **Resonanz** auf. Dann beträgt die Länge des Dipols ein ganzzahliges Vielfaches der halben Wellenlänge:

$$l = k \cdot \frac{\lambda}{2}, \text{ wobei } k = 1, 2, 3, \ldots.$$

Für die Grundschwingung $(k = 1)$ ergibt sich somit für die Frequenz:

$$f = \frac{c}{2l}.$$

Ein Dipol kann sowohl als Sender als auch als Empfänger verwendet werden.

Lichtmodelle

Bereits in der Antike hat man sich für das Licht interessiert. So ging zum Beispiel Aristoteles davon aus, dass das Licht von der bloßen Anwesenheit von Objekten komme, aber nicht in Bewegung sei. Zu Beginn des 17. Jahrhunderts glaubte Johannes Kepler, dass die Lichtgeschwindigkeit im Vakuum unendlich sei. Später postulierten Newton und Huygens eine endliche Lichtgeschwindigkeit. Den Nachweis dafür erbrachte Ole Römer 1676 duch die Beobachtung der Jupitermonde.

Die Alltagserscheinungen, die das Licht hervorruft, können wir mithilfe der geometrische Optik erklären. Dabei wird Licht als Strahl betrachtet. Hindernisse, die Phänomene wie z. B. Schatten, verursachen, sind im Verhältnis zur Wellenlänge des Lichtes sehr groß. Deshalb können Phänomene, die nur durch den Wellencharakter des Lichtes erklärt werden können, vernachlässigt werden.

Heute weiß man, dass sich Licht im Vakuum mit einer Geschwindigkeit von $2{,}99 \cdot 10^8 \frac{\text{m}}{\text{s}}$ ausbreitet.

Das Teilgebiet Optik, das die Eigenschaften von Licht untersucht, unterteilt sich in **geometrische Optik** und **Wellenoptik**.

Dabei wird Licht im Modell entweder als Strahl oder als Welle beschrieben.

Geometrische Optik

Die geometrische Optik ist ein Gebiet der Optik, welches Alltagserscheinungen (z. B. Reflexion an Oberflächen oder Brechung an Grenzflächen) beschreibt und die Welleneigenschaften des Lichtes vernachlässigt. Dabei sind die Gegenstände, die diese Phänomene hervorrufen groß im Vergleich zur Wellenlänge des Lichtes. Deshalb können Beugungs- und Interferenzerscheinungen vernachlässigt werden.

Beleuchtet man einen Spalt mit Licht, so existiert hinter dem Spalt ein divergentes Lichtbündel. Engt man dieses Lichtbündel immer mehr ein, so entsteht ein fast paralleles Lichtbündel. Ist dieses Lichtbündel sehr fein, so bezeichnet man es als Lichtstrahl. Ein solcher Lichtstrahl mit sehr kleinem Durchmesser existiert in Wirklichkeit nicht. Es handelt sich dabei um eine Modellvorstellung.

Für die Ausbreitung von Licht gilt das **Fermat'sche Prinzip**:
Der Weg, den das Licht nimmt, um von einem Punkt zu einem anderen Punkt zu gelangen, ist stets so, dass die benötigte Zeit dafür minimal wird.

Mit dem Modell der Lichtstrahlen kann man folgende Phänomene beschreiben:
- geradlinige Ausbreitung des Lichtes,
- Entstehung von Schatten hinter lichtundurchlässigen Körpern,
- Brechung und Reflexion an Grenzflächen,
- Verlauf von Lichtstrahlen durch Prismen und Linsen.

Wellenoptik

Betrachtet man Licht als elektromagnetische Welle, so kann man Phänomene wie die Beugung und Interferenz erklären. Dabei greift man auf das Modell der Wasserwellen zurück und darauf, dass nach Huygens von jedem Punkt der Wellenfront eine Elementarwelle ausgeht.

In der Wellenoptik betrachtet man Licht als elektromagnetische Welle. Somit ist Licht eine transversale Welle, d. h. sie schwingt senkrecht zu ihrer Ausbreitungsrichtung. Sie wird durch Wellenlänge, Amplitude und Phase beschrieben.

Christian Huygens hat erkannt, dass man Licht analog zu Wasserwellen beschreiben kann.

Jeder Punkt einer Wellenfront (Punkte mit gleicher Phase) lässt sich als Ausgangpunkt einer **Elementarwelle** betrachten. Wellenfronten lassen sich als **Einhüllende** dieser Elementarwellen darstellen. Die Elementarwellen haben immer gleiche Frequenz und Wellenlänge wie die Welle, aus der sie entstanden sind oder die sie erzeugen.

Mit dem **Modell der Wellen** kann man folgende Phänomene beschreiben:
- Interferenz,
- Beugung an sehr kleinen Spalten und Kanten,
- Polarisation.

Auch dieses Modell ist nicht in der Lage alle Phänomene des Lichtes zu beschreiben. Dazu gehört zum Beispiel der von Einstein erklärte Fotoeffekt (→ S. 106).

Beugung und Interferenz am Doppelspalt

Aus unserer Alltagserfahrung wissen wir, dass, wenn Licht auf eine Blende mit Spalt trifft, hinter der Blende Schatten ist. Ist der Spalt jedoch sehr klein (in der Größenordnung der Wellenlänge des Lichtes), so findet man hinter der Blende nicht nur dunkle Stellen, sondern auch helle. Es entsteht ein Interferenzmuster.

Befindet sich eine Lichtquelle vor einem Spalt, so erwartet man nach der geometrischen Optik auf einem Schirm dahinter einen hellen Lichtstreifen.

Ist der Spalt jedoch schmal, so beobachtet man hinter dem Spalt in allen Richtungen Licht auch dort, wo man nach dem Strahlenmodell Schatten erwartet. Dieses Phänomen ist mittels des Wellenmodells erklärbar. Nach Huygens breitet sich von jedem Punkt des Spaltes, der von der Wellenfront getroffen wird, eine Elementarwelle aus. Dabei ändert die auftreffende Wellenfront ihre Richtung und dringt dadurch in Bereiche ein, die nach der geometrischen Optik im Schattenraum liegen müssten. Man nennt dieses Phänomen **Beugung am Spalt**. Die Richtungsänderung ist umso stärker, je kleiner der Spalt ist.

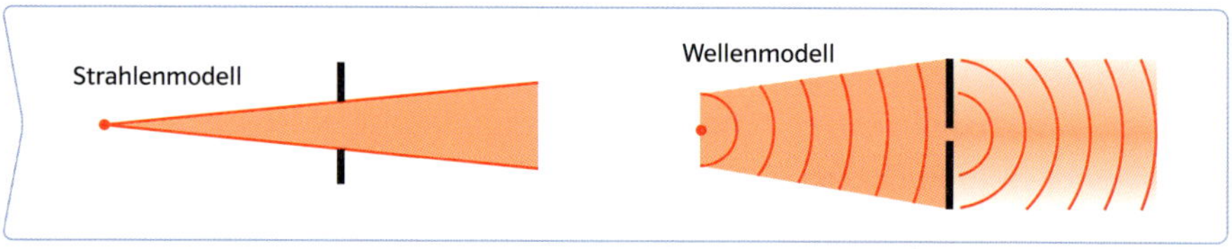

Überlagern sich zwei oder mehrere dieser Elementarwellen, so entsteht ein von den Wasserwellen her bekanntes **Interferenzmuster** mit Verstärkung und Abschwächung.

Diese Interferenzmuster sind nur bei **kohärenten** Wellenzügen zu beobachten. Wellenzüge sind kohärent bei gleicher Frequenz und fester Phasenbeziehung. Kohärente Wellenzüge erzeugt man am einfachsten, indem man Licht aus einer Quelle verwendet und es z. B. durch einen Doppelspalt in verschiedene Wege trennt und schließlich wieder zusammenführt.

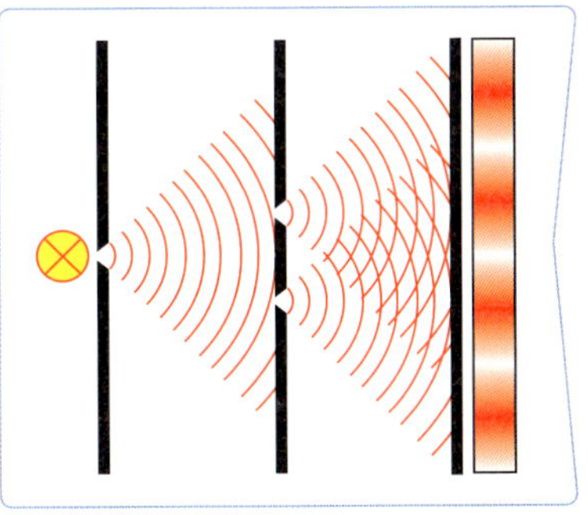

Interferenz am Doppelspalt

Trifft paralleles monochromatisches Licht auf einen Doppelspalt, so entsteht an jedem Spalt nach Huygens eine Elementarwelle (Abbildung → S. 94). Diese beiden Elementarwellen überlagern sich und bilden ein Interferenzmuster mit hellen (Verstärkung) und dunklen (Abschwächung) Stellen. Dabei gilt wie bei Wasserwellen: Treffen sich zwei Wellenberge bzw. Wellentäler, so verstärken sie sich (konstruktive Interferenz); treffen sich ein Wellental und ein Wellenberg, so löschen sie sich aus (destruktive Interferenz) (→ S. 80).

Monochromatisches Licht, das auf einen Doppelspalt trifft, verhält sich wie Wasserwellen, die an einem Hindernis gebeugt werden. Bei der Überlagerung kommt es zu Verstärkungen und Abschwächungen der Wellen.

Solche Interferenzmaxima bzw. -minima berechnen sich wie folgt:

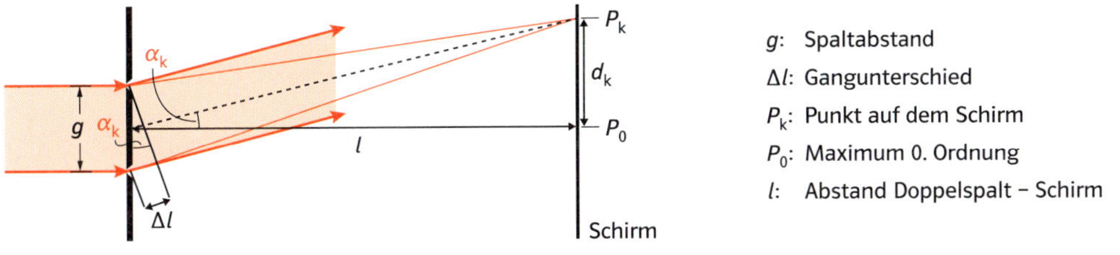

Ist der Abstand l Doppelspalt – Schirm sehr viel größer als der Spaltabstand g, so kann man annehmen, dass die Strahlen im rot unterlegten Bereich parallel verlaufen und es gilt: $\sin\alpha_k = \frac{\Delta l}{g}$ und $\tan\alpha_k = \frac{d_k}{l}$. Da der Abstand d_k sehr viel kleiner ist als l, gilt: $\sin\alpha_k \approx \tan\alpha_k$.

Da für Interferenzmaxima gilt: $\Delta l = k \cdot \lambda$ $(k = 0, \pm 1, \pm 2, \pm 3, \ldots)$ folgt:

$$\sin\alpha_k = \frac{k \cdot \lambda}{g} = \frac{d_k}{l}.$$

Da für Interferenzminima gilt: $\Delta l = (2k+1) \cdot \frac{\lambda}{2}$ $(k = 0, \pm 1, \pm 2, \pm 3, \ldots)$ folgt:

$$\sin\alpha_k = (2k+1) \cdot \frac{\lambda}{2g} = \frac{d_k}{l}.$$

Beugung und Interferenz am Gitter

Ein **optisches Gitter** erhält man, indem man zu einem Doppelspalt im gleichen Abstand weitere Spalte hinzufügt. Der Abstand zwischen zwei Spalten ist die **Gitterkonstante** g.

Bestrahlt man ein optisches Gitter mit parallelem einfarbigem Licht, so kann man helle und scharfe Interferenzmaxima beobachten. Im Gegensatz zum Interferenzbild beim Doppelspalt sind beim Gitter die Maxima schärfer ausgeprägt.

Trifft monochromatisches Licht auf ein Gitter, so entsteht ein Interferenzmuster wie vom Doppelspalt her bekannt, mit dem Unterschied, dass die Interferenzmaxima heller und schärfer ausgeprägt sind. Deshalb verwendet man zur experimentellen Bestimmung der Wellenlänge von Licht eher ein Gitter als einen Doppelspalt.

Da die Gitterkonstante im Verhältnis zur Wellenlänge des Lichtes klein ist, kann man vereinfachend sagen, dass von jedem Spalt nur eine Elementarwelle ausgeht. Diese Elementarwellen überlagern sich hinter dem Spalt wieder und es entsteht ein Interferenzbild.

Für die Bestimmung der Lage der Maxima führt man die gleichen Überlegungen wie beim Doppelspalt durch.

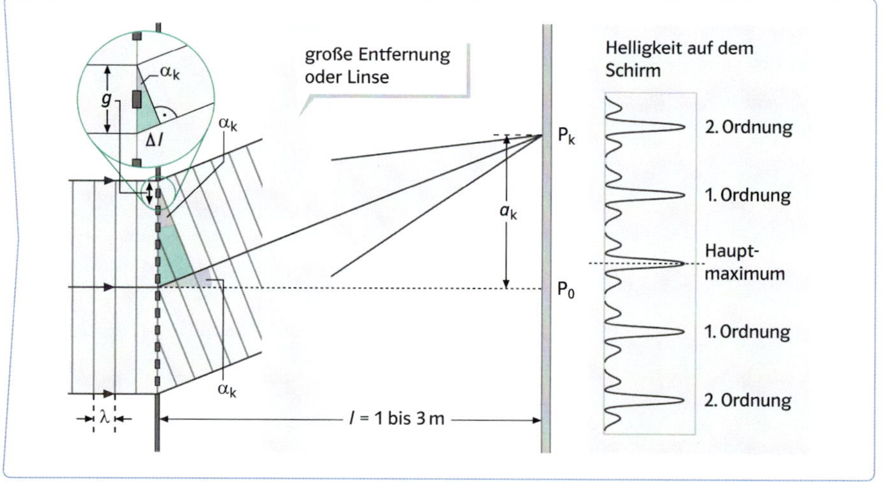

Es gilt $l >> a_k$:

für Interferenzmaxima: $\sin\alpha_k = \frac{k \cdot \lambda}{g} = \frac{a_k}{l}$ für $k = 0, \pm 1, \pm 2, \pm 3, \ldots$,

für Interferenzminima: $\sin\alpha_k = \frac{k \cdot \lambda}{2g} = \frac{a_k}{l}$ für $k = \pm 1, \pm 3, \pm 5, \ldots$,

Der Abstand der Interferenzmaxima ist abhängig von der Farbe. Bei blauem Licht liegen die Maxima enger beieinander als bei rotem Licht. Bei weißem Licht erhält man ein farbiges Band. Der rote Lichtanteil wird stärker gebeugt als der violette Lichtanteil.

Die Interferenz am Gitter kann z. B. benutzt werden, um die Wellenlänge des verwendeten Lichtes zu bestimmen.

Beugung am Einzelspalt

Beim Einzelspalt kann man nicht mehr davon ausgehen, dass sich von dort nur eine Elementarwelle ausbreitet. Sondern man nimmt an, dass von jedem Punkt des Spaltes eine Elementarwelle ausgeht. Zur Vereinfachung teilt man dabei den Spalt in der Mitte in zwei Hälften, da man so zu jeder Welle aus einer Hälfte eine Welle aus der anderen Hälfte findet, die einen Gangunterschied von $\frac{\lambda}{2}$ besitzen. D. h. alle Wellen löschen sich gerade aus.

Trifft monochromatisches Licht auf einen Einzelspalt, so gibt es zusätzlich zu dem Hauptmaximum mehrere Nebenmaxima. Je enger der Spalt, umso breiter sind diese Nebenmaxima.

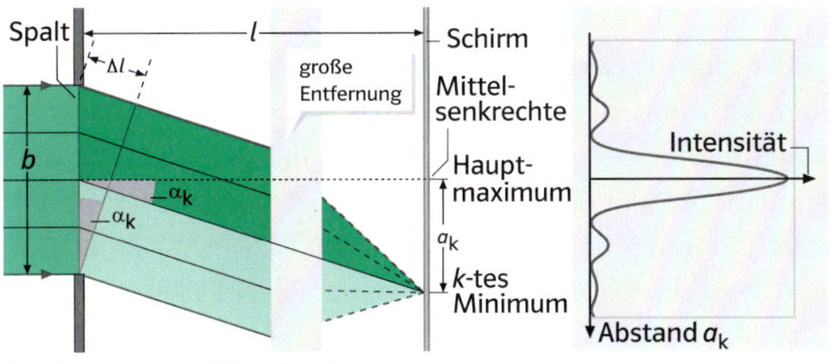

Zur Beugung am Einzelspalt

Für das 1. Minimum gilt somit: $\sin\alpha_1 = \frac{\lambda}{b}$.

Bei einer Vergrößerung von Winkel α löschen sich nur noch die Wellen aus, die einen Gangunterschied von λ haben. Der Rest bildet das 1. Maximum, das nicht so hell ist wie das Hauptmaximum. Erst wenn die beiden Randstrahlen einen Gangunterschied von λ besitzen, findet wieder Auslöschung statt und das 2. Minimum entsteht. Das k-te Minimum entsteht somit, wenn die Randstrahlen einen Gangunterschied von $k \cdot \lambda$ haben.

Für Minima beim Einzelspalt gilt somit: $\sin\alpha_k = \frac{k \cdot \lambda}{g}$ für $k = 0, \pm 1, \pm 2, \pm 3, \ldots$.

Interferenz an dünnen Schichten

Beobachtet man eine dünne Ölschicht auf einer Wasseroberfläche oder eine Seifenblase, so sieht man diese in bunten Farben schillern.

Dieses Phänomen lässt sich folgendermaßen erklären:
Trifft das Licht auf die Ölschicht oder die dünne Haut der Seifenblase, so wird ein kleiner Teil davon reflektiert, wobei ein Phasensprung von π auftritt, während der Hauptteil in die Schicht eindringt und an der hinteren Seite der Schicht wieder reflektiert wird. Ein unerheblicher Teil wird nicht reflektiert, sondern verlässt die dünne Schicht. Für den an der Rückseite reflektierten Teil wiederholt sich die Aufspaltung an der Vorderseite der dünnen Schicht.

Wird Licht an dünnen Schichten reflektiert, so beobachtet man, dass die Schicht in bunten Farben schillert. Dieses Phänomen ist ein Interferenzphänomen.
Ein Teil des Lichtes wird an der Oberfläche reflektiert, während ein anderer Teil die Schicht durchdringt und an der unteren Fläche reflektiert wird.
Beim Austreten aus der oberen Schicht überlagern sich diese reflektierten Strahlen.

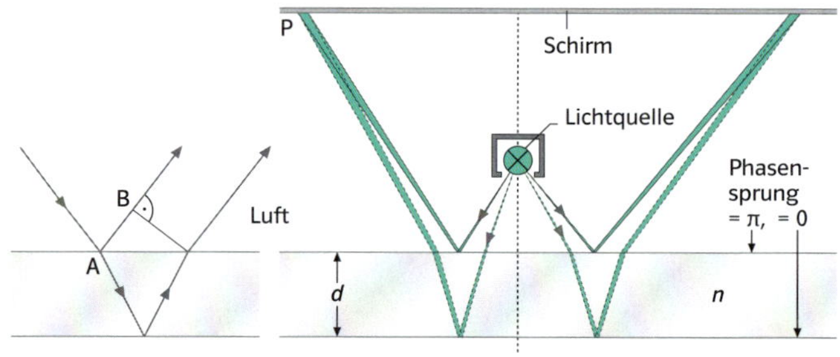

An der Vorderseite überlagert sich das dort reflektierte Licht mit dem Licht, das nach der Reflexion an der Rückseite die dünne Schicht an der Vorderseite verlässt. Es kommt zu Interferenzerscheinungen. Dabei tritt bei senkrechtem Auftreffen auf die Schicht ein Maxium auf, wenn ihr Gangunterschied $\Delta l = 2d = k \cdot \lambda_s$ beträgt und ein Minimum bei $\Delta l = 2d = \frac{1}{2}(2k + 1) \cdot \lambda_s$. Dabei ist λ_s die Wellenlänge des Lichtes in der dünnen Schicht. Für die Wellenlänge in Luft gilt: $\lambda = n \cdot \lambda_s$ (n: Brechzahl der Schicht). Trifft das Licht hingegen unter einem Winkel, der größer ist als 0°, so muss zusätzlich die Strecke AB berücksichtigt werden.

Der Gangunterschied hängt von der Dicke der Schicht und der Wellenlänge des Lichtes ab. Deshalb erscheint die dünne Schicht in verschiedenen Farben.

Die Interferenz an dünnen Schichten findet ihren Einsatz in der Entspiegelung von Glas. Da man bei Brillen und Objektiven Mehrfachreflexion vermeiden will, werden diese entspiegelt. Dazu wird eine dünne Schicht aufgedampft, dessen Brechzahl kleiner als die des Glases ist. Fällt das Licht senkrecht ein, so entsteht bei einer Dicke der Schicht von $\frac{\lambda}{4}$ des Lichtes des mittleren Spektralbereiches (grüner Wellenlängenbereich) ein Minimum.

Newton'sche Ringe

Legt man eine große Sammellinse auf eine Glasplatte, so beobachtet man Interferenzerscheinungen. Diese entstehen durch die dünne Luftschicht zwischen Glasplatte und Linse. Bei den Interferenzerscheinungen handelt es sich um helle Ringe, die **Newton'schen Ringe**.
Das auftreffende Licht wird an der Unterseite und an der Glasplatte reflektiert. Der Gangunterschied bestimmt sich durch den Phasensprung an der Platte und der Dicke der Luftschicht. Trifft das Licht senkrecht auf, so nimmt der Gangunterschied zu, je weiter die Auflagestelle entfernt ist. Deshalb sieht man abwechselnd dunkle und helle Ringe.

Polarisation

Licht ist eine elektromagnetische Welle, d. h. die Stärke des elektrischen und magnetischen Feldes ändert sich periodisch. Diese Eigenschaft und die, dass es sich um eine Transversalwelle handelt, kann mithilfe der **Polarisation** nachgewiesen werden.
Dazu verwendet man **Polarisationsfilter**.

Mithilfe eines Polarisationsfilters kann man Licht, das in alle Richtungen schwingt, eine Richtung vorgeben. Durch die Eigenschaft, dass Licht polarisierbar ist, kann man nachweisen, dass es sich um eine Transversalwelle handelt.

Man kann sich ein Polarisationsfilter als sehr schmales Gitter vorstellen. Unpolarisiertes Licht schwingt in alle Richtungen. Nur der Teil des Lichtes, der parallel zu den Gitterstäben schwingt, kommt durch das Gitter hindurch. Je mehr die Schwingungsrichtung davon abweicht, umso weniger Licht kann das Gitter passieren. Licht, das unter einem Winkel von 90° zum Gitter schwingt, kann das Gitter nicht durchdringen.

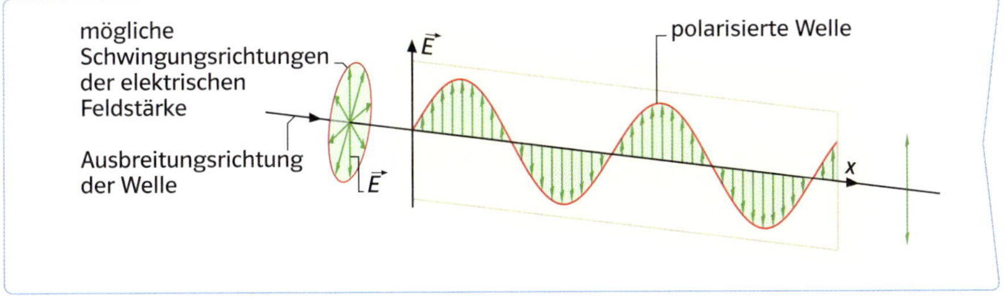

Die Polarisation des Lichtes kann folgendermaßen nachgewiesen werden:
Man stellt hinter einer Lichtquelle zwei Polarisationsfilter mit gleicher Richtung hintereinander. Die Helligkeit hinter den beiden Polarisationsfiltern hat kaum abgenommen. Ist die Richtung der beiden Filter senkrecht zueinander, dann herrscht dahinter Dunkelheit, da alle Schwingungsrichtungen herausgefiltert wurden.

Folgende Abbildung verdeutlichtet dieses Verhalten:

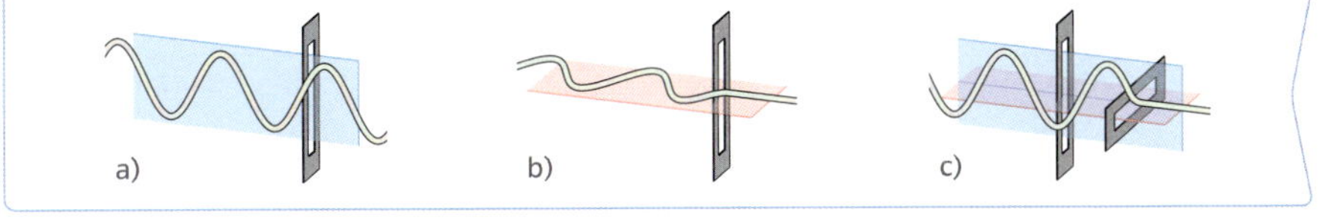

Polarisation von mechanischen Querwellen

a) Nur der Anteil des Lichtes, der parallel zur Spaltöffnung schwingt, kann ihn passieren.
b) Der Anteil senkrecht zum Spalt passiert den Spalt nicht.
c) Stellt man den zweiten Spalt senkrecht zum ersten Spalt, so kommt ein Teil des Lichtes durch den ersten Spalt hindurch, aber nicht mehr durch den zweiten. Dahinter herrscht Dunkelheit.

Polarisation durch Reflexion

Trifft ein unpolarisierter Lichtstrahl auf eine Glasoberfläche, so ist er nach der Reflexion teilweise polarisiert. Das reflektierte Licht ist vollständig polarisiert, wenn der Einfallswinkel so ist, dass der reflektierte Lichtstrahl senkrecht zur Einfallsebene und der gebrochene Lichtstrahl parallel zur Einfallsebene polarisiert ist.
Man nennt diesen Winkel **Brewster-Winkel**.
Es gilt: $\tan \alpha_p = n$.

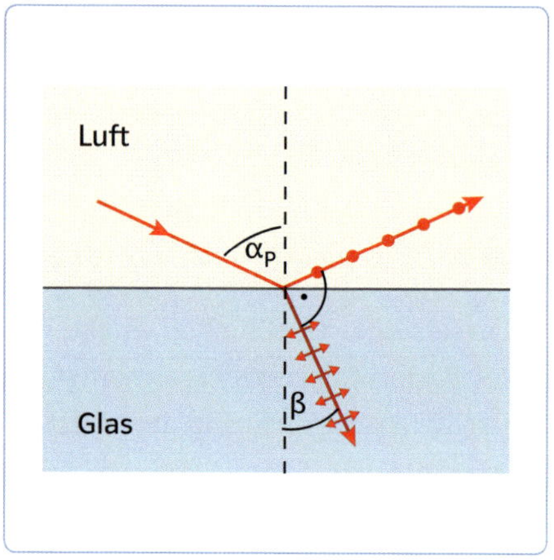

Differenzialgleichung des elektromagnetischen Schwingkreises: $Q + L \cdot C \cdot \ddot{Q} = 0$

Lösung der Differenzialgleichung: $Q(t) = \hat{Q} \cdot \cos(\omega t)$

Schwingungsdauer: $T = 2\pi\sqrt{L \cdot C}$

Frequenz: $f = \frac{1}{2\pi\sqrt{L \cdot C}}$

Resonanz tritt auf, wenn die Erregerfrequenz der Eigenfrequenz des Schwingkreises $f_0 = \frac{1}{2\pi\sqrt{L \cdot C}}$ entspricht.

Um einen **Dipol** breitet sich eine stehende Welle aus, wenn für seine Länge und seine Frequenz gilt: $l = k \cdot \frac{\lambda}{2}$, wobei $k = 1, 2, 3, \ldots$ und $f = \frac{c}{2l}$ für $k = 1$.

Am **Doppelspalt** gilt für

Interferenzmaxima: $\Delta l = k \cdot \lambda \; (k = 0, \pm 1, \pm 2, \pm 3, \ldots)$

und $\sin\alpha_k = \frac{k \cdot l}{g} = \frac{d_k}{l}$

Interferenzminima: $\Delta l = (2k + 1) \cdot \frac{\lambda}{2} \; (k = 0, \pm 1, \pm 2, \pm 3, \ldots)$

und $\sin\alpha_k = (2k + 1) \cdot \frac{\lambda}{2g} = \frac{d_k}{l}$

Am **Gitter** gilt für

Interferenzmaxima: $\sin\alpha_k = \frac{k \cdot \lambda}{g} = \frac{a_k}{l}$ für $k = 0, \pm 1, \pm 2, \pm 3, \ldots$

Interferenzminima: $\sin\alpha_k = \frac{k \cdot \lambda}{2g} = \frac{a_k}{l}$ für $k = \pm 1, \pm 3, \pm 5, \ldots$

Am **Einzelspalt** gilt für

Interferenzminima: $\sin\alpha_k = \frac{k \cdot \lambda}{g}$ für $k = \pm 1, \pm 2, \pm 3, \ldots$

Bei der **Interferenz an dünnen Schichten** gilt für

Maxima: $\Delta l = 2d = k \cdot \lambda_s$

Minima: $\Delta l = 2d = \frac{1}{2}(2k + 1) \cdot \lambda_s$

Brewster-Winkel: $\tan\alpha_p = n$

AUF EINEN BLICK

Interferenz von Elektronen

Interferieren Elektronen in einer **Elektronenbeugungsröhre** miteinander, so entsteht ein von Wellen bekanntes Interferenzmuster. Mittels dieser Beobachtung lässt sich nachweisen, dass Teilchen, wie Elektronen, auch Welleneigenschaften, wie z. B. eine Wellenlänge, besitzen.

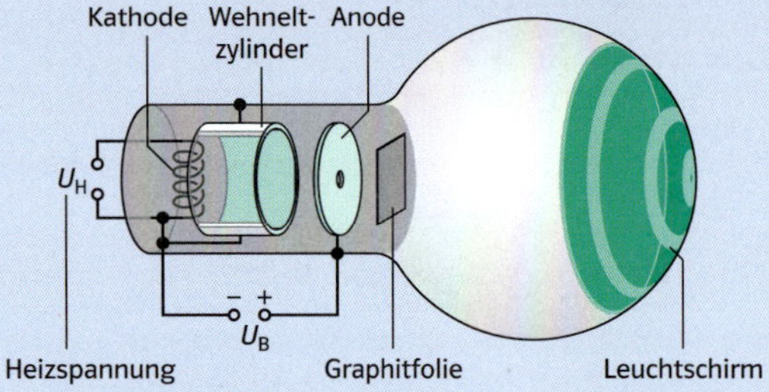

Röntgenstrahlung

Röntgenstrahlen entstehen, wenn Elektronen auf eine Metalloberfläche treffen und dort abgebremst werden.

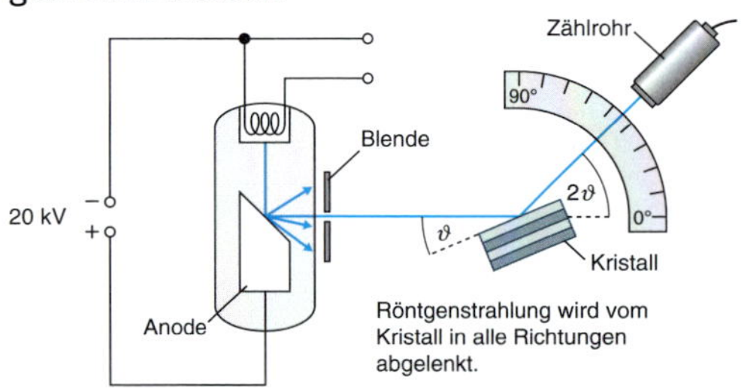

Die Röntgenstrahlen haben unterschiedliche Energien. Das Energiespektrum setzt sich zusammen aus einem **kontinuierlichen Spektrum** und einem **Linienspektrum**.

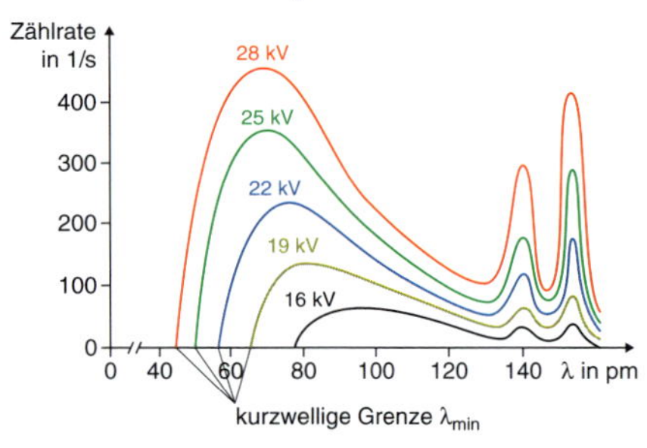

Fotoeffekt

Metall, das mit Licht hoher Frequenz bestrahlt wird, sendet Elektronen aus. Die daraus folgenden Beobachtungen widersprechen zum Teil dem klassischen Wellenmodell.

Trägt man die maximale kinetische Energie der Elektronen gegenüber der Frequenz des eingestrahlten Lichtes auf, so erhält man eine Gerade. Die Steigung der Geraden ist die **Planck'sche Konstante**

$$h = 6{,}626 \cdot 10^{-34}\ \text{Js}.$$

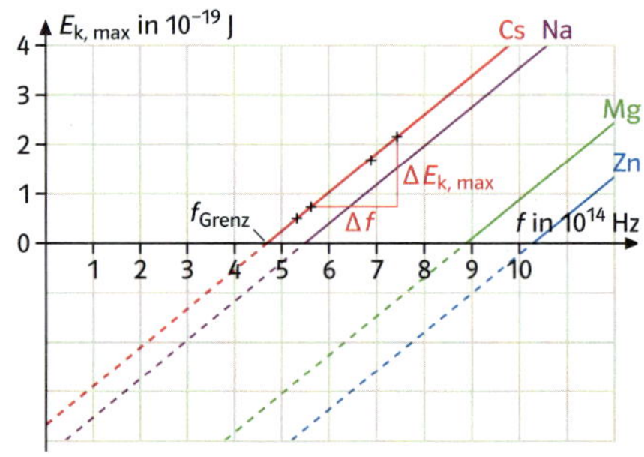

Comptoneffekt

Unter dem Comptoneffekt versteht man die **Streuung von Photonen** an freien oder schwach gebundenen Elektronen.

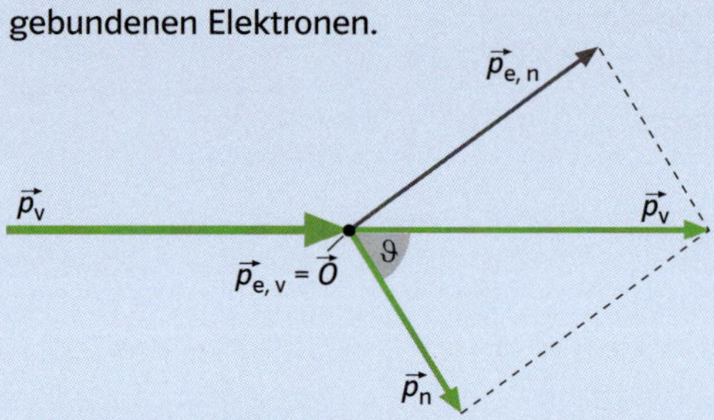

Dabei haben die gestreuten Photonen unterschiedliche Wellenlängen. Ein Teil hat die Wellenlänge der einfallenden Photonen, ein anderer Teil hat eine größere Wellenlänge.

8 Quantenphysik

Interferenz von Photonen

Treffen Photonen auf einen Doppelspalt, so kann man ein **Interferenzmuster** erst beobachten, wenn die Fotoplatte lange belichtet wurde.

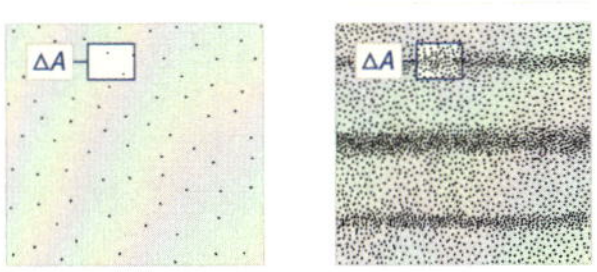

Dieser Versuch zeigt, dass Photonen nicht nur Welleneigenschaften, sondern auch Teilcheneigenschaften besitzen.

Heisenberg'sche Unschärferelation

Es ist unmöglich, von einem Quantenobjekt gleichzeitig den Ort x und den Impuls p mit beliebiger Genauigkeit zu messen. Vielmehr liegt stets eine Unschärfe vor.

Für diese Unschärfe gilt die **Heisenberg'sche Unschärferelation**:

$$\Delta x \cdot \Delta p \geqq \frac{h}{4\pi} \approx 5{,}3 \cdot 10^{-35}\ \text{Js}.$$

Interferometer

Für die Interferenz von mindestens zwei Wellen ist der Gangunterschied zwischen den beiden Wellen ausschlaggebend.
Zur Untersuchung der Interferenz von Photonen nutzt man das **Mach-Zehnder-Interferometer**. Dort werden Photonenstrahlen durch Spiegel und Strahlteiler auf unterschiedliche Wege gebracht und am Schluss die Interferenz der Strahlen untersucht.
Dabei erkennt man, dass sich Unterscheidbarkeit und Interferenz von Quantenobjekten gegenseitig ausschließen und dass Quantenobjekte nicht teilbar sind.

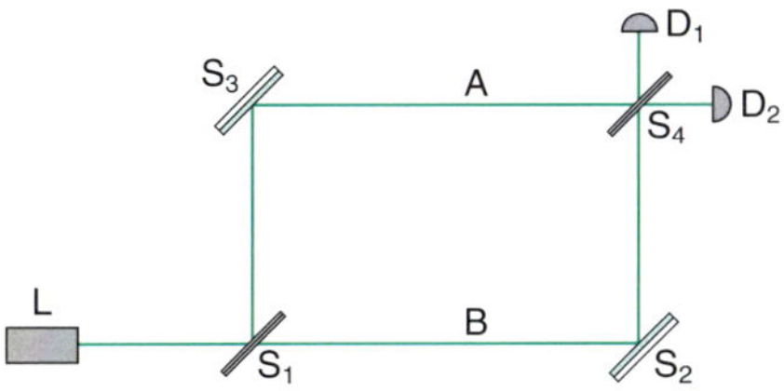

Zustandsfunktion

Zustandsfunktionen sind Funktionen, die sowohl vom Ort als auch der Zeit abhängen. Ihre Funktionswerte sind keine Messwerte, sondern liefern Aussagen über das **wahrscheinliche Verhalten** von Quantenobjekten. wie z. B. die Wahrscheinlichkeit ein Photon an einer bestimmten Stelle auf dem Schirm hinter einem Doppelspalt zu finden.

8 Quantenphysik

- Treffen Elektronen, die sich in einer Elektronenbeugungsröhre befinden, auf Graphitfolie, so kann man auf dem Leuchtschirm konzentrische Kreise beobachten. Diese Kreise entstehen aufgrund der Interferenz der Elektronen.
- Elektronen können durch Licht aus Metall herausgelöst werden. Diesen Effekt entdeckte Willhelm Hallwachs im Jahr 1888. Gedeutet wurde dieser Effekt jedoch erst 1905 durch Albert Einstein.
- Im Jahre 1895 entdeckte Wilhelm Conrad Röntgen durch Zufall eine neue Art von Strahlung, die Röntgenstrahlen. Röntgenstrahlen entstehen, wenn schnelle Elektronen auf eine Metalloberfläche treffen und dort abgebremst werden.
- Treffen diese Röntgenstrahlen auf schwach gebundene oder freie Elektronen, so werden sie gestreut. Es entstehen zwei Strahlungsarten, die eine Art hat die gleiche Wellenlänge wie die einfallende Strahlung, die andere hat eine größere Wellenlänge.
- Treffen Photonen auf einen Doppelspalt, so wird nur dann ein Interferenzmuster registriert, wenn es sich um viele Photonen handelt. Beobachtet man nur einzelne Photonen, so sieht man nur unregelmäßig verteilte Punkte. Man kann nicht vorhersagen, wo ein Photon genau auftreffen wird, man kann nur eine Wahrscheinlichkeitsaussage machen.
- Heisenberg stellte fest, dass man bei Quantenobjekten nicht wie in der Mechanik den Ort und den Impuls eines Teilchens gleichzeitig genau bestimmen kann. Vielmehr kann man entweder den Ort oder den Impuls scharf bestimmen, jedoch nicht beides gleichzeitig.
- Mithilfe eines Interferometers kann man Eigenschaften von Quantenobjekten zeigen. Z. B. entsteht bei Photonen nur dann ein Interferenzmuster, wenn man nicht den Weg, den das Photon genommen hat, kennt. Kennt man den Weg, so kann man kein Interferenzmuster mehr erkennen.
- Erwin Schrödinger entwickelte eine mathematische Beschreibung von Quantenobjekten. Er formulierte eine Differenzialgleichung analog zur Wellengleichung. Die Lösung dieser Differenzialgleichung sind Wahrscheinlichkeitsfunktionen.

Interferenz von Elektronen

In einer Elektronenbeugungsröhre wird ein feiner Elektronenstrahl durch Glühemission erzeugt. Dieser Elektronenstrahl wird durch die Beschleunigungsspannung U_B, die zwischen Kathode und Anode anliegt, zur Anode hin beschleunigt. Befindet sich zusätzlich eine Graphitfolie zwischen Anode und Leuchtschirm, die die Elektronen durchdringen müssen, so entstehen auf dem Leuchtschirm mehrere konzentrische Kreise.

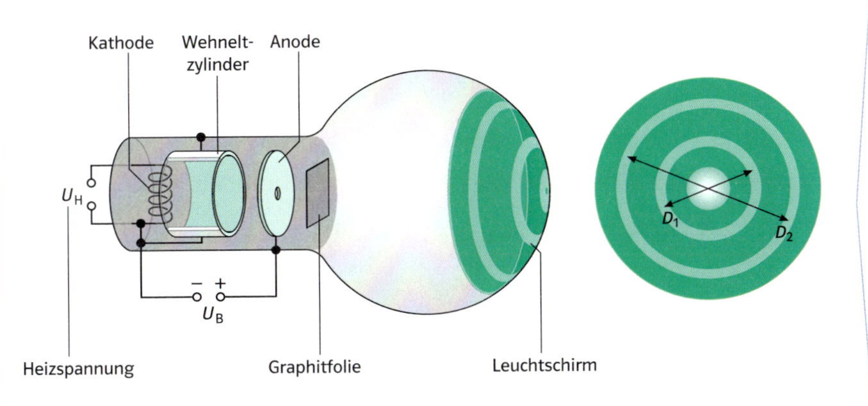

Der Durchmesser dieser Kreise ist abhängig von der Beschleunigungsspannung. Man kann diese Kreise als **Interferenzmuster** einer Welle (→ S. 94) deuten. Dazu ordnet man den Elektronen eine von der Beschleunigungsspannung abhängige Wellenlänge zu.

Mithilfe der Bragg-Bedingung kann die Wellenlänge der Elektronen bestimmt werden.
Auch mithilfe der Hypothese von De Broglie kann man die Wellenlänge der Elektronen bestimmen. De Broglie forderte, wenn Phänomene des Lichtes durch das Teilchenmodell beschrieben werden, dann kann auch Materie mittels des Wellenmodells beschrieben, werden.

Diese Wellenlänge kann aus dem Interferenzbild folgendermaßen bestimmt werden:
Da das Interferenzbild dem Interferenzbild, welches bei der Bragg-Reflexion von Röntgenstrahlen an einem Kristallgitter entsteht, ähnelt, nutzt man zur Bestimmung der Wellenlänge die Bragg-Bedingung: $2a \cdot \sin\delta = k \cdot \lambda$, wobei die Gitterkonstante a der Abstand der Netzebenen ist, k die Ordnung des Interferenzmaximums und δ der zugehörige Glanzwinkel.
Der folgenden Abbildung kann man für die Abmessungen der Röhre entnehmen: $\tan(2\delta) = \frac{D}{2l}$.

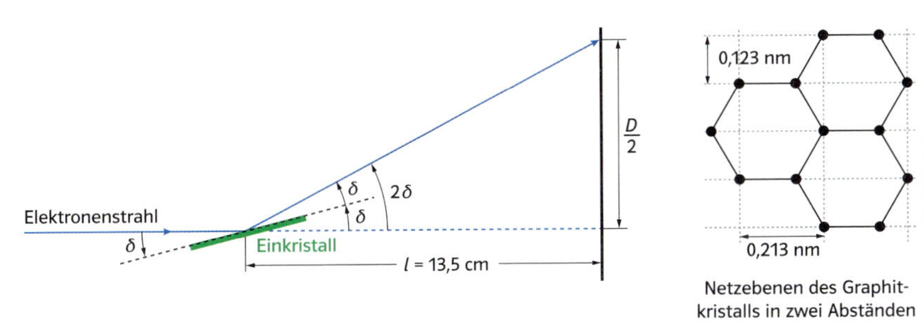

Netzebenen des Graphitkristalls in zwei Abständen

Für kleine Winkel δ gilt: $\tan(2\delta) = \sin(2\delta)$.

Setzt man diese beiden Bedingungen in die Bragg-Bedingung ein und löst sie nach der Wellenlänge auf, so ergibt sich:

$$k \cdot \lambda = 2a \cdot \frac{1}{2} \cdot \frac{D}{2l} = \frac{a \cdot D}{2l}.$$

Für Graphit betragen die Netzebenenabstände:

$$a_1 = 0{,}213\,\text{nm} \text{ und } a_2 = 0{,}123\,\text{nm}.$$

Die beiden Kreise entstehen durch Bragg-Reflexion an je einer Netzebene. Es ist jeweils $k = 1$.

Der so gewonnene Wert für die Wellenlänge stimmt mit dem Wert aus der De-Broglie-Hypothese überein:

$$\lambda = \frac{h}{p} = \frac{h}{\sqrt{2meU}}.$$

Somit gilt:

Wenn viele Elektronen durch einen Kristall treten, so beobachtet man ein Interferenzbild. Dieses Interferenzbild entspricht dem Interferenzbild einer Welle mit der Wellenlänge $\lambda = \frac{h}{p}$.

Der Fotoeffekt

Aus Metall können durch Bestrahlung mit hochfrequentem Licht Elektronen herausgelöst werden. Dabei ist die Energie der Elektronen abhängig von der Frequenz des Lichtes. Unterhalb einer bestimmten Frequenz werden keine Elektronen herausgelöst. Es ist eine Grenzfrequenz notwendig, die vom verwendeten Metall abhängt.

Bestrahlt man Metall mit Licht genügend hoher Frequenz, so werden aus der Metalloberfläche Elektronen herausgelöst. Dieser Effekt heißt **Fotoeffekt**.
Dabei kann man folgende Beobachtungen machen, die dem klassischen Wellenmodell widersprechen:

- Die maximale Energie der herausgelösten Elektronen ist abhängig von der Frequenz des Lichtes, mit dem die Metalloberfläche bestrahlt wurde.
- Die Anzahl der Elektronen, die aus dem Metall herausgelöst werden, und die Stärke des Fotostroms hängen nur von der Intensität des Lichtes ab.
- Unterhalb einer bestimmten Frequenz, der Grenzfrequenz f_G (metallabhängige Größe), werden keine Elektronen aus der Metalloberfläche herausgelöst, auch nicht bei hoher Lichtintensität oder langer Beleuchtungsdauer.

Zur Untersuchung des Fotoeffektes benutzt man eine **Vakuumfotozelle** und die **Gegenfeldmethode**:

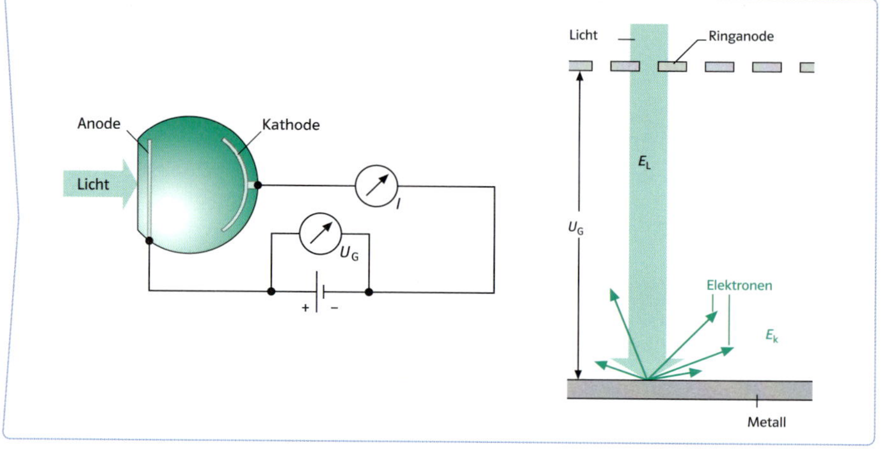

Bestrahlt man die Fotozelle mit Licht durch eine Ringanode hindurch, so kann man einen Strom messen, ohne dass die Elektroden an eine Spannungsquelle angeschlossen sind. Es müssen also Elektronen aus der Metallschicht der Kathode ausgetreten sein, die eine kinetische Energie (→ S. 17) besitzen. Diese kinetische Energie kann nur vom eingestrahlten Licht stammen.
Legt man nun eine Gegenspannung U_G zwischen Anode und Kathode, so erreichen nur die Elektronen die Anode, deren kinetische Energie größer ist als die elektrische Energie $e \cdot U_G$. Vergrößert man die Gegenspannung U_G, so erreichen immer weniger Elektronen die Anode, der Fotostrom nimmt ab, bis die Stromstärke den Wert null erreicht. Es gilt dann:

$$E_{kin,max} = e \cdot U_{G,max}.$$

Das Diagramm zeigt den Zusammenhang zwischen der Frequenz des eingestrahlten Lichtes und der maximalen kinetischen Energie der Elektronen für verschiedene Metalle.
Es entstehen parallele Geraden, deren gemeinsame Steigung die **Planck'sche Konstante** $h = 6{,}626 \cdot 10^{-34}$ Js ist.

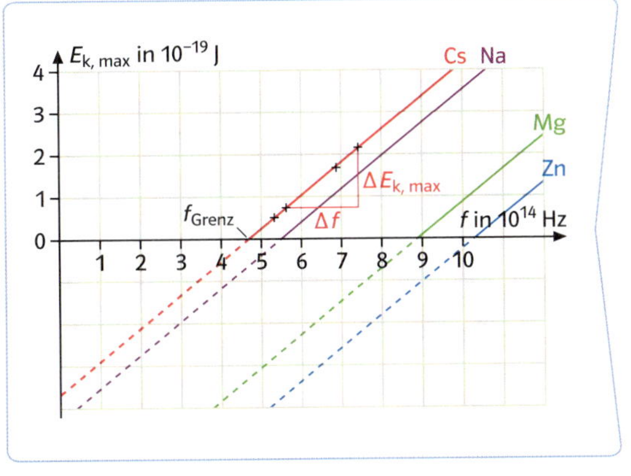

Trägt man in einem Diagramm die Energie gegenüber der Frequenz auf, so ergibt sich eine Gerade. Die Steigung dieser Geraden ist die Planck'sche Konstante.

Dem Diagramm entnimmt man:

- Die kinetische Energie der Elektronen wächst mit der Frequenz des Lichtes.
- Jedes Metall hat eine charakteristische Grenzfrequenz.

Für die kinetische Energie gilt:

$$E_{kin,max} = h \cdot f - h \cdot f_{Grenz}.$$

Daraus ergibt sich für die übertragene Energie:

$$h \cdot f = E_{kin,max} + h \cdot f_{Grenz}.$$

Dabei ist $W_a = h \cdot f_{Grenz}$ die Auslösearbeit.

Aus diesem Effekt formulierte Einstein die folgende Hypothese:
Licht besteht aus einzelnen Photonen der Energie $h \cdot f$.
Diese Photonen bewegen sich mit Lichtgeschwindigkeit und haben den Impuls

$$p = \frac{h}{\lambda}.$$

Mit $p = m \cdot c$ folgt für die Masse der Photonen:

$$m = \frac{h}{\lambda \cdot c} \quad \text{bzw. mit der Frequenz} \quad m = \frac{h \cdot f}{c^2}.$$

Röntgenstrahlung

Röntgenstrahlung gehört zu den elektromagnetischen Wellen (→ S. 90 ff.). Elektromagnetische Wellen entstehen, wenn elektrische Ladung beschleunigt oder abgebremst wird. Treffen sehr schnelle Elektronen (große kinetische Energie) auf eine Metalloberfläche, so werden sie abgebremst. Dabei entsteht eine elektromagnetische Strahlung mit hoher Frequenz, die **Röntgenstrahlung**. Die dabei erzeugte Röntgenstrahlung tritt in Energiequanten, d. h. Photonen der Energie $h \cdot f$ auf.

Elektronen, die auf eine Metalloberfläche treffen, werden abgebremst. Dabei entsteht elektromagnetische Strahlung, Röntgenstrahlung. Die Wellenlänge der Röntgenstrahlung wird mittels der Bragg-Bedingung bestimmt.

Die folgende Abbildung zeigt eine Röntgenröhre zur Erzeugung von Röntgenstrahlen und einen Versuchsaufbau zur Bestimmung der Wellenlänge der Röntgenstrahlen:

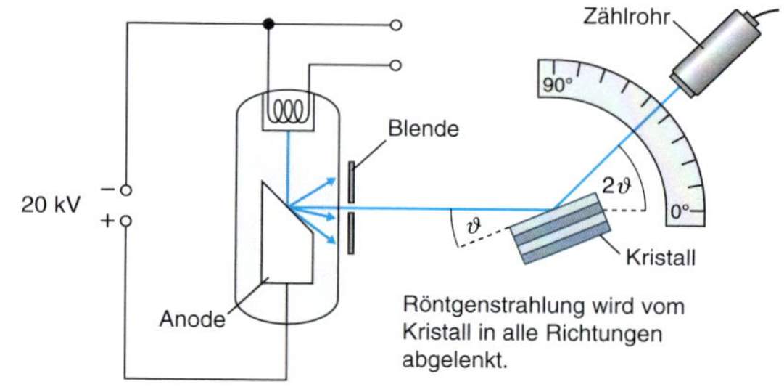

Treffen die Röntgenstrahlen auf einen Drehkristall, so entsteht ein Muster, wie es von der Beugung von Elektronen an Graphit bekannt ist. Kennt man den Netzebenenabstand des Kristalls, so kann mittels der Bragg-Bedingung $2a \cdot \sin\delta = k \cdot \lambda$, mit $k = 1, 2, 3, \ldots$. die Wellenlänge bestimmt werden.
Aus diesem Versuch kann geschlossen werden, dass Röntgenstrahlung Interferenz zeigt.

Misst man mittels dieser Drehkristallmethode die Zählrate in Abhängigkeit von der Wellenlänge bei unterschiedlichen Beschleunigungsspannungen, so ergibt sich folgendes Diagramm:

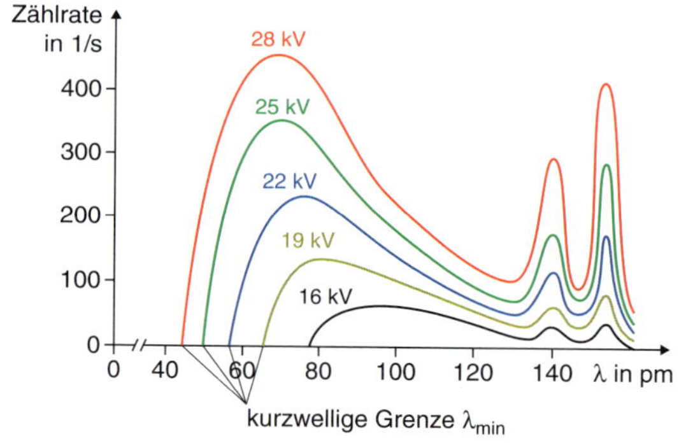

Man erhält ein kontinuierliches Energiespektrum, das bei kurzen Wellenlängen abrupt abbricht. Je größer die Beschleunigungsspannung, umso kleiner ist die Wellenlänge, bei der das Spektrum abbricht.

Dieses kontinuierliche Spektrum entsteht durch die Abbremsung der Elektronen. Man nennt es deshalb auch **Bremsspektrum**. Zusätzlich beobachtet man jedoch auch ein Linienspektrum, auch **charakteristisches Spektrum** genannt. Es entsteht, da einige Elektronen eine so hohe kinetische Energie besitzen, dass sie bis in die Nähe des Atomkerns des Anodenmaterials vordringen können und Elektronen aus der K-Schale herauslösen. In diese nun freien Löcher rücken schwach gebundene Elektronen aus der L-, M-, …-Schale nach (Rekombination), dabei wird Energie in Form von Licht frei. Die materialabhängigen Linien im Spektrum heißen K_α-, K_β-Linien. Im Spektrum sind dies die beiden scharfen Maxima. Bei sinkender Beschleunigungsspannung verschwinden diese Linien, da dann die Energie der Elektronen nicht mehr ausreicht.

Der Comptoneffekt

Treffen die Photonen der Röntgenstrahlung auf die freien bzw. lose gebundenen Elektronen von Kohlenstoff, so werden die Photonen an den Elektronen gestreut. Außer der gestreuten Strahlung, die die gleiche Wellenlänge und Frequenz wie die einfallende Strahlung hat, existiert ein weiterer Anteil, dessen Wellenlänge größer ist. Der Unterschied zwischen den Wellenlängen dieser beiden Strahlungsanteile nimmt mit dem Streuwinkel zu.

Photonen, die auf schwach gebundene oder freie Elektronen treffen, werden an diesen gestreut. Nach der Streuung existieren zwei Strahlungsanteile. Der eine Strahlungsanteil hat die gleiche Wellenlänge, wie die einfallenden Photonen, der andere hat eine größere Wellenlänge. Der Wellenlängenunterschied hängt vom Streuwinkel ab. Man kann diesen Versuch mit den Gesetzen des elastischen Stoßes genauer untersuchen.

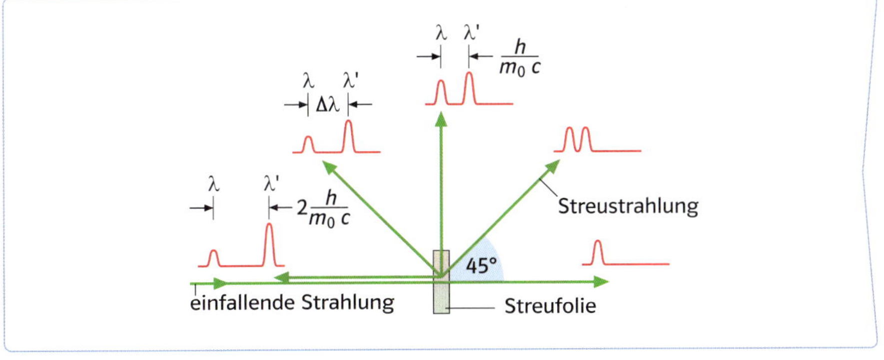

Zur experimentellen Bestimmung der Wellenlänge benutzt man die Bragg'sche Drehkristallmethode und die Bragg-Bedingung. Folgende Abbildung zeigt den entsprechenden Versuchsaufbau:

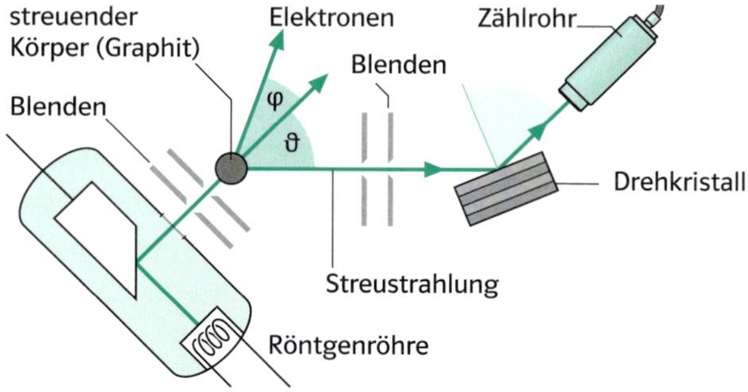

Theoretisch bestimmt man die Wellenlänge mithilfe des elastischen Stoßes (→ S. 18). Dabei trifft ein Photon auf ein zunächst ruhendes Elektron. Das Photon gibt dabei einen Teil seiner Energie und seines Impulses an das Elektron ab.

Hinweis:
Aufgrund der hohen Geschwindigkeit muss man relativistische Effekte mit einbeziehen.

Nach dem Energieerhaltungssatz gilt:

$$E_v + E_{e,v} = E_n + E_{e,n} \quad \text{bzw.} \quad h \cdot f + m_{0,e} \cdot c^2 = h \cdot f + E_{e,n}.$$

Nach dem Impulserhaltungssatz gilt:

$$p_v = p_n + p_{e,n}.$$

Aus der Abbildung folgt nach dem Cosinussatz:

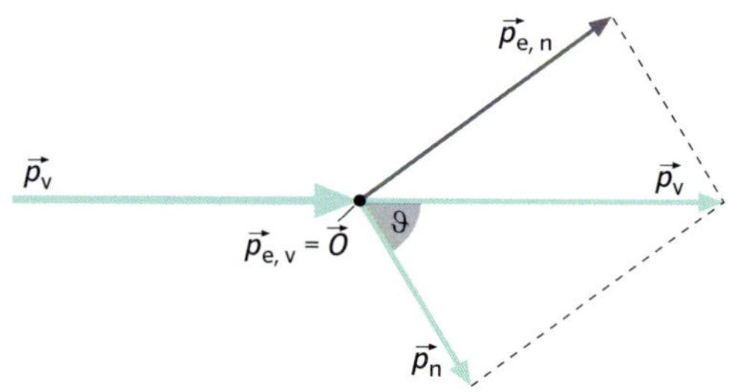

$$p_{e,n}^2 = p_v^2 + p_n^2 - 2\, p_n\, p_v \cos\vartheta$$

Aus diesen Beziehungen ergibt sich für den Wellenlängenunterschied die Streuformel:

$$\Delta\lambda = h \cdot \frac{1 - \cos\vartheta}{m_{0,e} \cdot c}.$$

Photonen am Doppelspalt

Werden zwei dicht beieinanderliegende Spalte, deren Breite in der Wellenlänge des Laserlichtes liegt, mit Laserlicht beleuchtet, so entsteht ein Interferenzmuster (→ S. 94), wie es von Wasserwellen her bekannt ist. Damit zeigt man die Welleneigenschaften des Lichtes.

Lässt man viele Photonen auf einen Doppelspalt treffen, so entsteht ein Interferenzmuster. Betrachtet man hingegen einzelne Photonen, so sieht man hinter dem Doppelspalt einzelne unregelmäßig verteilte Punkte. Man kann nicht vorhersagen, wo das einzelne Photon auftreffen wird. Man kann nur eine Wahrscheinlichkeitsaussage machen.

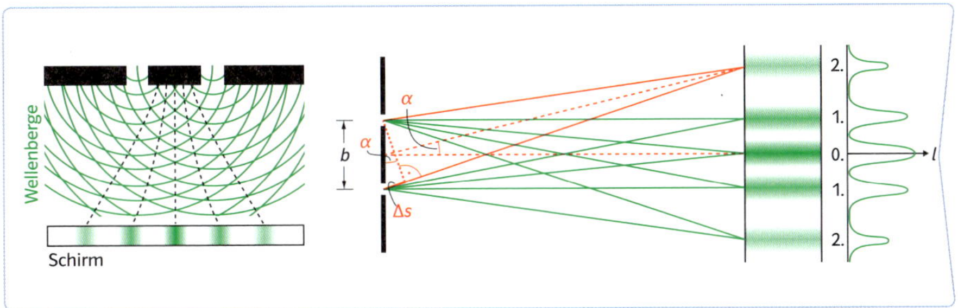

Führt man dieses Experiment mit einzelnen Photonen durch, so beobachtet man hinter dem Spalt unregelmäßig verteilte Punkte. Erst bei sehr vielen Photonen, d.h. langer Belichtungszeit und niedriger Intensität oder hoher Intensität und kurzer Belichtungszeit, wird ein Interferenzmuster erkennbar.

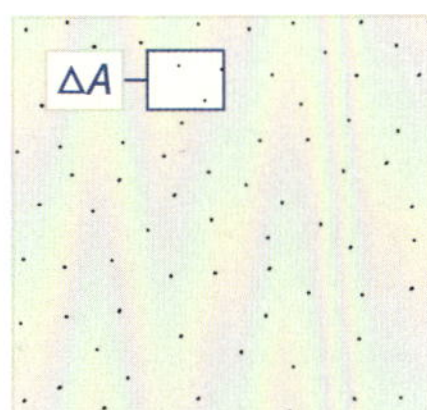

Bei sehr wenigen Photonen kann man nicht vorhersagen, an welchen Stellen das Photon registriert wird. Erst bei längerer Versuchszeit kann man eine Wahrscheinlichkeitsaussage machen, wo das Photon voraussichtlich registriert wird.

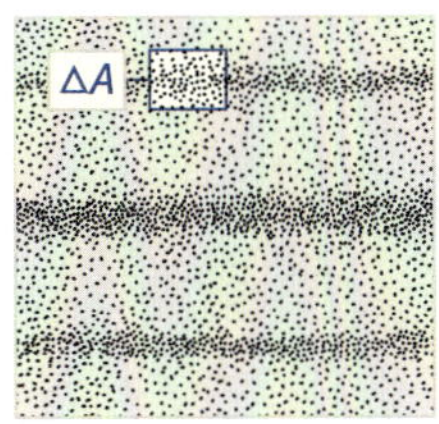

An diesem Experiment erkennt man, dass Beugung und Interferenz nicht durch die Wechselwirkung einzelner Photonen zustande kommt.
Das Verhalten eines Photons lässt sich nicht nur mit dem Wellenmodell oder dem Teilchenmodell beschreiben. Man muss beide Modelle zu Hilfe nehmen.
Im Wellenmodell lässt sich die Intensitätsverteilung berechnen, während das Photonenmodell die Wahrscheinlichkeit beschreibt, mit der ein Photon registriert wird.

Heisenberg'sche Unschärferelation

1927 veröffentlichte Heisenberg seine **Unschärferelation**, für die er 1936 den Nobelpreis erhielt:

Es ist nicht möglich, den Ort x und Impuls p eines Teilchens gleichzeitig genau zu bestimmen. Es liegt stets eine Unschärfe vor, für die gilt:

$$\Delta x \cdot \Delta p_x \geqq \frac{h}{4\pi},$$

wobei Δx die Unschärfe des Ortes, Δp_x die gleichzeitige Unschärfe des Impulses und h das Planck'sche Wirkungsquantum ist.

Die Heisenberg'sche Unschärferelation besagt, dass man für Quantenobjekte den Ort und den Impuls eines Teilchens nicht gleichzeitig scharf messen kann.
Je größer die Ortsunschärfe, umso kleiner die Impulsunschärfe und umgekehrt.

Der Ort eines Photons oder Elektrons lässt sich mithilfe eines Spaltes der Breite Δx bestimmen:
Ist der Spalt breit, also die Ortsunschärfe groß, so ist die Impulsunschärfe gering. Das Beugungsmuster ist schmal. Ist der Spalt schmal, also die Ortsunschärfe gering, so ist die Impulsschärfe groß. Das Beugungsmuster ist breit.

Einfache Herleitung der Unschärferelation:
Bevor die Elektronen oder Photonen auf den Spalt treffen, haben diese den Impuls p. Durch das Auftreffen auf den Spalt weitet sich das Parallelbündel auf. Je größer der Spalt, umso geringer ist die Aufweitung. Durch die Aufweitung erhalten die Elektronen oder Photonen einen Querimpuls, für den folgende Abschätzung gemacht werden kann:
Die meisten der Elektronen oder Photonen gelangen in den Bereich des Hauptmaximums, d. h. ihre Impulse werden in den Winkelbereich $-\alpha$ bis $+\alpha$ gestreut.

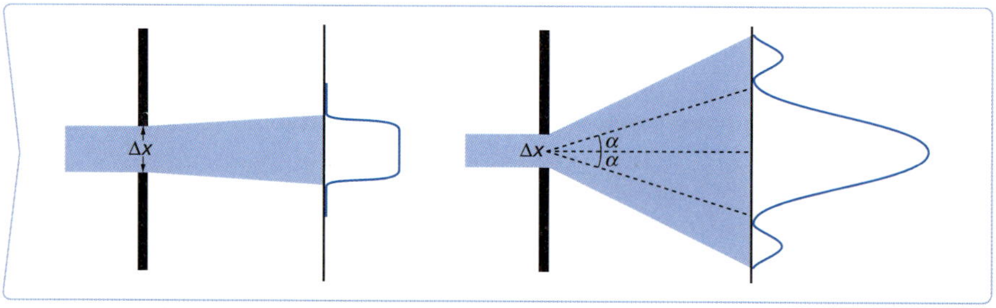

Für das 1.Minimum am Einzelspalt gilt:

$$\sin \alpha_1 = \frac{\lambda}{\Delta x}.$$

Nach folgender Skizze gilt für den Zusammenhang zwischen ursprünglichem Impuls und Querimpuls:

$$\tan \alpha_1 = \frac{\Delta p_x}{p_y}.$$

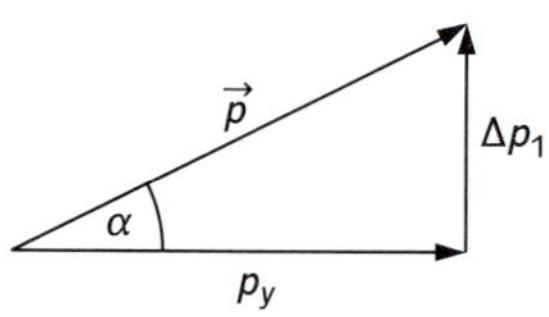

Für kleine Winkel gilt: $\sin \alpha = \tan \alpha$.
Damit folgt:

$$\frac{\lambda}{\Delta x} = \frac{\Delta p_x}{p_y}.$$

Setzt man die De-Broglie-Wellenlänge ein, so ergibt sich:

$$\frac{h}{\Delta x \cdot p_y} \approx \frac{\Delta p_x}{p_y} \quad \text{bzw.} \quad \Delta x \cdot \Delta p_x \approx h.$$

Da es sich hierbei nur um eine einfache Herleitung handelt, ergibt sich nicht die Formel von Heisenberg. Dennoch kann man der Beziehung entnehmen, dass das Produkt aus Ort und Impuls nicht beliebig klein werden kann.

In der klassischen Mechanik kann die Bewegung eines Körpers durch eine Bahnkurve beschrieben werden. Diese Beschreibung gelingt nur, wenn man den Ort und den Impuls gleichzeitig exakt messen kann. Nach der Heisenberg'schen

Unschärferelation ist dies für Quantenobjekte unmöglich. Die Angabe einer Bahnkurve für Quantenobjekte ist nicht möglich.

Die Auswirkungen der Unschärferelation auf die Makrophysik sind so gering, dass man sie nicht beobachten kann.

Interferometer

Damit Interferenz entsteht, müssen sich mindestens zwei Wellen überlagern. Dabei ist der Gangunterschied entscheidend.
Im Mach-Zehnder-Interferometer gelangen Photonen über zwei Wege A bzw. B in zwei Detektoren D_1 und D_2. Da die Photonen aus der gleichen Quelle stammen, werden sie durch halbdurchlässige Spiegel S_1 und S_4 und ideale Spiegel S_2 und S_3 auf diese Wege gebracht.

Ein Interferometer ist ein Strahlteiler, mit dem man verschiedene Eigenschaften von Quantenobjekten bestimmen kann.
- Quantenobjekte sind unteilbar.
- Unterscheidbarkeit und Interferenz schließen sich aus.
- Quantenobjekten im Interferometer kann kein Weg zugeschrieben werden.

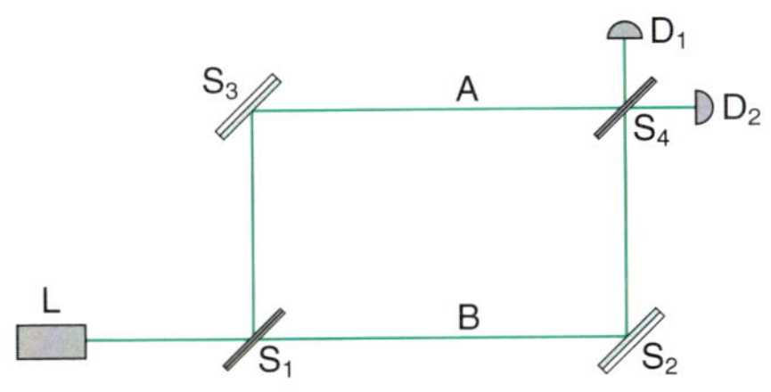

Der Gangunterschied entsteht durch die Phasensprünge an den Spiegeln. Bei halbdurchlässigen Spiegeln beträgt er $\frac{\pi}{2}$, bei den idealen Spiegeln π.
Somit ergeben sich folgende Gangunterschiede:

Lichtweg	Phasensprünge	Phasendifferenz
$L - S_1 - S_3 - S_4 - D_1$	$\frac{\pi}{2} + \pi + \frac{\pi}{2} = 2\pi$	π
$L - S_1 - S_2 - S_4 - D_1$	π	
$L - S_1 - S_3 - S_4 - D_2$	$\frac{\pi}{2} + \pi = \frac{3}{2}\pi$	0
$L - S_1 - S_2 - S_4 - D_2$	$\pi + \frac{\pi}{2} = \frac{3}{2}\pi$	

Der Detektor D_1 spricht nicht an, da ein Phasensprung von π Auslöschung ergibt, während bei D_2 Photonen registriert werden.

Mit diesem Versuch kann nicht nachgewiesen werden, auf welchem Weg die Photonen den Detektor erreichen.

Stellt man in die beiden Wege je einen Polarisationsfilter, wobei die beiden Polarisationsfilter genau senkrecht zueinander stehen, so kann man feststellen,

welchen Weg die Photonen genommen haben. Nun verschwindet das Interferenzmuster.
Stehen die beiden Polarisationsfilter parallel zueinander, dann sieht man wieder das Interferenzmuster, da man nun nicht mehr unterscheiden kann, welchen Weg die Photonen genommen haben.
Aus diesem Experiment kann man folgern:
Unterscheidbarkeit und Interferenz schließen sich bei Quantenobjekten aus.

Um zu untersuchen, ob sich Photonen im Interferometer teilen, stellt man in den Weg A und den Weg B jeweils einen Photonendetektor. Diese Detektoren sind so eingestellt, dass sie niemals gleichzeitig ansprechen. Ein Detektor kann immer nur ein ganzes Photon der Energie $h \cdot f$ registrieren.
Es zeigt sich im Experiment, dass es nicht möglich ist, dass sich die Photonen im Interferometer teilen und sich halbe Photonen zu einem Interferenzmuster überlagern. **Photonen bzw. Quantenobjekte sind nicht teilbar**. Außerdem kann man Photonen keinen Weg zuschreiben.

Zustandsfunktion

Mit den anschaulichen Vorstellungen von Teilchen und Wellen kann man Quantenobjekte nicht erfassen. Erwin Schrödinger hat deshalb eine mathematische Beschreibung entwickelt. Er formulierte analog zur Wellengleichung eine Differenzialgleichung, deren Lösungen Zustandsfunktionen für nichtrelativistische Quantenobjekte sind. Diese Zustandsfunktionen $\Psi(x,t)$ sind Funktionen, die vom Ort und der Zeit abhängen. Ihre Funktionswerte sind keine Messwerte, sondern liefern Aussagen über das wahrscheinliche Verhalten der Quantenobjekte.
Es gilt:
$\Psi^2(x,t) \cdot \Delta x$ ist die Wahrscheinlichkeit ein Quantenobjekt im Bereich um den Ort x_0 zu registrieren.

Durch Zustandsfunktionen werden Quantenobjekte mathematisch erfasst. Bei Zustandsfunktionen handelt es sich um Lösungen von Differenzialgleichungen. Die Funktionswerte von Zustandsgleichungen sind keine Messwerte, sondern statistische Aussagen.

Für Quantenobjekte in einem eindimensionale Potenzialtopf (→ S. 126) lautet die Gleichung:

$$\Psi''(x) + \frac{8\pi^2 m}{h^2} \cdot \left(E - E_{pot}(x)\right) \cdot \Psi(x) = 0$$

E ist die Gesamtenergie des Quantenobjektes und $E_{pot}(x)$ die potenzielle Energie in Abhängigkeit des Ortes x.

Ist die potenzielle Energie konstant, dann vereinfachen sich die Lösungen.
Für $E > E_{pot}$ hat die **Schrödinger-Gleichung** dieselbe Form wie die der harmonischen Schwingung. Lösungen sind Sinusfunktionen.

$$\Psi(x) = A \cdot \sin(Bx + C) \quad \text{mit} \quad B = \frac{2\pi}{h} \cdot \sqrt{2m \cdot (E - E_{pot})}.$$

Für $E < E_{pot}$ sind Exponentialfunktionen Lösungen der Differenzialgleichung. Durch Einsetzen erhält man:

$$\Psi(x) = D \cdot e^{-kx} \quad \text{mit} \quad k = \frac{2\pi}{h} \cdot \sqrt{2m \cdot (E_{pot} - E)}\,.$$

Es existieren also auch Lösungen für einen Bereich in dem sich nach klassischer Vorstellung wegen zu kleiner Gesamtenergie ein Quantenobjekt nicht aufhalten kann.
Im Beispiel ist die potenzielle Energie abschnittsweise konstant. Die Gesamtenergie E eines Elektrons sei größer als E_1 aber kleiner als E_2.

Man berechnet nun für jeden Abschnitt Lösungen der Schrödinger-Gleichung, die an den Übergangsstellen „ohne Knick" zusammengefügt werden. D. h. es müssen folgende Anschlussbedingungen erfüllt sein

$$\Psi_1(a) = \Psi_2(a) \quad \text{und} \quad \Psi'_1(a) = \Psi'_2(a)\,.$$

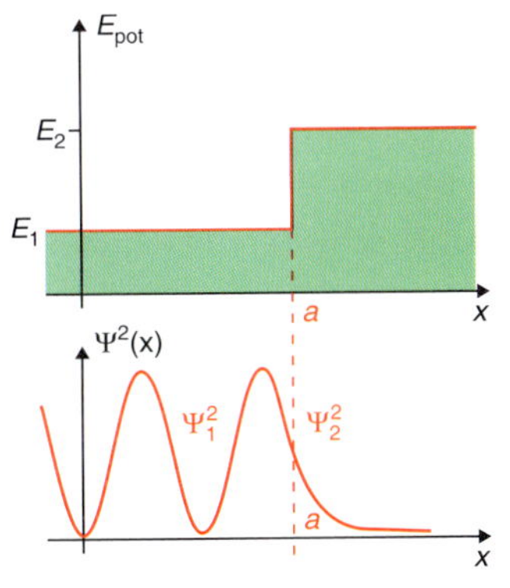

Für qualitative Überlegungen genügt das folgende Vorgehen:

- Ist $E - E_{pot}$ positiv, dann befindet sich das Quantenobjekt in einem klassisch erlaubten Bereich. Die Zustandsfunktionen sind Sinusfunktionen.
- Ist $E - E_{pot}$ negativ, dann befindet sich das Quantenobjekt in einem klassisch verbotenen Bereich. Es gibt trotzdem eine geringe Aufenthaltswahrscheinlichkeit. Die Zustandsfunktionen sind Exponentialfunktionen, die gegen Null streben, je weiter man in diesen Bereich eindringt.
- Die Funktionen werden ohne Knick (differenzierbar) zusammengefügt.

MAX PLANCK (1858 – 1947)

- Max Planck wird am 23.04.1858 in Kiel geboren.
- In Kiel besucht er die protestantische Gelehrtenschule. Dort und im Elternhaus wird sein absolutes Gehör gefördert.
- Ab 1874 studiert er in München Physik, wo er 1879 promoviert.
- 1880 wird er nach seiner Habilitation „Über Gleichgewichtszustände isotroper Körper in verschiedenen Temperaturen" Privatdozent in München.
- 1885 wird er Professor für mathematische Physik an der Universität in Kiel.
- 1887 heiratet er Marie Merck. Mit ihr hat er vier Kinder.
- 1889 – 1926 ist er Professor für theoretische Physik an der Universität in Berlin.
- 1899 postuliert er das Planck'sche Wirkungsquantum.
- 1900 entwickelt er das Planck'sche Strahlungsgesetz.
  Planck begründet die Quantentheorie. Erst mit weitergehenden Deutungen von Albert Einstein und dem Bohr'schen Atommodell gelingt der Planck'schen Quantentheorie zehn Jahre später der Durchbruch.
- 1905 – 1909 sowie 1915 und 1916 ist er Vorsitzender der Deutschen Physikalischen Gesellschaft.
- 1911 heiratet Max Planck erneut, da seine Frau Marie einem Lungenleiden erlag.
- 1918 erhält er den Nobelpreis für Physik für die Begründung der Quantentheorie.
- 1926 emeritiert Max Planck, sein Nachfolger wird Erwin Schrödinger.
- Im Juni 1929 stiftet die Deutsche Physikalische Gesellschaft aus Anlass seines Goldenen Doktorjubiläums die Max-Planck-Medaille, deren erste Preisträger Planck und Einstein sind.
- 1930 – 1937 ist er Präsident der Kaiser-Wilhelm-Gesellschaft zur Förderung der Wissenschaften.
- 1933 warnt er Hitler in einem persönlichen Gespräch vor den verheerenden Folgen der Entlassung von jüdischen Wissenschaftlern. Er selbst bemüht sich, die Entlassung einzelner jüdischer Wissenschaftler durch Verzögerung zu entschärfen.
- 1945 zieht Planck nach Göttingen und wird erneut Präsident der Kaiser-Wilhelm-Gesellschaft.
- Am 4.10.1947 stirbt Max Planck in Göttingen.

PORTRÄT

Wellenlänge eines Elektrons:

$$\lambda = \frac{h}{p} = \frac{h}{\sqrt{2meU}}$$

Für die **maximale kinetische Energie** der Elektronen beim Fotoeffekt gilt:

$$E_{\text{kin,max}} = h \cdot f - h \cdot f_{\text{Grenz}}$$

Auslösearbeit:

$$W_{\text{a}} = h \cdot f_{\text{Grenz}}$$

Impuls von Photonen:

$$p = \frac{h}{\lambda}$$

Masse von Photonen:

$$m = \frac{h \cdot f}{c^2}$$

Für den **Wellenlängenunterschied beim Comptoneffekt** gilt:

$$\Delta\lambda = h \cdot \frac{1 - \cos\vartheta}{m_{0,\text{e}} \cdot c}$$

Heisenberg'sche Unschärferelation:

$$\Delta x \cdot \Delta p_{\text{x}} \geqq \frac{h}{4\pi}$$

Differenzialgleichung für Quantenobjekte am **eindimensionalen Potenzialtopf:**

$$\Psi''(x) + \frac{8\pi^2 m}{h^2} \cdot (E - E_{\text{pot}}(x)) \cdot \Psi(x) = 0$$

Lösung für

$E > E_{\text{pot}}$: $\Psi(x) = A \cdot \sin(Bx + C)$ mit $B = \frac{2\pi}{h} \cdot \sqrt{2m \cdot (E - E_{\text{pot}})}$

$E < E_{\text{pot}}$: $\Psi(x) = D \cdot e^{-kx}$ mit $k = \frac{2\pi}{h} \cdot \sqrt{2m \cdot (E_{\text{pot}} - E)}$

AUF EINEN BLICK

Atommodelle

Daltons Atommodell aus dem 19. Jh. baut auf dem antiken Modell von Leukipp und Demokrit auf.
Dalton stellte Hypothesen über den Atomaufbau auf, wie z. B., dass Materie aus Atomen besteht. Leitungsvorgänge in Atomen konnte er jedoch nicht erklären. Dies gelang erst J. J. Thomson.
Das **Modell von Thomson** wurde von E. Rutherford und schließlich von N. Bohr weiter entwickelt.

Bohr'sches Atommodell

Nach dem Bohr'schen Atommodell dürfen sich Elektronen nur auf bestimmten Bahnen bewegen. Auf dieser Bahn hat das Elektron eine bestimmte Energie. Es kann zwischen den Bahnen wechseln.
Wechselt das Elektron von einer energetisch höheren Bahn auf eine energetisch tiefere Bahn, so wird dabei ein Photon frei.

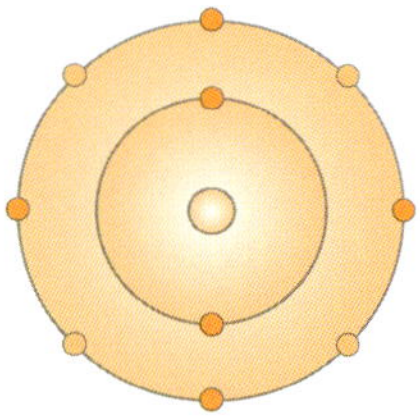

Mithilfe dieses Modells lässt sich das **Wasserstoffatom** beschreiben.

Wasserstoffatom

Das Wasserstoffatom besteht aus einem einfach positiv geladenen Kern und einem Elektron.

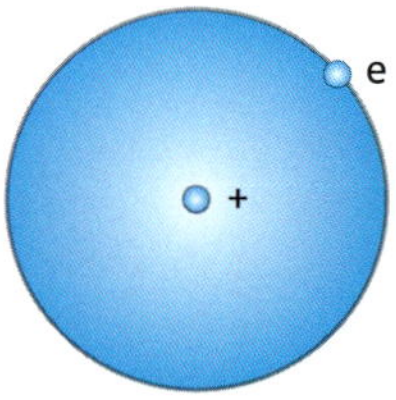

Wechselt ein Elektron zwischen den Bahnen im Wasserstoffatom, so entstehen dabei folgende **Spektralserien**:

Lymann-Serie:	$n > 1$ auf $n = 1$	(ultraviolett)
Balmer-Serie:	$n > 2$ auf $n = 2$	(z. T. sichtbar)
Paschen-Serie:	$n > 3$ auf $n = 3$	(infrarot)
Brackett-Serie:	$n > 4$ auf $n = 4$	(infrarot)
Pfund-Serie:	$n > 5$ auf $n = 5$	(infrarot)

Potenzialtopf

Das Bohr'sche Atommodell erklärt das Verhalten der Atome nicht eindeutig. Erst durch die **Schrödinger-Gleichung** ist man in der Lage Quantensysteme vollständig zu beschreiben.
Ein einfaches Modell ist der **eindimensionale Potenzialtopf**:
Nähert sich ein Neutron dem Atomkern, so gibt es seine Bindungsenergie ab und hat im Atomkern eine negative potenzielle Energie. Es fällt in einen sogenannten Potenzialtopf. Es kann den Atomkern nur dann verlassen, wenn ihm genügend Energie von außen zugeführt wird, so dass es den Rand des Topfes überwinden kann.

Laser

Ein Laser sendet **paralleles**, **kohärentes**, **monochromatisches Licht** aus.
In einem Glasgefäß befindet sich ein laseraktives Material, z. B. ein Gasgemisch. An den beiden Enden befindet sich je ein Spiegel. Eine Gasentladungslampe führt dazu, dass das Gasgemisch leuchtet. Dieses Licht wird nun zwischen den Spiegeln reflektiert und dabei verstärkt. Da der Spiegel auf der einen Seite halbdurchlässig ist, kann ein Teil des Laserlichtes den Laser verlassen.

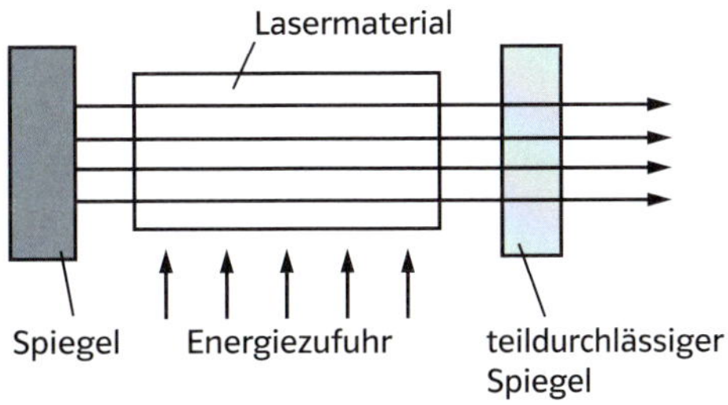

Atome mit mehreren Elektronen

Den Aufbau der Atome des Periodensystems kann man mithilfe zweier Regeln erklären:

- Elektronen eines Atoms unterscheiden sich in mindestens einer **Quantenzahl** (Pauli-Prinzip).
- Elektronen besetzen beim Aufbau der Atomhülle immer das niedrigste noch freie **Energieniveau**.

Halbleiter

Halbleiter sind Stoffe, die bei hohen Temperaturen Strom gut leiten und bei tiefen Temperaturen schlecht.
In einem reinen Halbleiter kommt der elektrische Strom durch die gerichtete Bewegung der **Leitungselektronen** (Elektronenstrom, n-Leitung) und die scheinbare, entgegengesetzt gerichtete Bewegung der Löcher (Löcherstrom, p-Leitung) zustande.
Zur Erklärung dieses Vorgangs benutzt man das **Bändermodell**. Dabei ist das oberste mit Elektronen Band das **Valenzband** und das nächste darüber liegende Band das **Leitungsband**.

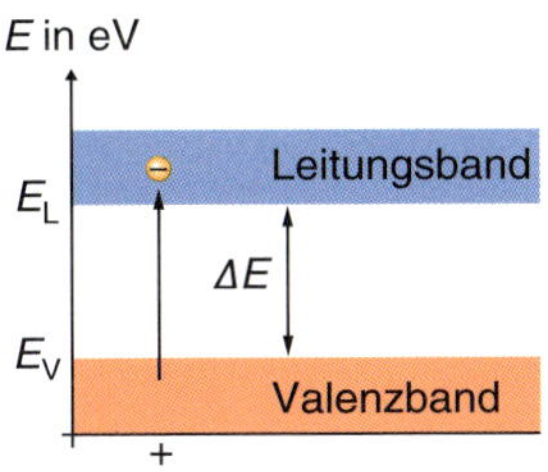

Dotierung

Da die Eigenleitung von Halbleitern gering ist, erhöht man die Leitfähigkeit durch Dotierung.

Man unterscheidet n-dotierte und p-dotierte Halbleiter.

- **n-Dotierung**:
  Ein n-Halbleiter entsteht durch Dotieren eines Halbleiterkristalls aus Silizium mit 5-wertigen Atomen (z. B. Arsen). Das fünfte Valenzelektron des Arsen wird zu einem Leitungselektron, das ortsfeste Arsenatom zu einem positiven Ion.
- **p-Dotierung**:
  Ein p-Halbleiter entsteht durch Dotierung mit einem 3-wertigen Atom (z. B. Gallium). Das Gallium entreißt dem Silizium ein Elektron, so dass ein Loch entsteht.

9 Atomphysik

- Bereits in der Antike macht man sich über den Aufbau der Materie Gedanken. Man stellte sich vor, dass Materie aus kleinsten unteilbaren Teilchen besteht. Diese Vorstellung hatte bis ins 19. Jh. Bestand. Ab diesem Zeitpunkt wurden durch neue Entdeckungen die Modelle zum Aufbau der Materie weiter an die Experimente angepasst.
- Ein sehr bekanntes Modell ist das Bohr'sche Atommodell. Er postulierte, dass die Elektronen sich auf Kreisbahnen um den Atomkern bewegen und dass Energie immer in gequantelter Form abgegeben wird.
- Durch das Bohr'sche Atommodell lassen sich die Spektrallinien des Wasserstoffes genau beschreiben.
- Dennoch hat das Bohr'sche Atommodell seine Grenzen, nämlich dann, wenn mehr als ein Elektron sich um den Kern bewegt. Erst durch die Schrödinger-Gleichung kann man Quantensysteme genau und vollständig beschreiben. Ein einfaches Modell dafür ist der eindimensionale Potenzialtopf.
- Zerlegt man Röntgenstrahlung spektral, so ist ein kontinuierliches Spektrum zu erkennen, das von einem Linienspektrum überlagert ist. Dieses Linienspektrum entsteht, da ein Lichtquant emittiert wird. Die Energie dieses Lichtquants berechnet sich nach dem Moseley'schen Gesetz.
- Laser werden dann eingesetzt, wenn man parallele, kohärente und monochromatische Lichtstrahlen braucht. Für einen Laser kann man verschiedene laseraktive Materialien verwenden. Ein bekanntes laseraktives Material ist Helium-Neon-Gas.
- Halbleiter sind Materialien, die bei tiefen Temperaturen schlecht leiten und bei hohen Temperaturen sehr gut. Ihre Funktionsweise lässt sich durch ihren atomaren Aufbau erklären.
- Um die Leitfähigkeit von Halbleitern zu optimieren, werden diese gezielt verunreinigt. Halbleiter werden in Dioden und Transistoren eingesetzt.

Atommodelle

Bereits in der Antike (5. Jh. v. Chr.) entwickelten Leukipp und Demokrit eine Vorstellung vom Aufbau der Materie. Sie besteht demnach aus kleinsten nicht teilbaren Teilchen. Damit konnte Dalton im 19. Jahrhundert die Erhaltung der Masse und die Konstanz der Massenverhältnisse bei chemischen Reaktionen deuten.

Daltons Hypothesen waren:

- Materie besteht aus kleinsten kugelförmigen Teilchen oder Atomen.
- Atome sind unteilbar und können weder geschaffen noch zerstört werden.

- Alle Atome eines chemischen Elements sind untereinander gleich. Atome unterscheiden sich nur in ihrer Masse.
- Atome können chemische Bindungen eingehen und aus diesen auch wieder gelöst werden.
- Einheitliche Körper bestehen aus der gleichen abzählbaren Anzahl von Atomen oder Molekülen. Dabei enthält ein Körper mit der Stoffmenge $n = 1\,\text{mol}$ so viele Teilchen, wie 12 g Kohlenstoff der Sorte $^{12}_{6}C$ Atome enthält, nämlich $6{,}0220 \cdot 10^{23}$ Teilchen. Dieser Wert heißt **Avogadro'sche Konstante**.

Die Masse von Atomen liegt zwischen $10^{-27}\,\text{kg}$ und $10^{-24}\,\text{kg}$. Sie wird in der Einheit u angegeben, wobei $1\,u = 1{,}6605402 \cdot 10^{-27}\,\text{kg}$ beträgt.
Der Radius von Atomen liegt in der Größenordnung von $10^{-10}\,\text{m}$.

Die Vorstellung, dass es sich bei Atomen um kleinste unteilbare Teilchen handelt, hatte man bereits in der Antike.

Dalton konnte mit seinem Atommodell elektrische Leitungsvorgänge in Atomen nicht erklären.

Anfang des 19. Jh. wurde das Atom bzw. der Aufbau der Materie unter chemischen Gesichtspunkten betrachtet.

Dies gelang erst Mitte des 19. Jahrhunderts **J. J. Thomson**. Er ließ elektrisch geladene Teilchen durch elektrische und magnetische Felder laufen. Dabei entdeckte er positiv geladene Ionen und negativ geladene Elektronen.
Nach Thomson besteht ein Atom aus gleichviel positiv wie negativ geladenen Teilchen. Dabei ist das Atom eine kompakte Kugel, in der die positiv geladenen Teilchen gleichmäßig verteilt sind. Die Elektronen sollten nach diesem Modell wie Rosinen in einem Kuchen verteilt sein.

Mitte des 19. Jhr. wurde das Atommodell erweitert, so dass auch elektrische Leitungsvorgänge erklärt werden konnten. Dies gelang J. J. Thomson mit seinem Rosinenkuchenmodell.

Weitere genauere Kenntnisse über Atome lieferten Streuversuche von **Rutherford**. Dieser schoss im Labor Alphateilchen auf eine dünne Goldfolie.
Die Abbildung rechts zeigt einen solchen Versuchsaufbau.

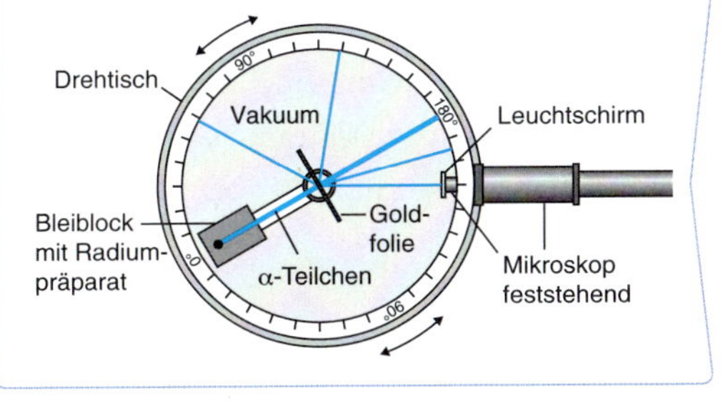

Rutherford vertiefte die Kenntnisse über Atome durch Streuversuche und entwickelte das sog. Kern-Hülle-Modell.

Die Alphateilchen werden vom Radium ausgesandt und treffen auf die Goldfolie. Auf einem Leuchtschirm werden sie als Lichtblitze sichtbar.
Nach dem Thomson'schen Atommodell sollten die Alphateilchen aufgrund ihrer hohen kinetischen Energie die Goldfolie ohne Ablenkung durchdringen. Rutherford beobachtete jedoch, dass einige der Alphateilchen abgelenkt und sogar zurückgestreut wurden.

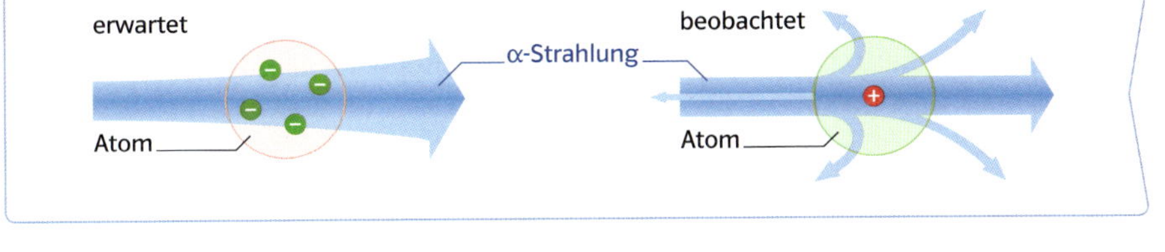

Aus diesen Ergebnissen entwickelte Rutherford das sog. **Kern-Hülle-Modell**:

- Nahezu die gesamte Masse des Atoms sitzt im Atomkern. Der Atomkerndurchmesser beträgt ungefähr 10^{-14} m, der Durchmesser des Atoms ungefähr 10^{-10} m.
- Die gesamte positive Ladung sitzt im Atomkern.
- Die negativen Ladungen befinden sich in der Atomhülle.

Das Rutherford'sche Atommodell wies folgende Probleme auf:

- Für ein im elektrischen Feld kreisendes Elektron sind alle Kreisradien möglich. Ein fester Atomdurchmesser ist nicht erklärbar.
- Elektronen, die sich auf einer Kreisbahn befinden, strahlen Energie ab. Sie müssten in den Kern stürzen.
- Absorptions- und Emissionsspektren sind nicht erklärbar.

Das Bohr'sche Atommodell

Auch das Rutherford'sche Atommodell konnte nicht alle Eigenschaften der Materie erklären.
Bohr erweiterte das Modell durch zwei Postulate:

- Elektronen kreisen um den Atomkern.
- Gehen Elektronen von einer Bahn auf eine andere Bahn über, so wird die Energie in Form von Quanten abgegeben oder aufgenommen.

1913 entwickelte Bohr das Rutherford'sche Atommodell weiter. Er konnte mit seinem Modell die Energieniveaus des Wasserstoffs richtig beschreiben.

Bohr'sche Postulate:

1. Elektronen mit der Masse m_e kreisen mit der Geschwindigkeit v_n im Abstand r_n strahlungsfrei um den Atomkern, wenn $2\pi \cdot m_e \cdot v_n \cdot r_n = n \cdot h$ ist. Dabei ist n eine natürliche Zahl, die sog. **Hauptquantenzahl**.
2. Gehört zu einer äußeren Bahn die Energie E_m und zu einer inneren Bahn die Energie E_n, dann wird die Energiedifferenz $\Delta E = E_m - E_n = h \cdot f$ beim Übergang von der äußeren zur inneren Bahn abgegeben. Beim umgekehrten Vorgang wird ein Photon absorbiert.

Mit diesen Postulaten können die diskreten Linien im Wasserstoffspektrum erklärt werden. Dazu berechnet man zuerst die Bahngeschwindigkeit v_n und den Bahnradius r_n.

Bahngeschwindigkeit:
Damit sich die Elektronen auf einer Kreisbahn bewegen, ist die Zentripetalkraft (→ S. 20) notwendig. Diese Zentripetalkraft ist die Coulombkraft (→ S. 32):

$$m_e \cdot \frac{v_n^2}{r_n} = \frac{1}{4\pi\varepsilon_0} \cdot \frac{e^2}{r_n^2}$$

Aufgelöst nach v_n^2 folgt:

$$v_n^2 = \frac{1}{4\pi\varepsilon_0} \cdot \frac{e^2}{m_e \cdot r_n}.$$

Setzt man nun die Bedingung aus dem 1. Bohr'schen Postulat ein, so ergibt sich für v_n:

$$v_n = \frac{e^2}{2\varepsilon_0 \cdot h} \cdot \frac{1}{n}.$$

Bahnradius:
Setzt man die Gleichung für v_n in die Formel $m_e \cdot \frac{v_n^2}{r_n} = \frac{1}{4\pi\varepsilon_0} \cdot \frac{e^2}{r_n^2}$ ein, so berechnet sich r_n zu:

$$r_n = \frac{\varepsilon_0 \cdot h^2}{\pi \cdot m_e e^2} \cdot n^2.$$

Der Gleichung für r_n kann man entnehmen, dass für das Elektron nur bestimmte Bahnen in Frage kommen. Für $n = 1$ ergibt sich der **Bohr'sche Radius**: $r_1 = 5{,}29 \cdot 10^{-11}\,m$.

Für die diskreten Energiewerte ergibt sich aus diesen Berechnungen:

$$E_{kin,n} = \frac{1}{2} m_e \cdot v_n^2 = \frac{1}{2} m_e \cdot \frac{e^4}{4\varepsilon_0^2 \cdot h^2} \cdot \frac{1}{n^2} = \frac{m_e \cdot e^4}{8\varepsilon_0^2 \cdot h^2} \cdot \frac{1}{n^2},$$

$$E_{pot,n} = -\frac{1}{4\pi\varepsilon_0} \frac{e^2}{r_n} = -\frac{1}{4\pi\varepsilon_0} \cdot \frac{e^2}{\frac{\varepsilon_0 \cdot h^2}{\pi \cdot m_e e^2} \cdot n^2} = -\frac{m_e e^4}{4\varepsilon_0^2 \cdot h^2} \cdot \frac{1}{n^2}.$$

Gesamtenergie:

$$E_n = \frac{m_e \cdot e^4}{8\varepsilon_0^2 \cdot h^2} \cdot \frac{1}{n^2} - \frac{m_e e^4}{4\varepsilon_0^2 \cdot h^2} \cdot \frac{1}{n^2} = -\frac{m_e e^4}{8\varepsilon_0^2 \cdot h^2} \cdot \frac{1}{n^2}.$$

Dieser Gleichung entnimmt man, dass das Atom diskrete Energiezustände besitzt.
Für $n = 1$ beträgt die Energie: $E_1 = -13{,}6\,\text{eV}$.

Daraus folgt für E_n: $E_n = -13{,}6 \cdot \frac{1}{n^2}\,\text{eV}$.

Die Spektrallinien des Wasserstoffatoms

Mithilfe des Bohr'schen Atommodells lässt sich das Wasserstoffatom sehr genau beschreiben. Aus den möglichen Energieniveaus $E_m - E_n = h \cdot f\,(m > n)$ berechnen sich die Frequenzen zu:

$f = f_R \cdot \left(\frac{1}{n^2} - \frac{1}{m^2}\right)$, wobei $f_R = \frac{m_e e^4}{8\varepsilon_0^2 \cdot h^3} = 3{,}2898 \cdot 10^{15}\,\text{Hz}$ die **Rydbergfrequenz** ist.

Für $n = 2$ und $m = 3, 4, 5, 6$ kann man mit der Beziehung $\lambda = \frac{c}{f}$ die Wellenlängen der sichtbaren Spektrallinien berechnen. Die Serie dieser Linien nennt man **Balmerserie**.

Für $n = 2$ und $m = 3, 4, 5, 6$ ergibt sich beim Wasserstoff die sog. Balmerserie. Sie liegt im sichtbaren Bereich. Im nicht sichtbaren Bereich liegen die Lymanserie, die Paschenserie, die Brackettserie und die Pfundserie.

Weitere nicht sichtbare Linien ergeben sich für:

- $n = 1$: **Lymanserie** (ultraviolett),
- $n = 3$: **Paschenserie** (infrarot),
- $n = 4$: **Brackettserie** (infrarot),
- $n = 5$: **Pfundserie** (infrarot).

Diskrete Zustände

1914 untersuchten James Franck und Gustav Hertz den Zusammenhang zwischen der Energie, die zur Ionisation eines Atoms notwendig ist, und dem Radius des Atoms. Dafür erhielten sie 1925 den Nobelpreis.

Aufbau des **Franck-Hertz-Versuches:**

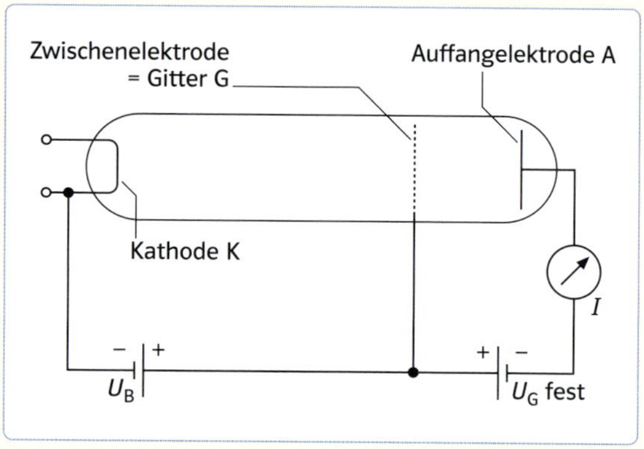

In einer mit Gas gefüllten Röhre befinden sich drei Elektroden, die Kathode K, die Auffangelektrode A und eine gitterförmige Elektrode G.

Legt man an die Kathode die Heizspannung an, so werden aus ihr Elektronen herausgelöst. Die Elektronen werden in einem elektrischen Feld zwischen Kathode und der gitterförmigen Elektrode durch die Beschleunigungsspannung U_B beschleunigt. Zwischen der gitterförmigen Elektrode und der Auffangelektrode befindet sich ein entgegengesetzt gerichtetes Feld, welches die Elektronen abbremst.

Die Gegenspannung U_G und die Heizspannung werden auf einen festen Wert eingestellt. Die Beschleunigungsspannung wird langsam erhöht. Der dabei fließende Strom wird in Abhängigkeit von der Beschleunigungsspannung gemessen. Dabei ergibt sich für eine mit Quecksilber gefüllte Röhre folgendes Diagramm:

Sobald $U_B > U_G$ ist, können die Elektronen die Gegenspannung überwinden. Die Stromstärke wächst zunächst, wie bei einer Diode, mit steigender Spannung U_B, dann aber folgen mehrere Maxima und Minima in Abständen von jeweils 4,9 V.

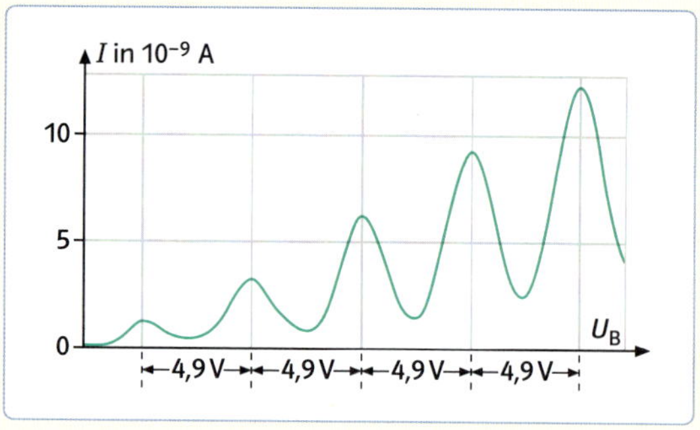

Die Abnahme der Stromstärke kann nur mit einem Energieverlust der Elektronen erklärt werden.

Bis zu einer Energie < 4,9 eV kommt es nur zu elastischen Stößen zwischen Elektronen und Quecksilberatomen, dabei ändert sich die Energie der Elektronen nicht.

Bei einer Spannung von 4,9 V besitzen die Elektronen unmittelbar vor dem Gitter G genügend Energie für einen unelastischen Stoss. Ein Elektron, das seine Energie abgegeben hat, kann die Gegenspannung nicht mehr überwinden, die Stromstärke sinkt.
Steigt die Spannung weiter, so finden unelastische Stöße in größerer Entfernung vom Gitter statt. Auf der „restlichen" Strecke werden Elektronen erneut beschleunigt und können schließlich die Gegenspannung wieder überwinden. Die Stromstärke steigt bis zum nächsten Maximum. Die Elektronen erreichen nun eine Energie von 9,8 eV und können zweimal Energie auf Quecksilberatome übertragen. Die Stromstärke sinkt erneut.

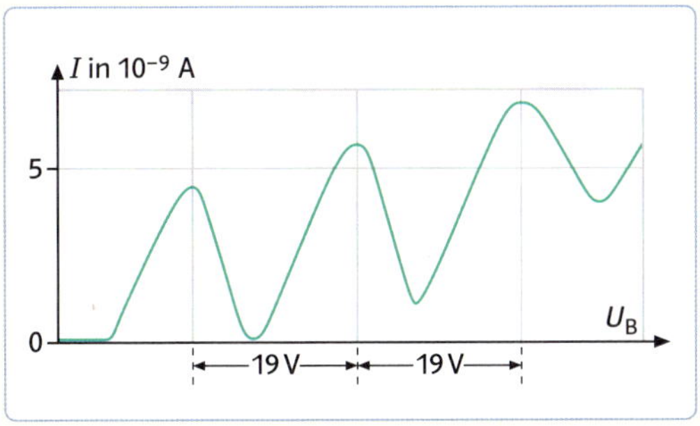

Der Franck-Hertz-Versuch kann auch mit anderen Füllgasen durchgeführt werden. Das U_B-I-Diagramm zeigt ein Versuchergebnis für Neon.
Gleichzeitig ist ein Leuchten des Gases zu beobachten. Die beschleunigten Elektronen können in diesem Versuch nur Energie in Portionen von 19 eV an die Neon-Atome abgeben.

Aus diesem Versuch folgt:
Atome nehmen nur ganz bestimmte Portionen an Energie auf. Der Betrag ist abhängig von der Atomsorte. Man spricht dann von einem angeregten Atom.

Die beobachteten Leuchterscheinungen während des Versuches deuten daraufhin, dass die Energie wieder durch Photonen abgegeben werden kann.
Atome können durch Emission von Photonen der Energie hf in den Grundzustand zurückkehren.

Mit den Methoden von Franck und Hertz konnte man weitere Anregungsstufen von einer großen Anzahl von Elementen bestimmen.

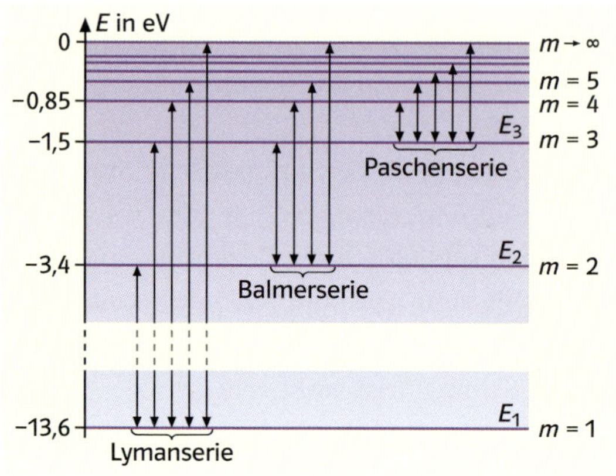

Der eindimensionale Potenzialtopf

Auch Bohr konnte Quantensysteme mit seinem Modell nicht eindeutig beschreiben. Dies gelang erst Schrödinger. Er beschrieb das Elektron durch eine Zustandsfunktion. Das Quadrat der Zustandsfunktion gibt die Aufenthaltswahrscheinlichkeit des Elektrons an.

Auch das Bohr'sche Atommodell kann das Verhalten von Atomen nicht richtig beschreiben.
Beispiele für Grenzen des Bohr'schen Atommodells:

- Sind in der Atomhülle mehr als ein Elektron, so kann ihr Verhalten nicht eindeutig beschrieben werden.
- Da sich die Elektronen nach Bohr auf Kreisbahnen in einer Ebene bewegen, müsste das Atom eine Scheibe sein. Tatsächlich ist es jedoch kugelsymmetrisch.
- Die exakten Bahnen stehen im Widerspruch zur Heisenberg'schen Unschärferelation (→ S. 111).

Erst mit der Schrödinger-Gleichung können Quantensysteme eindeutig und vollständig beschrieben werden.
Ein stark vereinfachtes Modell ist der **eindimensionale Potenzialtopf**.

Dabei geht man davon aus, dass ein Elektron sich in einem langgestreckten Körper der Länge L befindet. Innerhalb dieses Körpers ist die potenzielle Energie null, außerhalb ist sie unendlich groß. Diesen Körper, auch Potenzialtopf genannt, kann das Elektron nie verlassen, da die Gesamtenergie des Elektrons nicht unendlich werden kann.
Beschrieben wird das Elektron durch die Zustandsfunktion $\Psi(x,t)$. Außerhalb des Potenzialtopfes ist $\Psi(x,t) = 0$, da das Teilchen dort nicht anzutreffen ist. Innerhalb des Potenzialtopfes bildet $\Psi(x,t)$ stehende Wellen mit ortsabhängiger sinusförmiger Amplitude. Damit sich stehende Wellen ausbilden können, muss für die Länge L des Potenzialtopfes gelten:

$$L = n \cdot \frac{\lambda_n}{2} \quad (n = 1, 2, 3, \ldots).$$

Für die Wellenlängen gilt: $\lambda_n = 2 \cdot \frac{L}{n}$.

Mithilfe der De-Broglie-Beziehung $\lambda_n = \frac{h}{p_n}$ erhält man für den Impuls:

$$p_n = \frac{h}{2L} \cdot n\,.$$

Somit ergibt sich für die Energiestufen eines in einem Potenzialtopf eingeschlossen Teilchens:

$$E_{kin,n} = \frac{p_n^2}{2m} = \frac{h^2}{8L^2 \cdot m} \cdot n^2.$$

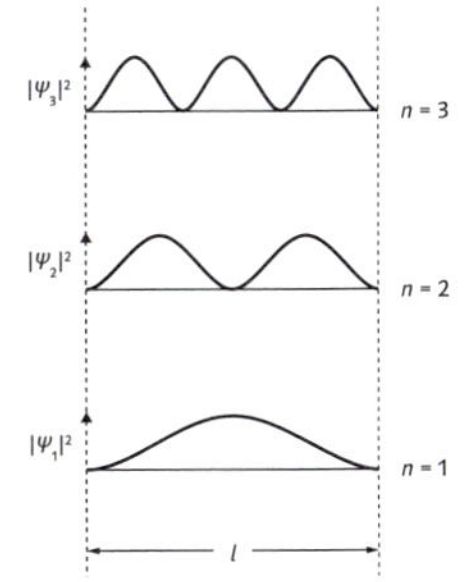

Da die Zustandsfunktion $\Psi(x,t)$ physikalisch keine Bedeutung hat, betrachtet man $\Psi^2(x)$. Dies gibt die **Wahrscheinlichkeitsdichte** für den Aufenthalt eines Elektrons an.

Die Abbildung rechts zeigt die Wahrscheinlichkeitsdichte für die ersten drei Funktionen. Für $n = 1$ ist sie in der Mitte bei $\frac{L}{2}$ maximal, während sie an den Wänden des Potenzialtopfes null ist.

Die räumliche Verteilung der Wahrscheinlichkeitsdichte nennt man Orbital des Elektrons.

Schrödinger-Gleichung und das Wasserstoffatom

Aus den Berechnungen für den eindimensionalen Potenzialtopf ergibt sich $E_n \sim n^2$. Für das Wasserstoffatom jedoch gilt: $E_n \sim \frac{1}{n^2}$.

Damit die Ergebnisse des Atommodells mit den Ergebnissen der Messungen übereinstimmen, muss berücksichtigt werden, dass das Elektron durch die Coulombkraft zwischen Kern und Elektron gebunden ist.

Der exakte Verlauf der Zustandsfunktion lässt sich mittels der Differenzialgleichung, die Erwin Schrödinger entwickelte, bestimmen. Dabei sind die Zustandsfunktionen die Lösungen dieser Differenzialgleichung. Es ergibt sich, dass es nur Lösungen bei bestimmten diskreten Energien gibt, die die Bedingung erfüllen, dass die Zustandsfunktion gegen null geht, wenn x gegen unendlich strebt, d. h. wenn das Elektron sehr weit vom Kern entfernt ist.

Die Wahrscheinlichkeitsdichte $p(x) = \Psi_n^2(x)$ besitzt für $n = 1$ bei x_1 ein Maximum. Bei diesem Abstand, er stimmt mit dem ersten Bohr'schen Radius überein, ist das Elektron am wahrscheinlichsten anzutreffen. Für größere n ist die Übereinstimmung mit den Radien nach Bohr nicht mehr gegeben.

Das Modell des eindimensionalen Potenzialtopfes ist eine starke Vereinfachung und steht im Widerspruch zu Messungen am Wasserstoffatom. Der genau Verlauf der Zustandsfunktion wird durch die Differenzialgleichung von Schrödinger bestimmt. Die Zustandsfunktion ist die Lösung dieser Differenzialgleichung.

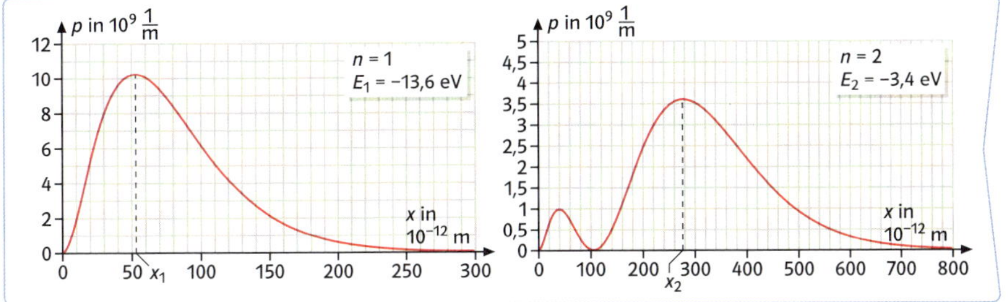

Eine vollständige Lösung der Schrödinger-Gleichung zeigt, dass es neben rotationssymmetrischen s-Orbitalen noch weitere gibt, die komplexere Symmetrien aufweisen. Die zugehörigen Zustandsfunktionen können durch drei Quantenzahlen beschrieben werden.

Hauptquantenzahl n: Sie kennzeichnet das Energieniveau.
Nebenquantenzahl $l = 0, 1, \ldots, n-1$: Sie gibt die Anzahl der Knotenebenen an. $l = 0$ kennzeichnet s-Orbitale, $l = 1$ kennzeichnet p-Orbitale usw.
Orientierungsquantenzahl $m = -l \ldots, -1, 0, 1, \ldots, l$: Sie unterscheidet die Orbitale nach ihrer Rotationssymmetrie.

Das Energieschema zeigt, dass die Energieniveaus des H-Atoms entartet sind.

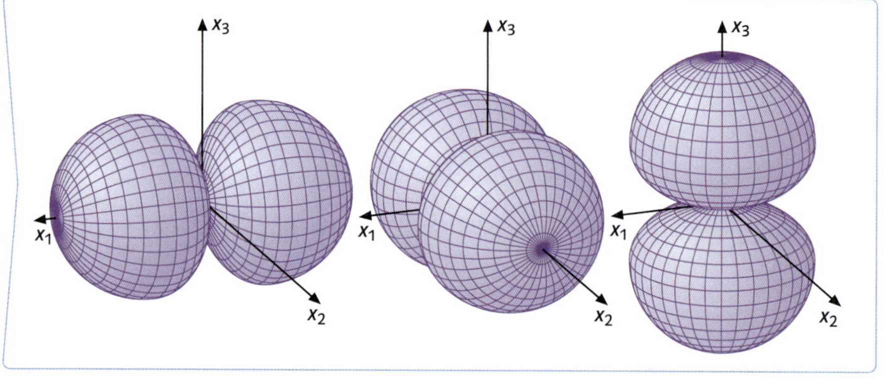

2p-Orbitale (l = 1)

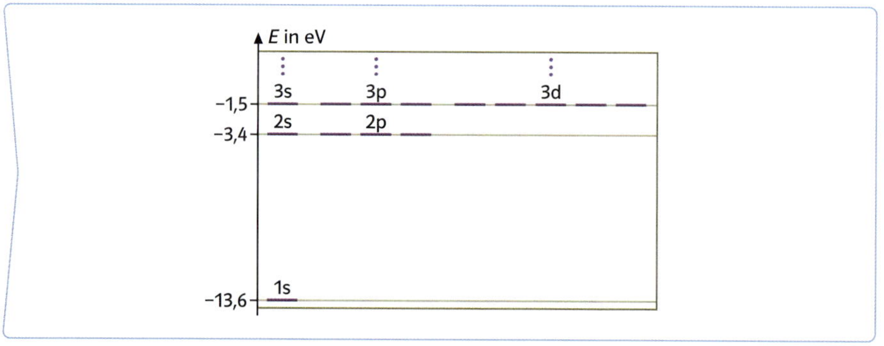

Termschema des Wasserstoffatoms

Atome mit mehr als einem Elektron lassen sich durch die obigen Quantenzahlen beschreiben. Hinzu kommt noch die Spinquantenzahl $s = \frac{1}{2}$ bzw. $s = -\frac{1}{2}$. Diese Zahl beschreibt eine Eigenschaft eines Elektrons, die vergleichbar mit dem klassischen Eigendrehimpuls ist.

Es gilt das **Pauli-Prinzip**:
Elektronen eines Atoms unterscheiden sich mindestens in einer Quantenzahl.

Atome mit mehreren Elektronen

Berücksichtigt man zusätzlich zum Pauli-Prinzip noch die folgende Regel: **Elektronen besetzen beim Aufbau der Atomhülle immer das niedrigste noch freie Energieniveau**, so kann man mittels des quantenmechanischen Aufbaus der Atome das Periodensystem erklären.

Perioden	I	II	III	IV	V	VI	VII	VIII
	Hauptgruppen							
1	1,0 H 1							4,0 He 2
2	6,9 Li 3	9,0 Be 4	10,8 B 5	12,0 C 6	14,0 N 7	16,0 O 8	19,0 F 9	20,2 Ne 10
3	23,0 Na 11	24,3 Mg 12	27,0 Al 13	28,1 Si 14	31,0 P 15	32,1 S 16	35,5 Cl 17	39,9 Ar 18
4	39,1 K 19	40,1 Ca 20	69,7 Ga 31	72,6 Ge 32	74,9 As 33	79,0 Se 34	79,9 Br 35	83,8 Kr 36
5	85,5 Rb 37	87,6 Sr 38	114,8 In 49	118,7 Sn 50	121,8 Sb 51	127,6 Te 52	126,9 I 53	131,3 Xe 54
6	132,9 Cs 55	137,3 Ba 56	204,4 Tl 81	207,2 Pb 82	209,0 Bi 83	209 Po 84	210 At 85	222 Rn 86

Hauptgruppen des Periodensystems

Das 1 s-Orbital ($n = 1$) kann maximal zwei Elektronen aufnehmen, dem entsprechen Wasserstoff und Helium. Die zwei Elektronen des He-Atoms sind durch die Quantenzahlen $n = 1;\ l = 0;\ s = \frac{1}{2}$ und $n = 1;\ l = 0;\ s = -\frac{1}{2}$ gekennzeichnet. Für $n = 2$ ergeben sich acht mögliche Kombinationen der Quantenzahlen. Diese ergeben die Elemente Natrium bis Neon der 2. Periode. Für die 3. Periode sollte man $\mathbf{2 \cdot 3^2 = 18}$ erwarten, tatsächlich besteht sie jedoch nur aus acht Elementen. Der Grund liegt darin, dass die Niveaus für $n = 3$ teilweise höher sind als die Niveaus für $n = 4$.

Die Elektronen in einem Atom können mit einer bestimmten Wahrscheinlichkeit von einem Energieniveau E_1 auf ein Niveau E_2 übergehen. Dabei wird die Energiedifferenz entweder durch die Abgabe oder Absorption eines Photons mit der entsprechenden Energie ausgeglichen.
Da nicht alle Übergänge erlaubt sind, müssen zusätzliche Auswahlregeln beachtet werden. Eine Auswahlregel z. B. besagt, dass sich bei optischen Übergängen die Quantenzahl l nur um +1 oder −1 ändern darf. Im Energieschema bedeutet dies, dass nur Übergänge zwischen benachbarten Spalten möglich sind.

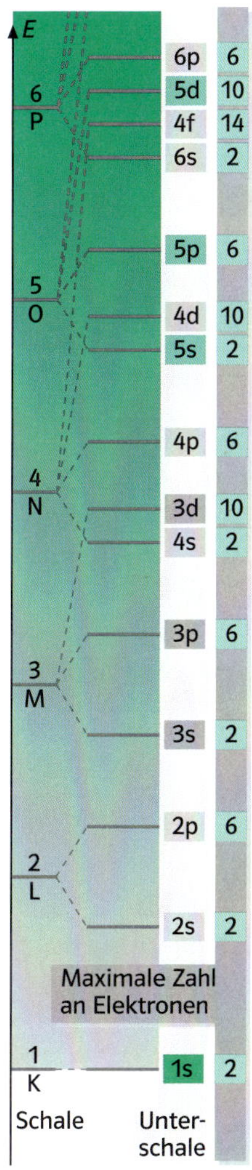

Energieniveaus und Schalen

Charakteristisches Röntgenspektrum

Treffen schnelle Elektronen in einer Elektronenstrahlröhre auf die Anode, so werden sie abgebremst. Dabei entsteht Röntgenstrahlung. Zerlegt man diese Röntgenstrahlung (→ S. 147) spektral, so erkennt man ein kontinuierliches Spektrum, das Bremsspektrum. Diesem Spektrum ist bei hinreichend hoher Elektronenenergie ein Linienspektrum überlagert, das sog. charakteristische Spektrum. Die Wellenlänge dieser Linien ist abhängig vom Anodenmaterial, nicht von der Beschleunigungsspannung.

Das kontinuierliche Spektrum der Röntgenstrahlen ist überlagert durch ein Linienspektrum.
Dieses Linienspektrum entsteht, da schnelle Elektronen aus den inneren Schalen der Atome des Anodenmaterials Elektronen herausschlagen. Die dabei entstehenden Löcher werden von Elektronen aus äußeren Schalen aufgefüllt, dabei wird ein Lichtquant emittiert.

Dieses charakteristische Spektrum entsteht, wenn die Energie der Elektronen so hoch ist, dass sie in den inneren Schalen Elektronen herausschlagen können. Die so entstandenen Löcher werden von Elektronen der äußeren Schalen aufgefüllt, Dabei wird die Energiedifferenz zwischen diesen beiden Niveaus als charakteristisches Lichtquant emittiert.

Die Energie dieses emittierten Lichtquants berechnet sich nach dem **Moseley'schen Gesetz**:

$$\Delta E = h \cdot f = 13{,}6\,\mathrm{eV} \cdot (Z - a)^2 \cdot \left(\frac{1}{m^2} - \frac{1}{n^2}\right).$$

Ein Vergleich mit wasserstoffähnlichen Atomen zeigt, dass hier die Kernladungszahl Z durch $(Z - a)$ ersetzt wurde. Die Korrektur berücksichtigt, dass die Elektronen der Atomhülle einen Teil der Kernladung abschirmen. a heißt deshalb auch **Abschirmfaktor**.

Für die K_α-Linie ist $a = 1$.

Absorption von Röngtenstrahlen

Treffen Röntgenstrahlen auf Materie, so durchdringt ein Teil der Strahlung die Materie, während ein anderer Teil absorbiert wird. Die Absorption hängt von der Energie der Röntgenstrahlung ab.

Die folgende Abbildung zeigt die Absorption in Abhängigkeit von der Wellenlänge für Zirkon –40.

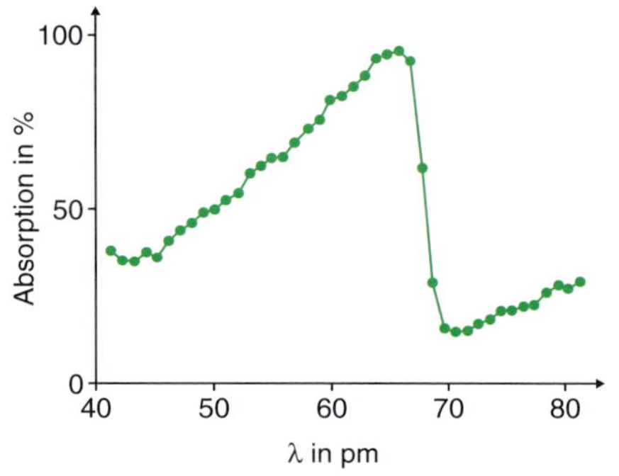

Zuerst steigt die Absorption an, bevor sie bei einer Wellenlänge von ca. 65 pm sprunghaft abfällt. Man spricht von der **Absorptionskante**. Sie ist unabhängig von der Beschleunigungsspannung, sondern vielmehr abhängig vom Absorptionsmaterial.
Am Anfang steigt die absorbierte Strahlung mit der Wellenlänge an, da Röntgenstrahlung hoher Energie ein Elektron aus der K-Schale auf ein höheres freies Energieniveau hebt oder es aus dem Atom entfernt. Die Röntgenstrahlung verliert dabei an Energie.
An der Absorptionskante reicht die Energie der Röntgenstrahlen für den beschriebenen Vorgang nicht mehr aus. Die Röntgenstrahlung kann keine Energie mehr abgeben. Das Absorptionsvermögen sinkt sprunghaft. Danach steigt das Absorptionsvermögen wieder und der Vorgang wiederholt sich für die L-Schale.

Treffen Röntgenstrahlen auf Materie, so wird ein Teil von ihnen absorbiert.
Diese Absorption hängt von der Wellenlänge der Strahlung ab. Am Anfang steigt das Absorptionsvermögen mit der Wellenlänge, bevor es bei einer bestimmten Wellenlänge abrupt abfällt. Diese Kante hängt vom verwendeten Material ab.

Der Laser

Laserlicht ist im Gegensatz zum Licht aus einer Glühlampe sehr stark gebündelt. Es ist nahezu **parallel**.
Überlagern sich zwei Laserlichtbündel der gleichen Quelle, nachdem sie unterschiedlich lange Wegstrecken zurückgelegt haben, so entsteht ein Interferenzmuster. Diese Eigenschaft des Laserlichtes nennt man **Kohärenz**. Außerdem ist Laserlicht **monochromatisch**, d. h. es besteht aus Licht einer Wellenlänge und es ist vollständig linear polarisiert.

Laserlicht ist nahezu parallel, kohärent, monochromatisch und vollständig linear polarisiert.

Laser bestehen aus zwei Spiegeln, den sog. Resonatoren, und einem laseraktiven Material.

Aufbau eines Lasers

Zwischen zwei Spiegeln (Resonatoren) befindet sich ein laseraktives Material, z. B. Gas, ein Festkörper, eine Flüssigkeit oder ein Halbleiter.

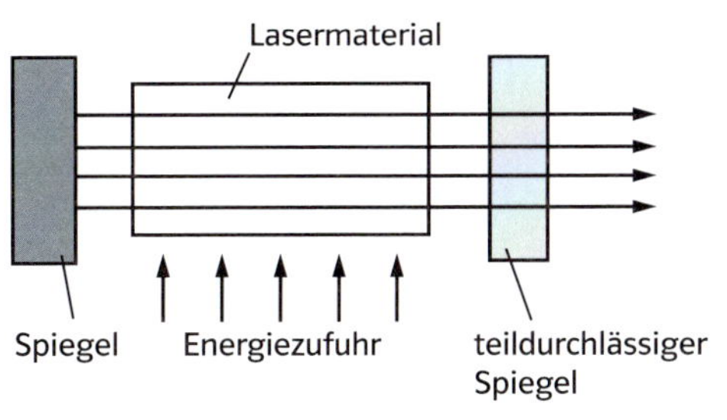

In diesem Material wird durch Energiezufuhr **Besetzungsinversion** erzeugt. D. h. es wird soviel Energie zugeführt, dass die Elektronen die Energieniveaus mit hoher Energie besetzen, während die Energieniveaus mit niedriger Energie nahezu unbesetzt sind.

Durch Energiezufuhr werden die Elektronen angeregt auf energetisch höhere Energieniveaus überzugehen. Beim Übergang in ihr urprüngliches Energieniveau wird Energie in Form von Photonen frei.
Diese Photonen werden an den Spiegeln reflektiert und stoßen bei ihrem Durchgang durch das laseraktive Material mit diesem zusammen und erzeugen weitere Photonen. Das Licht des Lasers wird intensiviert.

Bei einem Gaslaser wird die Inversion durch Elektronstoß in einer Gasentladung erzeugt. Zu den Gaslasern gehört z. B. der Helium-Neon-Laser oder der Argon-Ionen-Laser.
Bei einem Festkörper oder einer Flüssigkeit wird die Energie durch Photonen zugefügt. Zu dieser Gruppe gehören der Rubinlaser oder der Farbstofflaser.
Bei einem Halbleiterlaser erfolgt die Inversion durch einen elektrischen Strom in einem *p*-*n*-Übergang. Dabei rekombinieren die Elektronen im Leitungsband mit den Löchern im Valenzband.

Zwischen den Spiegeln werden die freigesetzten Photonen reflektiert. Dabei durchqueren sie das Lasermaterial mehrfach und es kommt durch Stöße zur weiteren stimulierten Emission von Photonen. Dadurch wird das Licht intensiver.

Helium-Neon-Laser

Er sendet Laserlicht im Wellenlängenbereich von 611–640 nm aus.
Als laseraktives Material wird ein Gasgemisch aus Helium und Neon innerhalb eines dünnen Glaszylinders verwendet. Dabei dient das Neon als aktives Medium und das Helium als Pumpquelle. Weiterhin befindet sich eine Glühwendel innerhalb des Röhrchens, die durch Anlegen einer Hochspannung erhitzt werden kann.
Der Glaszylinder befindet sich zwischen zwei halbdurchlässigen Spiegeln. Diese dienen als Resonator.
Legt man nun eine Hochspannung an die Glühwendel, so entstehen durch Gasentladung freie Elektronen. Diese versetzen die Heliumatome durch Stöße in einen angeregten Zustand. Die angeregten Heliumatome übertragen ihre Energie durch Stöße auf die Neonatome und erzeugen in diesen eine Besetzungsinversion. Durch Übergänge innerhalb der Neonatome werden nun Photonen durch stimulierte Emission abgestrahlt. Durch die halbdurchlässigen Spiegel kann das im aktiven Medium emittierte Licht reflektiert und damit wieder rückgekoppelt werden, die Laserstrahlung wird verstärkt.

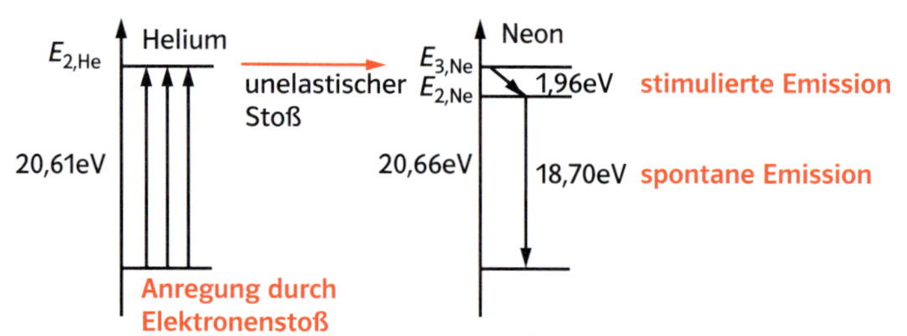

Halbleiter

Es gibt Stoffe, die den elektrischen Strom sehr gut leiten oder gar nicht leiten. Gute **Leiter** sind die Metalle und Elektrolyte. Sehr schlechte Leiter, also **Isolatoren**, sind z. B. Plastik, Keramik und Glas.

Halbleiter sind Stoffe, die sich bei tiefen Temperaturen wie Isolatoren und bei hohen Temperaturen wie Leiter verhalten. Der Grund liegt in ihrem spezifischen Widerstand. Dieser ist im Gegensatz zu Metallen sehr groß, nimmt aber mit steigender Temperatur ab. Der spezifische Widerstand ist abhängig von der Dichte und der Beweglichkeit der Ladungsträger $\left(\varrho = \frac{1}{n \cdot e \cdot \mu};\ n\text{: Dichte der Ladungsträger; } \mu\text{: Beweglichkeit der Ladungsträger}\right)$. Bei Halbleitern sind im Gegensatz zu Metallen die Ladungsträger beweglicher, die Dichte jedoch ist geringer. Erhöht man nun die Temperatur, so nimmt die Beweglichkeit der Ladungsträger ab, die Dichte nimmt jedoch sehr stark zu, so dass der spezifische Widerstand kleiner wird. Der spezifische Widerstand hängt bei Halbleitern zusätzlich von der Reinheit des Halbleiters ab.

Beispiele für Halbleiter sind Germanium, Silizium, Selen und Tellur.

Stoffe, die den Strom bei hohen Temperaturen gut leiten und bei tiefen Temperaturen schlecht, nennt man Halbleiter.

Erklärung:
Bei tiefen Temperaturen sind die Elektronen gebunden. Durch Energiezufuhr lösen sich diese Elektronen und können sich frei bewegen. Das zurückbleibende Loch wird durch Nachbarelektronen besetzt. So entsteht wieder ein Loch, das besetzt wird, und es sieht so aus, als würden die Löcher wandern.

Eigenleitung in Halbleitern

Die Eigenschaften eines Halbleiters erklären sich durch ihren atomaren Aufbau. Bei tiefen Temperaturen sind nahezu alle Elektronen an die Gitteratome gebunden. Führt man Energie in Form von Wärme oder Licht zu, so lösen sich Elektronen aus ihren Bindungen und stehen als Ladungsträger zur Verfügung. Zurück bleibt eine **Elektronenfehlstelle**, auch als **Loch** bezeichnet. Dieses Loch wirkt wie eine positive Ladung, da die Stelle vorher neutral war. Nun können Nachbarelektronen zu dem entstandenen Loch wandern und es besetzen. Dadurch entsteht an einer anderen Stelle ein Loch, das wieder durch ein Elektron besetzt werden kann. So erhält man den Eindruck, als ob die Löcher durch den Halbleiter wandern und zwar in entgegengesetzter Richtung zu den Elektronen. Man nennt die Entstehung der Löcher und der freien beweglichen Elektronen **Paarbildung**.

Der umgekehrte Vorgang heißt **Rekombination**.

Legt man eine Spannungsquelle an den Halbleiter, so bewegen sich die Löcher in Richtung des negativen Pols, die Elektronen in Richtung des positiven Pols.

Durch Anlegen einer Spannung kann man die Wanderung der Löcher beeinflussen.

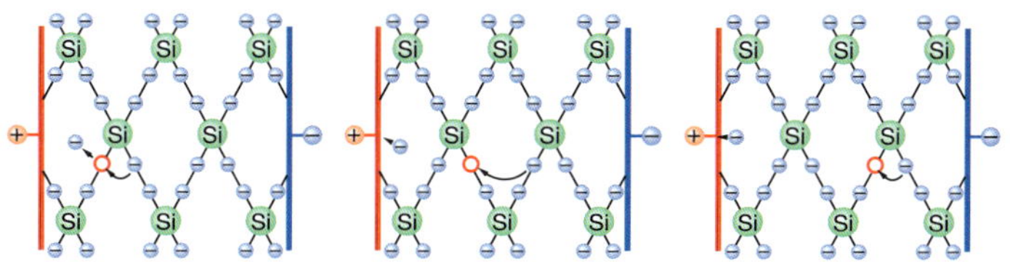

Das Bändermodell eignet sich zur Beschreibung der Leitfähigkeit von Stoffen. Das Band mit der höchsten Energie ist das Valenzband, es ist vollständig mit Elektronen besetzt. Darüber liegt das Leitungsband, es hat weniger Elektronen. Dort können sich die Elektronen frei bewegen und der Leitfähigkeit dienen.

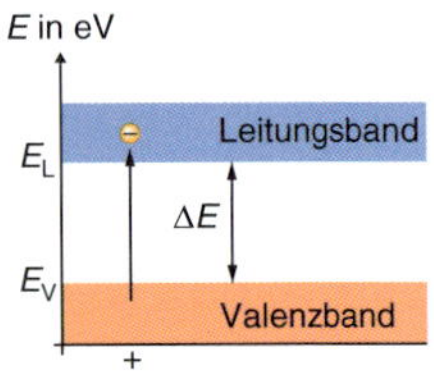

Die Leitfähigkeit von Stoffen kann man mittels des **Bändermodels** verdeutlichen.
Dabei werden die Elektronen durch ihre Energiezustände beschrieben. Dicht benachbarte Energieniveaus bilden ein **Energieband**. Energiezustände zwischen den Bändern können die Elektronen nicht annehmen. Das oberste energiereichste Band nennt man **Valenzband V**, es ist vollständig mit Elektronen besetzt. Das darüber liegende Band ist nicht mehr vollständig mit Elektronen besetzt – es kann auch leer sein – nennt man **Leitungsband L**.
Die Elektronen in diesem Band sind beweglich und dienen zur Leitfähigkeit.

Bei einem Halbleiter ist das Leitungsband bei 0 K leer. Bereits Zimmertemperatur reicht aus, um einige Elektronen aus dem Valenzband in das Leitungsband übergehen zu lassen. Wird die Temperatur größer, so gelangen immer mehr Elektronen in das Leitungsband und die Leitfähigkeit nimmt zu.

Dotierung

Die geringe, von der Temperatur abhängige Eigenleitung ist für die Anwendung der Halbleiter zu gering, man braucht Halbleiter mit höherer Leitfähigkeit.
Dies kann man erreichen, indem man den Halbleiter gezielt verunreinigt, d. h. indem man Fremdatome in das Kristallgitter einbaut. Man nennt diese Vorgehensweise Dotieren. Dabei werden in den Halbleiter durch Diffusion oder Ionenbeschuß zusätzliche Ladungsträger eingefügt.
Bei der Diffusion wird der Halbleiter, z. B. Silicium, in einem Diffusionsofen durch Gaszufuhr erhitzt. Das zugeführte Gas enthält dabei die Fremdatome. Diese diffundieren in die Kristalloberfläche und bilden dotierte Gebiete.
Beim Ionenbeschuss beschießt man den Halbleiter mit Ionen, die den Halbleiter an den vorgesehenen Stellen dotieren.

Die Leitfähigkeit eines Halbleiters kann durch Einbau von Fremdatomen verbessert werden.
p-Dotierung:
Baut man in einen Halbleiterkristall der IV. Hauptgruppe ein Atom der III. Hauptgruppe ein, so fehlt ein Elektron. Es bleibt ein Loch zurück und es entsteht Löcherleitung.
n-Dotierung:
Baut man ein Element der V. Hauptgruppe ein, so ist ein ungebundenes Elektron vorhanden, es entsteht Elektronenleitung.

Silicium und Germanium gehören zur IV. Hauptgruppe des Periodensystems. Zur Dotierung verwendet man entweder Elemente der III. oder V. Hauptgruppe.

Man unterscheidet zwischen **p-** und **n-Dotierung**.
Bei der p-Dotierung verwendet man ein Element der III. Hauptgruppe, z. B. Bor, Gallium oder Aluminium, das den Platz eines Silicium-Atoms einnimmt. Das Fremdelektron hat ein Elektron weniger, zurück bleibt ein Loch. Dieses Loch kann durch ein Elektron eines Nachbaratoms besetzt werden, wodurch wieder ein Loch entsteht, das wieder besetzt werden kann. Es entsteht eine sogenannte **Löcherleitung**, auch **p-Leitung** genannt.
Fremdatome, die zur p-Dotierung verwendet werden, heißen auch **Akzeptoren**.

Bei der n-Dotierung hingegen verwendet man Elemente der V. Hauptgruppe, z. B. Phosphor oder Arsen. Das Fremdatom hat im Gegensatz zum Halbleiterkristall ein Elektron mehr, das nicht gebunden werden kann und als freies Elektron zur Verfügung steht. Diese Art der Leitung nennt man **Elektronenleitung** oder **n-Leitung**. Fremdatome für die n-Dotierung nennt man **Donatoren**.

Mit dem Bändermodell lässt sich die Elektronen- und Löcherleitung folgendermaßen deuten:

p-Dotierung: Durch Dotierung mit einem Element der III. Hauptgruppe entstehen oberhalb des Valenzbandes zusätzliche leere Energieniveaus. Diese werden bei Zimmertemperatur (also bei geringer Energiezufuhr) durch Elektronen aus dem Valenzband vollständig besetzt. Dadurch entstehen im Valenzband Löcher und es erfolgt Löcherleitung. Legt man eine Spannung an den Halbleiter an, so fließen die Elektronen im Valenzband vom Minuspol in die Löcher und dann zum Pluspol. Die Löcher wandern somit vom Pluspol zum Minuspol.

n-Dotierung: Durch Dotierung mit einem Element der V. Hauptgruppe entstehen unterhalb des Leitungsbandes zusätzliche Energieniveaus. Bei Zimmertemperatur reicht die innere Energie nicht aus, um alle Elektronen, die sich in diesen Niveaus befinden, den Übergang ins Leitungsband zu ermöglichen. Legt man eine Spannung an den Halbleiter an, so fließen die Elektronen im Leitungsband zum Pluspol, während vom Minuspol neue Elektronen nachgezogen werden.

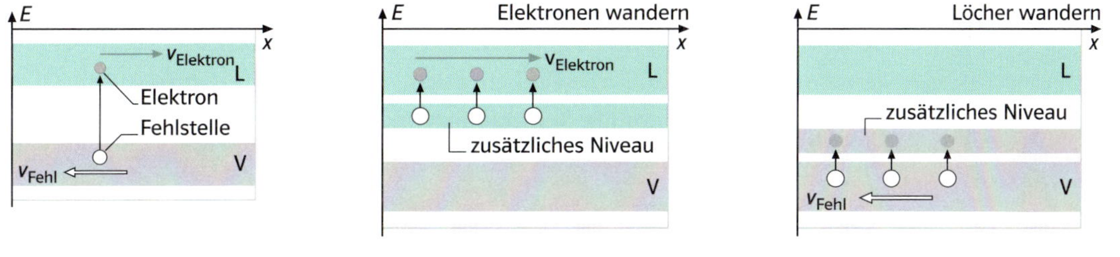

Die Leitfähigkeit von speziellen Halbleitern kann auch durch Temperaturerhöhung oder Temperaturverringerung sowie durch Bestrahlung mit Licht verändert werden. Man unterscheidet Heißleiter, Kaltleiter und Fotowiderstände. Heißleiter oder NTC-Widerstände (*Negative Temperature Coefficient*) sind Halbleiter, deren Widerstand mit steigender Temperatur sinkt. Kaltleiter oder PTC-Widerstände (*Positive Temperature Coefficient*) sind Halbleiter, deren Widerstand mit sinkender Temperatur sinkt. Bei einem Fotowiderstand oder LDR-Widerstand (*Light Dependent Resistor*) ändert sich der Widerstandswert mit der Beleuchtungsstärke. Je höher die Beleuchtungsstärke, umso kleiner der Widerstand.

Diode

Verwendet man einen p-dotierten und einen n-dotierten Halbleiter nebeneinander, so entsteht eine Diode. Zwischen diesen beiden Halbleitern liegt eine ladungsärmere Zone, da Elektronen aus dem n-Leiter in den p-Leiter wandern, um dort die Löcher zu besetzen, während die Löcher in den n-Leiter wandern. Es entsteht ein elektrisches Feld, das wie eine Sperrschicht wirkt.

Kombiniert man einen n-dotierten und einen p-dotierten Halbleiter, so erhält man eine Diode. Dieser **p-n-Übergang** bestimmt die Wirkungsweise der Diode. Entlang der **Grenzschicht** eines p-n-Übergangs entsteht eine ladungsträgerarme Zone, da Elektronen aus dem n-Leiter in den p-Leiter und Löcher aus dem p-Leiter in den n-Leiter wandern. Im n-Leiter bildet sich eine positive Ladungsschicht, im p-Leiter eine negative Ladungsschicht, so dass ein elektrisches Feld entsteht. Dieses elektrische Feld verhindert, dass weitere Elektronen in den p-Leiter gelangen und somit wirkt der p-n-Übergang wie eine **Sperrschicht**. Außerdem führt das elektrische Feld zu einer Verschiebung der Bänder am p-n-Übergang.

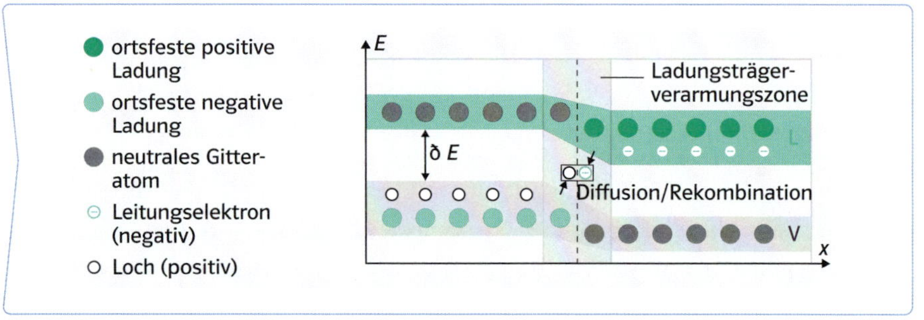

Legt man an eine Diode eine Spannung so, dass der Minuspol an der n-dotierten Schicht liegt, während der Pluspol an der p-dotierten anliegt, so können die Elektronen das elektrische Feld überwinden, und es fließt ein Strom. Beim umgekehrter Polung wird das Feld verstärkt und es fließt kein Strom.

Legt man an die Diode eine äußere Spannung U an, so kann man dies auf zwei Arten tun.

1. Möglichkeit:

Der Pluspol liegt an der p-dotierten Schicht, der Minuspol an der n-dotierten Schicht. Bei geringer Spannung fließt kein Strom, da das elektrische Feld in der Grenzschicht dem äußeren Feld entgegenwirkt. Erst ab einer bestimmten Spannung U_S, der sogenannten Schwellenspannung, überwiegt das äußere Feld und die Verschiebung der Bänder wird aufgehoben. Nun können Elektronen aus dem Leitungsband der n-dotierten Schicht die Grenzschicht überwinden und wandern in das Leitungsband der p-dotierten Schicht. Die Elektronen rekombinieren mit den Löchern des Valenzbandes. Der Pluspol ersetzt die aufgefüllten Löcher und es erscheint so, als ob die Löcher aus dem Valenzband des p-dotierten Teils in das Valenzband des n-dotierten Teils laufen. Dort werden sie von Elektronen besetzt, die vom Minuspol der äußeren Spannungsquelle geliefert werden. Somit fließt ein Strom und die Diode ist in **Durchlassrichtung** gepolt.

2. Möglichkeit:

Der Pluspol liegt an der n-dotierten Schicht, der Minuspol an der p-dotierten Schicht. Nun verstärkt das von außen angelegte elektrische Feld das elektrische Feld in der Grenzschicht. Beide Felder versuchen die wenigen Elektronen, die sich im Leitungsband der p-dotierten Schicht befinden, zum Minuspol zu ziehen. Sie wandern ohne Widerstand in das Leitungsband der n-dotierten Schicht.

Da im Valenzband der n-dotierten Schicht fast keine Löcher vorhanden sind, fehlt es an geeigneten Ladungsträgern. Die p-n-Grenzschicht wird breiter. Die Diode ist in **Sperrrichtung** gepolt.

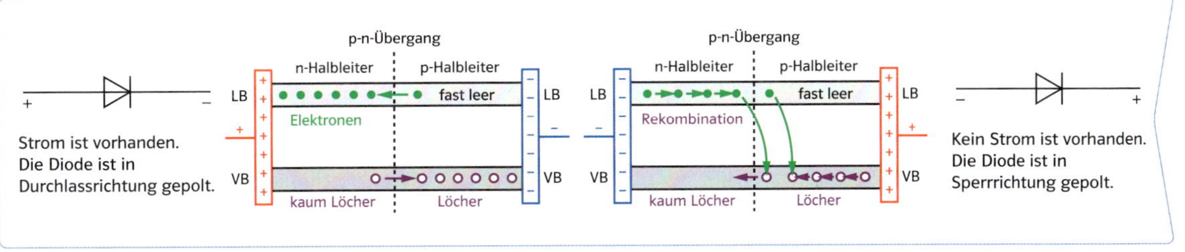

Verwendet man anstelle der Gleichspannung, die den Strom nur in einer Richtung durchlässt und somit die Diode wie ein Ventil wirken lässt, Wechselstrom, so entsteht ein pulsierender Gleichstrom und die Diode wird zum Gleichrichter.

Transistor

Erweitert man eine Diode um eine p-dotierte oder n-dotierte Schicht, so erhält man einen weiteren p-n-Übergang. Ein Bauelement mit zwei p-n-Übergängen nennt man einen **bipolaren Transistor**. Es gibt zwei Arten von bipolaren Transistoren, den npn- und den pnp-Transistor.

Im Vergleich zu den beiden äußeren Schichten ist die mittlere Schicht sehr dünn. Die mittlere Schicht nennt man **Basis** (B), die beiden äußeren Schichten **Kollektor** (C) und **Emitter** (E). Die einzelnen Schichten sind mit Anschlüssen versehen.

Ein Transistor besteht aus einer npn-dotierten oder einer pnp-dotierten Schicht.
Jeder bipolare Transistor besteht aus drei dünnen Halbleiterschichten, die übereinander gelegt sind.
Die mittlere Schicht ist sehr dünn im Vergleich zu den beiden anderen Schichten.
Die Halbleiterschichten sind mit metallischen Anschlüssen versehen, die aus dem Gehäuse herausführen.
Die mittlere Schicht heißt Basis, die äußeren Kollektor und Emitter.

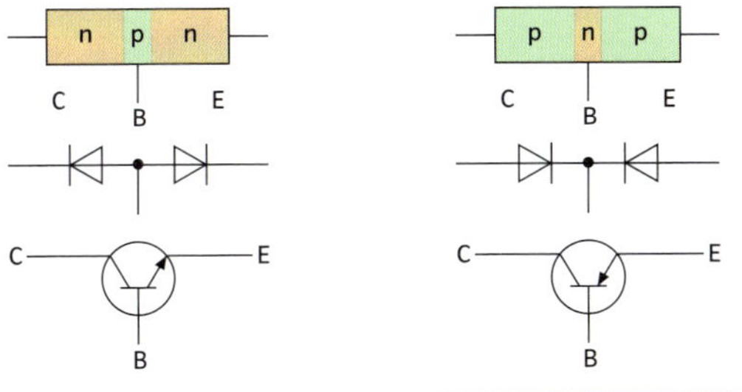

Jeweils zwei Anschlüsse (Emitter-Basis; Basis-Kollektor) zueinander bilden mit Ausnahme Kollektor-Emitter eine Diode. Diese leitet in der einen Richtung, während sie in der anderen sperrt.
Bei einem Transistor handelt es sich um ein Bauelement, das den Strom verstärken soll oder als Schalter wirkt – im Gegensatz zur Diode, die als Gleichrichter verwendet wird.

Funktionsweise

Schließt man beim npn-Transistor den Kollektor an den Pluspol und den Emitter an den Minuspol an und polt zusätzlich die Basis und den Emitter in Durchlassrichtung, so fließt bei genügend positiver Basis ein Strom. Dieser Effekt heißt Transistoreffekt.

Im Folgenden beschränken wir uns auf einen npn-Transistor. Der pnp-Transistor funktioniert genauso, nur dass bei ihm die Polarität vertauscht ist, da die Schichten eine umgekehrte Reihenfolge aufweisen.

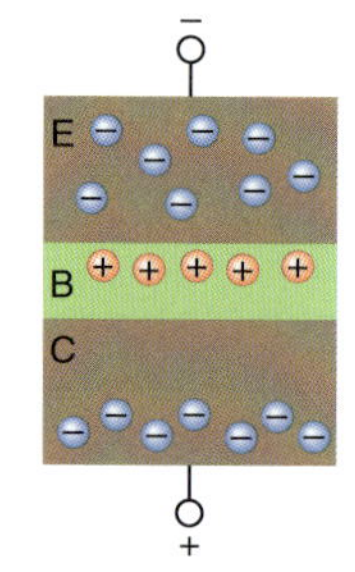

Schließt man den Kollektor an den Pluspol und den Emitter an den Minuspol an, während man den Anschluss an die Basis offen lässt, so fließt kein Strom. Der Transistor wirkt wie eine Diode, die in Sperrrichtung gepolt ist.

Schaltet man zusätzlich die Basis und den Emitter in Durchlassrichtung, so fließt ab der Schwellenspannung U_{BE} ein Basisstrom I_B. Nun bewegen sich die Elektronen vom Emitter zur Basis. Da diese sehr dünn ist und das im Kollektor vorhandene elektrische Feld sehr groß ist, schaffen viele Elektronen den Übergang zum positiv geladenen Kollektor. Damit nicht die meisten der Elektronen über den Anschluss der Basis abfließen, muss die Basis sehr dünn sein. Es entsteht ein Strom, der Kollektorstrom I_C.
Diesen Effekt nennt man **Transisitoreffekt.**

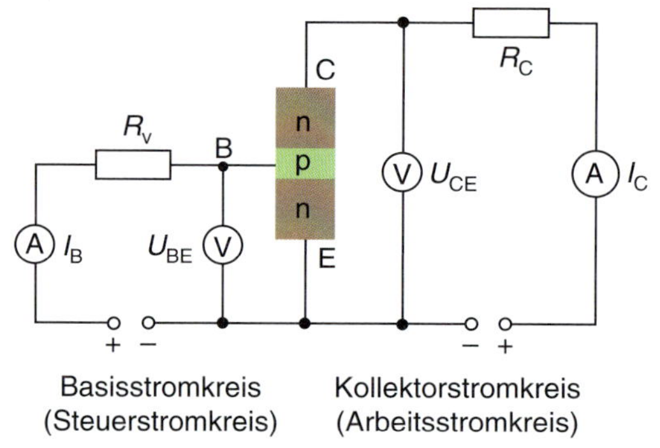

Avogadrokonstante: 1 Mol enthält $6{,}0220 \cdot 10^{23}$ Teilchen.
$1\,u = 1{,}6605402 \cdot 10^{-27}\,\text{kg}$

Ungefährer Atomdurchmesser: $10^{-10}\,\text{m}$

Ungefährer Atomkerndurchmesser: $10^{-14}\,\text{m}$

Bohr'sche Postulate:

1. Elektronen mit der Masse m_e kreisen mit der Geschwindigkeit v_n im Abstand r_n strahlungsfrei um den Atomkern, wenn $2\pi \cdot m_e \cdot v_n \cdot r_n = n \cdot h$ ist. Dabei ist n eine natürliche Zahl, die sog. **Hauptquantenzahl**.
2. Gehört zur einer äußeren Bahn die Energie E_m und zu einer inneren Bahn die Energie E_n, dann wird die Energiedifferenz $\Delta E = E_m - E_n = h \cdot f$ beim Übergang von der äußeren zur inneren Bahn abgegeben. Beim umgekehrten Vorgang wird ein Photon absorbiert.

Bahngeschwindigkeit von Elektronen im Wasserstoffatom: $v_n = \frac{e^2}{2\varepsilon_0 \cdot h} \cdot \frac{1}{n}$

Bahnradius von Elektronen im Wasserstoffatom: $r_n = \frac{\varepsilon_0 \cdot h^2}{\pi \cdot m_e e^2} \cdot n^2$

Bohr'scher Radius: $r_1 = 5{,}29 \cdot 10^{-11}\,\text{m}$

Energiezustände im Wasserstoffatom:

$$E_n = \frac{m_e \cdot e^4}{8\varepsilon_0^2 \cdot h^2} \cdot \frac{1}{n^2} - \frac{m_e e^4}{4\varepsilon_0^2 \cdot h^2} \cdot \frac{1}{n^2} = -\frac{m_e e^4}{8\varepsilon_0^2 \cdot h^2} \cdot \frac{1}{n^2}$$

bzw. $E_n = -13{,}6 \cdot \frac{1}{n^2}\,\text{eV}$

Frequenzen: $f = f_R \cdot \left(\frac{1}{n^2} - \frac{1}{m^2}\right)$, wobei die Rydbergfrequenz

$$f_R = \frac{m_e e^4}{8\varepsilon_0^2 h^3} = 3{,}2898 \cdot 10^{15}\,\text{Hz}$$

Für die **Energiestufen** eines in einem **Potenzialtopf** eingeschlossenen Teilchens gilt: $E_{kin,n} = \frac{p_n^2}{2m} = \frac{h^2}{8L^2 \cdot m} \cdot n^2$

Moseley'sches Gesetz:

$$\Delta E = h \cdot f = 13{,}6\,\text{eV} \cdot (Z - a)^2 \cdot \left(\frac{1}{m^2} - \frac{1}{n^2}\right)$$

AUF EINEN BLICK

Der Atomkern

Der Atomkern besteht aus Protonen und Neutronen. Zusammen nennt man sie auch **Nukleonen**. Im Kern sitzt nahezu die gesamte Masse des Atoms.
Atome eines Elements können sich in ihrer Neutronenzahl und damit in ihrer Masse unterschieden. Atome des gleichen chemischen Elementes mit unterschiedlicher Masse nennt man **Isotope**.
Atome, die durch ihre Massenzahl und ihre Ordnungszahl gekennzeichnet werden, nennt man **Nuklid**.

Kurzbezeichnung: ${}^{A}_{Z}X$

Radioaktive Strahlung

Radioaktive Strahlung entsteht, wenn sich Atomkerne in andere Atomkerne umwandeln.

Man kann sie nachweisen mithilfe von:
- Ionisationskammer,
- Geiger-Müller-Zählrohr,
- Nebelkammer,
- Halbleiterdetektor.

Dabei nutzt man die Eigenschaft der **Ionisierung von Atomen** durch radioaktive Strahlung aus.

Man unterscheidet drei Arten der **radioaktiven Strahlung**:
- Alphastrahlung,
- Betastrahlung,
- Gammastrahlung.

Alphastrahlung

Alphateilchen sind **zweifach positiv geladene Heliumkerne**. Wegen ihrer hohen Masse und da sie stark mit Materie reagieren, sind sie leicht abschirmbar.
Für den Körper ist Alphastrahlung sehr gefährlich.

Alpha-Zerfall:

$${}^{A}_{Z}X \rightarrow {}^{A-4}_{Z-2}Y + {}^{4}_{2}He$$

Betastrahlung

Betastrahlen sind **Elektronen**, die aus dem Atomkern stammen. Sie haben im Unterschied zu Alphateilchen eine geringe Masse und sind schwer abzuschirmen.
Für den Menschen sind sie nicht so gefährlich wie Alphastrahlen.

Beta-Zerfall:

β^--Zerfall $\quad {}^{A}_{Z}X \rightarrow {}_{Z+1}^{A}Y + {}^{0}_{1}e^- + \overline{\nu}$

β^+-Zerfall $\quad {}^{A}_{Z}X \rightarrow {}_{Z-1}^{A}Y + {}^{0}_{1}e^+ + \overline{\nu}$

Gammastrahlung

Gammastrahlung besteht aus **Photonen**, deren Energie höher ist als die Energie des sichtbaren Lichtes.
Gammastrahlen entstehen, wenn ein angeregter Atomkern in einen energieärmeren Zustand übergeht.
Sie sind mit Röntgenstrahlen identisch.

Zerfallsgesetz

Mittels des Zerfallsgesetzes bestimmt man die Anzahl der Kerne, die nach einer bestimmten Zeit noch vorhanden ist.

Es gilt: $N(t) = N(0) \cdot e^{-\lambda \cdot t}$

Die Zeit, die vergangen ist, bis die Hälfte der Kerne zerfallen ist, nennt man **Halbwertszeit**.

Es gilt: $T_{1/2} = \frac{\ln 2}{\lambda}$

Kettenreaktion

Bei der Kernspaltung absorbiert der Atomkern ein Neutron. Dieses Neutron löst eine Kernspaltung aus, bei der weitere Neutronen freigesetzt werden, die wiederum eine **Kernspaltung** auslösen.

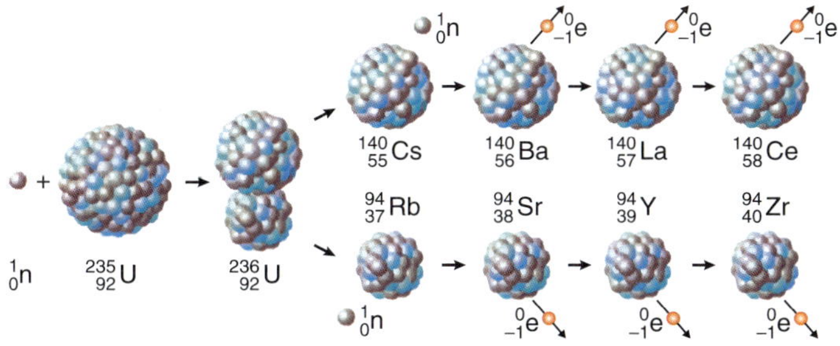

$$^{1}_{0}n + ^{235}_{92}U \rightarrow ^{236}_{92}U \rightarrow ^{A_1}_{Z_1}K_1 + ^{A_2}_{Z_2}K_2 + 2 \cdot ^{1}_{0}n + \text{Energie}$$

Kernfusion

Bei der Kernfusion verschmelzen zwei Atomkerne miteinander. Dabei wird Energie freigesetzt. Damit es zur Fusion von Atomkernen kommt, müssen die beiden Kerne mit sehr hoher Geschwindigkeit aufeinandertreffen. Dies ist nur bei hohen Temperaturen möglich, da dann die Atome eines Gases in Elektronen und Kern getrennt sind. Man nennt dieses ionisierte Gas auch **Plasma**.

Elementarteilchen

Elementarteilchen sind die **Grundbausteine der Materie**.

Es gibt zwei Teilchenfamilien, die **Hadronen** und die **Leptonen**, wobei die Hadronen zusätzlich in Mesonen und Baryonen unterteilt sind.

Gruppe		Name	Masse in MeV	Ladung in $1{,}6 \cdot 10^{-19}$ C	Lebensdauer in s	nachgewiesen
		Photon γ		–	∞	1905
Leptonen		Elektron e^-	0,511	−1	stabil	1897
Leptonen		Myon μ^-	105,7	−1	$2{,}2 \cdot 10^{-6}$	1937
Leptonen		Anti-Elektronneutrino $\bar{\nu}_e$	0	0	stabil	1956
Leptonen		Myonneutrino ν_μ	0	0	stabil	1962
Hadronen	Mesonen	Pion π^-	139,6	−1	$2{,}6 \cdot 10^{-8}$	1947
Hadronen	Mesonen	Kaon K^+	493,7	+1	$1{,}2 \cdot 10^{-8}$	1949
Hadronen	Mesonen	Eta-Null η^0	548,8	0	$2{,}5 \cdot 10^{-19}$	1960
Hadronen	Baryonen	Proton p	938,28	+1	stabil	1886
Hadronen	Baryonen	Neutron n	939,57	0	918	1932
Hadronen	Baryonen	Lambda-Null Λ^0	1115,6	0	$2{,}6 \cdot 10^{-10}$	1953
Hadronen	Baryonen	Sigma-Plus Σ^+	1189,4	+1	$0{,}8 \cdot 10^{-10}$	1953
Hadronen	Baryonen	Sigma-Stern-Minus Σ^{*-}	1385	−1	$1{,}3 \cdot 10^{-23}$	1960
Hadronen	Baryonen	Delta-Null Δ^0	1235	0	$0{,}4 \cdot 10^{-23}$	1952
Hadronen	Baryonen	Xi-Stern-Minus ξ^{*-}	1385	−1	$0{,}5 \cdot 10^{-22}$	1962
Hadronen	Baryonen	Omega-Minus Ω^-	1672	−1	$1{,}3 \cdot 10^{-10}$	1964

10 Kernphysik

- Atome sind nach außen hin neutral. Sie besitzen genauso viele positive wie negative Teilchen. Die positiven Teilchen befinden sich im Atomkern. Außerdem enthält der Atomkern nahezu die gesamte Masse. Zusätzlich zu den positiven Teilchen gibt es im Kern auch neutrale Teilchen, die Neutronen. Die Neutronen zusammen mit den Protonen bilden die Nukleonen.
- 1896 entdeckte Henri Becquerel durch Zufall die radioaktive Strahlung von Uransalzen. Anschließend untersuchten Marie und Pierre Curie alle Elemente auf Radioaktivität und entdeckten dabei die bisher unbekannten Elemente Polonium und Radium.
- Ernest Rutherford untersuchte die Wirkung von Magnetfeldern auf die radioaktive Strahlung. Dabei fand er, dass die Strahlung aus drei Komponenten besteht: Alpha-, Beta-, Gammastrahlung. Diese drei Komponenten unterscheiden sich in ihren Eigenschaften und Wirkungen.
- Da es sich bei den Alpha- und Betastrahlen um geladene Teilchen handelt und bei den Gammastrahlen um ungeladene Teilchen, ist die Wechselwirkung mit Materie unterschiedlich. Die Alpha- und Betastrahlen ionisieren beim Stoß mit den Elektronen der Atomhülle das Atom oder bringen es in einen angeregten Zustand. Bei den Gammastrahlen hingegen treten bei der Wechselwirkung mit dem Atom folgende drei Prozesse auf: Fotoeffekt, Comptoneffekt und Paarbildung.
- Radioaktive Strahlung entsteht, wenn ein instabiler Atomkern zerfällt oder ein stabiler Kern zum Zerfall angeregt wird. Je nach Strahlungsart entsteht dabei ein neues Element.
- Die Zahl der noch nicht zerfallenen Kerne nimmt exponentiell mit der Zeit ab. Zur Unterscheidung der verschiedenen Elemente nimmt man die sog. Halbwertszeit. Das ist die Zeit, die vergeht, bis sich die Zahl der Kerne halbiert hat.
- 1938 haben Otto Hahn und Fritz Strassmann natürliches Uran mit Neutronen beschossen. Sie erwarteten, dass dabei Kerne mit größerer Massenzahl entstehen würden. Es entstand jedoch Barium. Mithilfe von Lise Meitner und Otto Robert Frisch deuteten sie das Ergebnis als Kernspaltung.
- In der aktuellen Forschung versucht man einzelne Kerne zu einem größeren Kern zu verschmelzen, da hierbei mehr Energie gewonnen werden kann als bei der Kernspaltung.
- Außer den bisher uns bekannten Teilchen Elektronen, Protonen, Neutronen und Photonen existieren eine Vielzahl weiterer Elementarteilchen. Diese Elementarteilchen sind in verschiedene Familien unterteilt.

Der Atomkern

Im Gegensatz zur Atomphysik, die sich mit dem gesamten Atom beschäftigt, befasst sich die Kernphysik nur mit dem **Atomkern**.

Der Atomkern besteht aus **Protonen** (positive geladene Teilchen) und **Neutronen** (ungeladene Teilchen). Die Protonen und die Neutronen bilden zusammen die **Nukleonen**. Da die Elektronen, die sich in der Atomhülle befinden, im Gegensatz zu den Protonen und Neutronen eine viel kleinere Masse besitzen, sitzt die Masse des Atoms nahezu vollständig im Atomkern.

(Elektronenmasse: $m_e = 9{,}109 \cdot 10^{-31}\,\text{kg}$;
Protonenmasse: $m_p = 1{,}6726 \cdot 10^{-27}\,\text{kg}$;
Neutronenmasse: $m_n = 1{,}6749 \cdot 10^{-27}\,\text{kg}$).

Der Kern besteht aus Protonen und Neutronen. Sie bilden zusammen nahezu die gesamte Masse des Atoms, da ihre Masse im Verhältnis zum Elektron groß ist.

Oft wird die Atommasse in der **atomaren Masseneinheit** u angegeben:
$1\,u = 1{,}6605402 \cdot 10^{-27}\,\text{kg}$. Neutron und Proton haben ungefähr die Masse $1\,u$.

Alle Atomkerne eines chemischen Elementes X haben die gleiche Anzahl Z an Protonen und damit immer die gleiche Ladung. Sie können sich jedoch in der Anzahl N der Neutronen und damit in ihrer Masse unterscheiden. Man nennt solche Atome **Isotope** eines chemischen Elements.

Die Anzahl Z der Protonen heißt auch **Kernladungszahl**. Sie ist gleich der Ordnungszahl des Elements im Periodensystem.

Die Summe der Protonen und der Neutronen bilden zusammen die **Massenzahl** A: $A = Z + N$.

Die Kernladungszahl und die Massenzahl dienen zur Kennzeichnung der jeweiligen Kernsorte, auch **Nuklid** genannt. Man verwendet folgende Schreibweise: ${}^{A}_{Z}X$, dabei ist X das Elementsymbol, Z die Kernladungszahl und A die Massenzahl.

Atomkerne werden durch die Kernladungszahl, auch Ordnungszahl genannt, und die Massenzahl am Elementsymbol gekennzeichnet.

Radioaktive Strahlung

Wandeln sich Atomkerne in andere Atomkerne um, so entsteht dabei eine unsichtbare Strahlung, die **radioaktive Strahlung**. Die radioaktive Strahlung kann von instabilen Kernen stammen, die in der Natur vorkommen oder von stabilen Kernen, die durch Teilchen beschossen wurden.

Radioaktive Strahlung kann Atome oder Moleküle der umgebenden Stoffe ionisieren, d. h. aus einem Atom oder Molekül werden Elektronen herausgelöst, das entstehende Ion ist positiv geladen oder das Atom oder Molekül fängt Elektronen ein und das entstehende Ion ist dann negativ geladen.

Diese Eigenschaft wird zum Nachweis von radioaktiver Strahlung eingesetzt.

Ionisationskammer

Dabei handelt es sich um eine Metallkammer, die Gas enthält. Zwischen dem Präparat und der Metallkammer wird eine Spannung angelegt, so dass dazwischen ein elektrisches Feld herrscht. In diesem elektrischen Feld werden die im Gas erzeugten Ionen beschleunigt und es entsteht eine Ionisationsstrom. Dieser Ionisationsstrom steigt bei kleinen Spannungen langsam mit der Spannung an, ab einer bestimmten Spannung ist die Stromstärke nahezu konstant. Sie erreicht einen Sättigungswert.
Dieser **Sättigungswert** ist ein Maß für die Intensität der Strahlung.

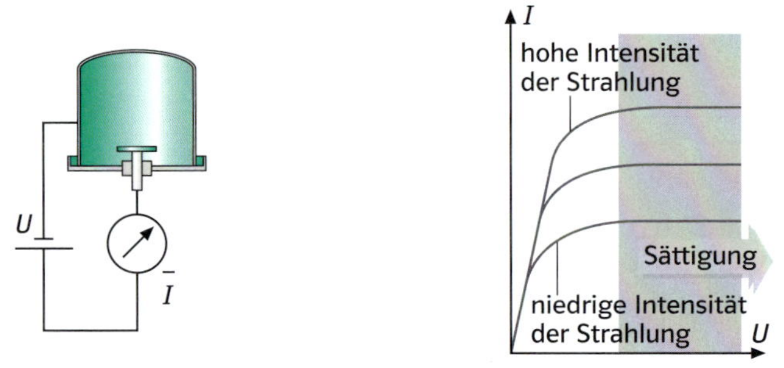

Geiger-Müller-Zählrohr

Radioaktive Strahlung entsteht bei der Umwandlung von Atomkernen. Da sie unsichtbar ist, muss man ihre ionisierende Wirkung zum Nachweis einsetzen.
Es gibt verschiedene Nachweisgeräte für radioaktive Strahlung: Ionisationskammer, Geiger-Müller-Zählrohr, Nebelkammer, Halbleiterdetektoren und Szintillationszähler.

Darunter versteht man ein mit Edelgas, z.B. Argon, gefülltes zylindrisches Metallrohr, in das ein Metalldraht führt. An das Metallrohr und den Draht wird eine Spannung angelegt. Durch ein dünnes Fenster am vorderen Ende gelangt die radioaktive Strahlung in das Metallrohr. Diese Strahlung ionisiert einige der Edelgasatome und dabei werden Elektronen freigesetzt. Diese Elektronen werden zum positiv geladenen Metalldraht beschleunigt. Auf ihrem Weg dorthin ionisieren sie weitere Atome, so dass die Anzahl der Elektronen schnell anwächst. Dadurch entsteht ein Stromstoß und damit ein Spannungsimpuls am Widerstand.
Bis ein erneuter Spannungimpuls entsteht, vergeht einige Zeit. Dies hängt mit der Trägheit der positiv geladenen Ionen zusammen. Sie verweilen länger am Draht als die Elektronen und somit entsteht ein Bereich um den Draht mit positiver Ladung. Dies führt zu einer Abschirmung des von außen angelegten Feldes und die rasche Ladungserzeugung wird kurzzeitig gestoppt. Man nennt diese Zeit **Totzeit**.
Die Spannungsimpulse können mit einem Oszilloskop sichtbar oder mit einem Lautsprecher hörbar gemacht werden.
Je nach Art der radioaktiven Substanz unterscheidet sich die Anzahl der Spannungsimpulse. Die Anzahl der Impulse pro Zeit heißt **Zählrate**.

Auch ohne radioaktives Präparat spricht ein Geiger-Müller-Zählrohr an. Die Ursache hierfür ist die ionisierende Strahlung aus dem Weltall sowie künstlich erzeugte Radioaktivität. Dieser Effekt heißt **Nulleffekt** und die zugehörige Zählrate **Nullrate**.

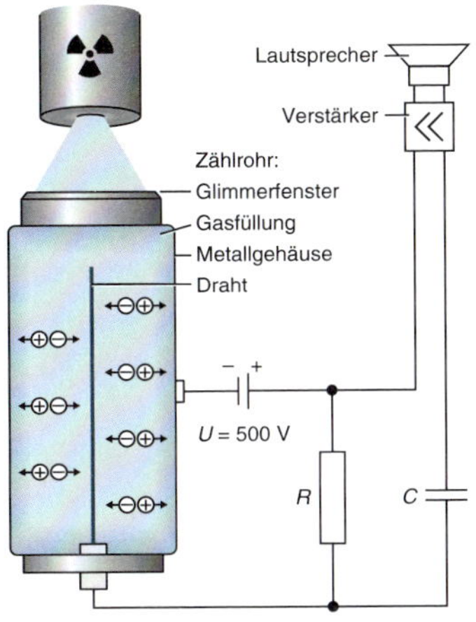

Nebelkammer

Damit lässt sich die Bahn der radioaktiven Strahlung sichtbar machen.
In dieser Kammer befindet sich mit Wasser- oder Alkoholdampf gesättigte Luft. Durch Drucksenkung kühlt sich die Luft sehr schnell ab. Dadurch wirken die Ionen wie Kondensationskeime, um die sich Wassertröpfchen bilden, und es entstehen Spuren der radioaktiven Strahlung. Je länger die Spur, umso energiereicher die Strahlung.

Halbleiterdetektor

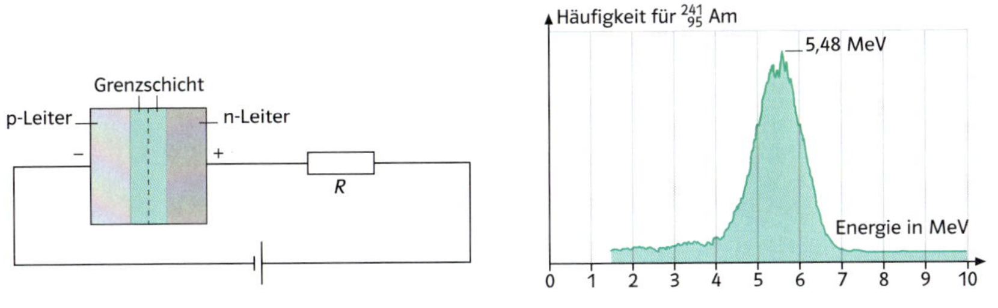

Dabei handelt es sich um Dioden mit breiter p-n-Grenzschicht. Die Spannung wird so angelegt, dass die Diode in Sperrrichtung gepolt ist. Die ionisierende Strahlung erzeugt nun in der p-n-Grenzschicht Elektronen-Loch-Paare und es kommt zu einem Stromstoß und am Widerstand zu einem Spannungsimpuls. Wird in der Grenzschicht die Strahlung absorbiert, so ist die Höhe des Spannungsimpulses ein Maß für die Energie der Strahlung.

Szintillationszähler

In einem Szintillationskristall werden durch die radioaktive Strahlung Lichtblitze erzeugt. Diese treffen auf eine dahinterliegende Fotokathode und setzen nach dem Fotoeffekt (→ S. 106) Elektronen frei. Diese Elektronen treffen auf weitere Kathoden (SEV: Sekundärelektronenvervielfacher) und setzen weitere Elektronen frei. Die Zahl der Elektronen vergrößert sich so schlagartig. Dieser Elektronenstrom führt zu einem Spannungsimpuls am Widerstand. Auch hier ist die Höhe des Spannungsimpulses ein Maß für die Energie der Strahlung.

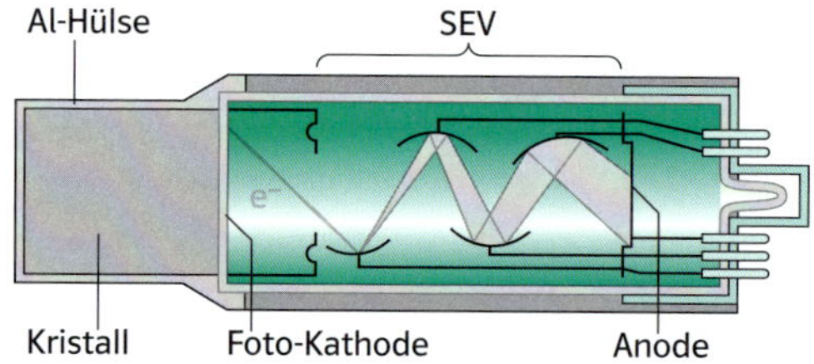

Strahlungsarten

Die radioaktive Strahlung setzt sich aus drei Strahlungsarten zusammen. Alle drei Arten haben die gleiche Eigenschaft, ihre ionisierende Wirkung. Es muss also andere Eigenschaften geben, die die Strahlungsarten unterscheidbar machen. Da es sich bei zwei Arten der radioaktiven Strahlung um geladene Teilchen handelt, kann man sie durch ein elektrisches oder magnetisches Feld ablenken und somit unterscheidbar machen. Die dritte Strahlungsart besitzt keine Ladung und wird deshalb von diesen Feldern nicht abgelenkt.

α-Strahlung

α-Strahlen:
- zweifach positiv geladene Heliumkerne
- Reichweite in Luft nur einige Zentimeter
- Abschirmung bereits mit Papier möglich
- werden im Magnetfeld abgelenkt

Sie besteht aus positiv geladenen Heliumkernen, d.h. zwei Protonen und zwei Neutronen. Deshalb haben α-Strahlen eine sehr hohe Masse: $m_\alpha = 6{,}64 \cdot 10^{-27}\,\text{kg}$ (entspricht ca. 7350-mal der Masse eines Elektrons). Die Energie der α-Strahlung beträgt zwischen 3 MeV und 11 MeV. In Luft haben die α-Strahlen eine Reichweite von 3–7 cm. Sie können bereits durch Papier abgeschirmt werden.
Da es sich bei α-Strahlen um positive Teilchen handelt, werden sie im Magnetfeld abgelenkt.

β-Strahlung

Sie besteht aus Elektronen β^- bzw. Positronen β^+. Die β-Strahlung kann Energien bis 3 MeV erreichen. In Luft beträgt die Reichweite mehrere Meter. Durch ein dünnes Aluminiumblech können β-Strahlen abgeschirmt werden.
Da es sich um leichte Teilchen handelt, können sie im elektrischen Feld leicht abgelenkt werden.

β-Strahlen:
- Elektronen oder Positronen
- Reichweite in Luft einige Meter
- Abschirmung durch dünnes Aluminiumblech
- werden im elektrischen Feld abgelenkt

γ-Strahlung

Sie besteht aus energiereichen Photonen, deren Wellenlänge von 10^{-10} m bis 10^{-13} m reicht. Sie ist damit mit der Röntgenstrahlung (→ S. 130) identisch. Die Energie der γ-Strahlen beträgt zwischen 0,001 MeV bis 10 MeV. Sie haben in Luft eine sehr große Reichweite. Durch dicke Bleiplatten kann die γ-Strahlung abgeschwächt werden, man kann sie jedoch nicht vollständig abschirmen.

γ-Strahlen:
- energiereiche Photonen
- sehr große Reichweite in Luft
- keine vollständige Abschirmung möglich

Wechselwirkung mit Materie

α- und β-Strahlung

Da es sich in beiden Fällen um geladene Teilchen handelt, findet die Wechselwirkung durch

- Stöße mit den Elektronen der Atomhülle statt. Dabei wird das Atom angeregt oder ionisiert und die geladenen Teilchen verlieren einen Teil ihrer Energie. Man nennt diesen Energieverlust **Ionisationsbremsung**.
- Ablenkung im elektrischen Feld der Atomkerne. Dabei geben die Teilchen ihre Energie in Form von **Bremsstrahlung** ab.

Die α-Strahlen wirken wegen ihrer Ladung stark ionisierend. Aufgrund ihrer großen Masse jedoch werden sie aus ihrer Bahn kaum abgelenkt. Sie verlieren einen Teil ihrer Energie somit nahezu nur durch Ionisationsbremsung.
Die β-Strahlen ionisieren und regen Atome beim Durchgang durch Materie an. Außerdem werden sie aufgrund ihrer geringen Masse stark abgelenkt. Sie verlieren ihre Energie durch Ionisationsbremsung und Bremsstrahlung.

α- und β-Strahlung:
Ihre Wechselwirkung findet zum einen durch Ionisation oder Anregung statt. Dabei verliert die Strahlung ihre Energie in Form von Ionisationsstrahlung. Zum anderen findet sie durch Ablenkung im eletrischen Feld statt. Dabei geht die Energie in Form von Bremsstrahlung verloren.

γ-Strahlung

Ihre Wechselwirkung mit Materie findet hauptsächlich durch drei Prozesse statt:

- Fotoeffekt: Das Photon wird vom Atom absorbiert und ein Elektron wird freigesetzt. Die Energie des freigesetzten Elektrons ist gleich der Energie des einfallenden Photons minus der Energie die zur Ablösung notwendig ist.

γ-Strahlung:
Die Wechselwirkung findet durch drei Prozesse statt: Fotoeffekt, Comptoneffekt und Paarbildung.
Bei γ-Strahlen nimmt die Zählrate exponentiell mit der Dicke der Materieschicht ab.

- Comptoneffekt (→ S. 109): Das einfallende Photon wird an einem Elektron des Atoms gestreut. Dabei gibt das Photon einen Teil seiner Energie an das Elektron ab und fliegt dann nach einer Richtungsänderung weiter.
- Paarbildung: Ist die Energie des einfallenden Photons größer als 1,02 MeV, so tritt Paarbildung auf. Das Photon erzeugt im elektrischen Feld des Atoms ein Elektron-Positron-Paar.

Die Wechselwirkung der γ-Strahlung mit Materie ist geringer als die der geladenen Teilchen. Für die Absorption von γ-Strahlung gilt:
Die Zählrate nimmt exponentiell mit der Dicke der Materieschicht ab:
$z(d) = z(0) \cdot e^{-\mu d}$, wobei d die Dicke der Materieschicht und μ der Absorptionskoeffizient ist.

Zerfallsarten

α-Zerfall

α-Zerfall:
Ein Heliumkern wird ausgesendet, dabei entsteht ein neues Element mit einer um zwei Einheiten kleineren Ordnungszahl und um vier Einheiten kleineren Massenzahl.

Beim α-Zerfall wird ein positiv geladenes Alphateilchen in Form eines Heliumkernes, bestehend aus zwei Protonen und zwei Neutronen, ausgesendet. Dabei verringert sich die Ordnungszahl (Kernladungszahl) um zwei, die Massenzahl um vier Einheiten:

$$^{A}_{Z}X \rightarrow \, ^{A-4}_{Z-2}Y + \, ^{4}_{2}He.$$

Sobald die Kernkräfte nicht mehr wirken, wird die positiv geladene α-Strahlung von den Protonen im Kern abgestoßen. In diesem elektrischen Feld wird sie beschleunigt und erhält kinetische Energie:

$$E_{kin} = \frac{Q_1 \cdot Q_2}{4\pi\varepsilon_0 r},$$ wobei $Q_1 = 2e$ und $Q_2 = Z \cdot e$ (die Ladung des neu entstandenen Kerns Y).

Nach dieser Formel müsste ein α-Teilchen, dass bei der Umwandlung von Radium in Radon $(Z = 86)$ freigesetzt wird, an der Stelle, an der die Kernkräfte nicht mehr wirken, die folgende Energie besitzen:

$$E_{kin} = \frac{2 \cdot e \cdot 86 \cdot e}{4\pi\varepsilon_0 r} = \frac{172 \cdot (1{,}602 \cdot 10^{-19}\,\text{C})^2}{4\pi \cdot 8{,}85 \cdot 10^{-12}\,\frac{\text{C}}{\text{Vm}} \cdot 10 \cdot 10^{-15}\,\text{m}} = 3{,}97 \cdot 10^{-12}\,\text{J}.$$

Messungen ergeben jedoch eine wesentlich geringere Energie. Es scheint, als würden die Teilchen ihre kinetische Energie erst bei einem größeren Radius, also weiter entfernt vom Kern, erhalten.
Die gemessene Energie reicht nicht aus, um das α-Teilchen wieder in den Kern einzufügen.

Erst wenn man die α-Teilchen als Quantenobjekte betrachtet, lassen sich diese widersprüchlichen Aussagen erklären. Für Quantenobjekte gilt die Heisenberg'sche Unschärferelation (→ S. 111): $\Delta x \cdot \Delta p_x \geqq \frac{h}{4\pi}$.

Mit $\Delta x = c \cdot \Delta t$ und $\Delta p_x = \frac{\Delta E}{c}$ ergibt sich für die Unschärferelation:

$$\Delta t \cdot \Delta pE \geqq \frac{h}{4\pi}.$$

Die Energieunbestimmtheit und die Zeit können nicht gleichzeitig genau bestimmt werden, d. h. bei kleinem Δt kann die Energieunbestimmtheit sehr groß sein. Damit kann ein Quantenobjekt eine Energiebarriere durchdringen, selbst wenn seine Energie eigentlich dafür nicht ausreicht. Diese Eigenschaft nennt man auch **Tunneleffekt**.

Je schmaler die Energiebarriere, umso wahrscheinlicher ist es, dass das Teilchen durchtunnelt.

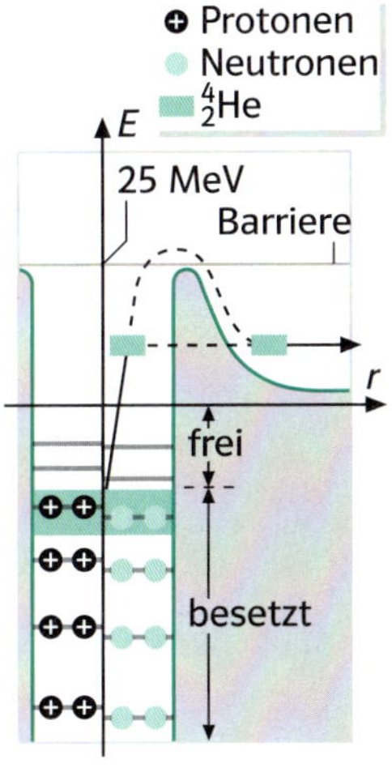

β-Zerfall

Beim β-Zerfall unterscheidet man zwischen β^+- und β^--Zerfall.

Beim β^--Zerfall wird im Kern ein Neutron in ein Proton umgewandelt und ein Elektron sowie ein Antineutrino emittiert. Dabei erhöht sich die Ordnungszahl um 1, während die Massenzahl konstant bleibt:

$$^A_ZX \rightarrow {}^{A}_{Z+1}Y + e^- + \overline{\nu}.$$

Beim β^+-Zerfall wird im Kern ein Proton in ein Neutron und ein hochenergetisches Positron umgewandelt und ein Elektron sowie ein Neutrino emittiert. Dabei verringert sich die Ordnungszahl um 1, während die Massenzahl konstant bleibt.

$$^A_ZX \rightarrow {}^{A}_{Z-1}Y + e^+ + \nu.$$

β-Zerfall:
Man unterscheidet zwischen β^+- und β^--Zerfall.
β^--Zerfall:
Es entsteht ein neues Element mit einer um eine Einheit größeren Ordnungszahl. Die Massenzahl bleibt konstant.
β^+-Zerfall:
Es entsteht ein neues Element mit einer um eine Einheit kleineren Ordnungszahl. Die Massenzahl bleibt konstant.

Da das Energiespektrum eines α- und eines γ-Strahles diskret ist, sollte auch das Energiespektrum eines β-Strahlers diskret sein. Messungen zeigen jedoch ein kontinuierliches Energiespektrum.

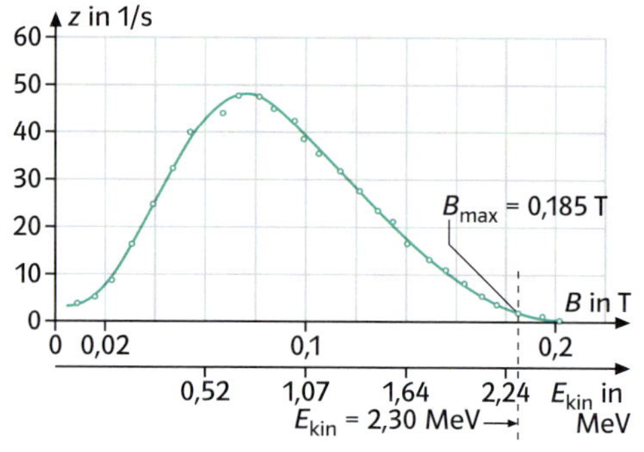

Die Erklärung dieses Problems ließ die Vermutung aufkommen, dass der Energieerhaltungssatz beim β-Zerfall keine Gültigkeit besitzt.
Dieses Problem löste Wolfgang Pauli durch seine Annahme, dass zusätzlich zum Elektron ein weiteres Teilchen (Antineutrino bzw. Neutrino) emittiert wird. Dann bleibt die Energie erhalten.

γ-Zerfall:
Es entsteht kein neues Element. Er findet nur statt, wenn der Kern in einem angeregten Zustand ist.

γ-Zerfall

Beim γ-Zerfall werden Photonen aus dem Atomkern emittiert. Er erfolgt dann, wenn zuvor ein α- oder β-Zerfall stattgefunden hat und sich der Atomkern in einem angeregten Zustand befindet, der dann in den Grundzustand übergeht. Dabei entsteht kein neues Element:

$$^{A}_{Z}X^{*} \rightarrow \, ^{A}_{Z}X + \gamma.$$

Das Zerfallsgesetz

Die Anzahl der noch nicht zerfallenen Kerne nimmt nach dem Exponentialgesetz ab. Die Zeit, die vergeht, bis nur noch die Hälfte der Kerne vorhanden ist, heißt Halbwertszeit.

Man kann nicht vorhersagen, wann ein nicht stabiler Kern zerfällt. Man kann nur die Wahrscheinlichkeit angeben, wann ein Kern innerhalb des nächsten Zeitabschnittes zerfallen wird.
Hat man jedoch eine große Anzahl nicht stabiler Kerne, so kann man das Verhalten dieser Kerne mathematisch beschreiben.

Dazu geht man davon aus, dass der Quotient aus der Anzahl ΔN der Teilchen durch die Zeit Δt, also die Änderungsrate, proportional ist der Anzahl $N(t)$ der zu einem Zeitpunkt t vorhandenen Kerne. Somit gilt:
$-\frac{\Delta N}{\Delta t} = \lambda \cdot N(t)$, wobei die Proportionalitätskonstante λ Zerfallskonstante heißt und das Minuszeichen daher kommt, dass die Anzahl der Kerne abnimmt.

Für $\Delta t \to 0$ erhält man die Differentialgleichung:

$$-\frac{\mathrm{d}N(t)}{\mathrm{d}t} = \lambda \cdot N(t) \text{ mit der Lösung } N(t) = N(0) \cdot e^{-\lambda t}.$$

Dabei ist $N(0)$ die Zahl der zum Zeitpunkt $t = 0$ vorhandenen Kerne.

Die unterschiedliche „Lebensdauer" der Kerne wird durch die **Halbwertszeit** $T_{1/2}$ charakterisiert. Sie gibt die Zeit an, in der sich die Anzahl der radioaktiven Kerne halbiert hat.
Für die Halbwertszeit gilt:

$$N(T_{1/2}) = N(0) \cdot e^{-\lambda t_{1/2}} = \frac{1}{2} \cdot N(0); \text{ daraus folgt:}$$

$$-\lambda \cdot T_{1/2} = \ln \frac{1}{2} \quad \text{bzw.} \quad \lambda \cdot T_{1/2} = \ln 2 \quad \text{und damit} \quad T_{1/2} = \frac{\ln 2}{\lambda}.$$

Verschiedene Isotope zerfallen in gleichen Zeitabschnitten unterschiedlich schnell. Dieses Verhalten wird durch die **Aktivität** beschrieben.

Die Aktivität eines radioaktiven Isotops ist der Quotient aus der Anzahl ΔN der zerfallenen Kerne und der dazu benötigten Zeit:

$$A(t) = \frac{\Delta N(t)}{\Delta t} = \lambda \cdot N(t).$$

Die Einheit der Aktivität ist das Bequerel: $1\ \text{Bq} = 1\ \frac{\text{Kernzerfall}}{\text{Sekunde}}$.

Die Aktivität eines radioaktiven Elementes ist der Quotient aus der Anzahl der zerfallenen Kerne und der vergangenen Zeit.

Kernspaltung

Beschießt man einen schweren Kern mit Neutronen, so wird dieser Kern in zwei Kerne gespalten. Zusätzlich werden dabei mehrere Neutronen und γ-Strahlung frei. Diese freiwerdenden Neutronen können weitere Kerne spalten. Die Neutronenzahl steigt dabei exponentiell an und es kommt zu einer **unkontrollierbaren Kettenreaktion**.

Uran-235 kann als einziges in der Natur vorkommendes Nuklid durch langsame Neutronen gespalten werden. Nur bei Uran-235 ist die Aktivierungsenergie kleiner als die freiwerdende Bindungsenergie.

Die Kernspaltung kann mit folgendem Modell erklärt werden:
Stellt man sich den Urankern als Tröpfchen vor, so wird dieser nicht sehr stabile Kern durch das Neutron zum Schwingen angeregt. Dabei nimmt er für kurze Zeit die Form einer Hantel an. An der schmalen Stelle sind nur noch wenige Nukleonen, die durch ihre Kernkräfte die beiden Teile zusammenhalten können. Der Kern bricht aufgrund der elektrostatischen Abstoßung auseinander. Dadurch erhalten die beiden neuen Kerne eine große Energie.

Wird ein schwerer Kern mit Neutronen beschossen, so entstehen dabei zwei mittelschwere Kerne sowie freie Neutronen. Diese Neutronen können nun weitere Kerne spalten. Bei einer unkontrollierbaren Kettenreaktion entstehen sehr viele Neutronen, die weitere Kerne spalten. Dabei wird die Energie explosionsartig frei.

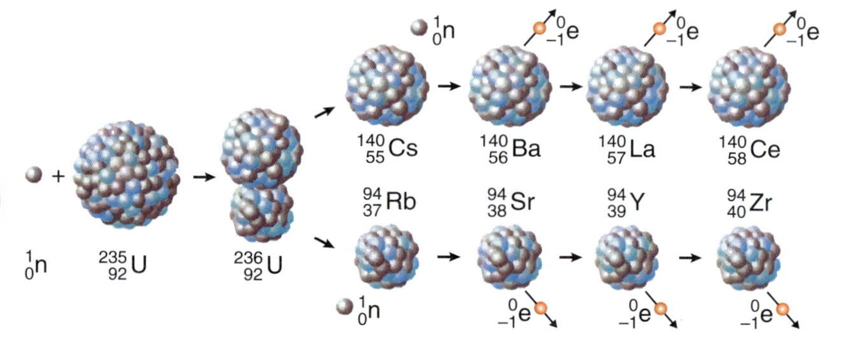

$$^1_0n + {}^{235}_{92}U \rightarrow {}^{236}_{92}U \rightarrow {}^{A_1}_{Z_1}K_1 + {}^{A_2}_{Z_2}K_2 + 2\cdot{}^1_0n + \text{Energie}$$

Der Energiegewinn pro Spaltung kann folgendermaßen abgeschätzt werden: Die mittlere Bindungsenergie pro Nukleon beträgt für Uran-235 ca. 7,5 MeV, für die Bruchstücke ca. 8,4 MeV. Somit wird $(8{,}4\ \text{MeV} - 7{,}5\text{MeV}) \cdot 235 \approx 200\ \text{MeV}$ an Energie frei. Davon entfallen etwa 170 MeV auf die kinetische Energie der Spaltprodukte. Diese kinetische Energie erhöht die innere Energie und damit die Temperatur des Spaltmaterials.

In einem Kernreaktor findet eine kontrollierte Kettenreaktion statt. Dabei absorbieren Regelstäbe so viele Neutronen, dass nur noch eins für die Spaltung jeweils eines Urankerns vorhanden ist.

Die Kernspaltung wird in einer Atombombenexplosion und in Kernreaktoren eingesetzt.
In einer Atombombe nutzt man die ungeregelte Kettenreaktion, bei der die Zahl der Spaltungen sehr schnell ansteigt und riesige Energiemengen frei werden.
In einem Kernreaktor hingegen nutzt man die geregelte kontrollierbare Kettenreaktion. Zwischen den Brennstäben, die den Brennstoff enthalten, befinden sich Regelstäbe, die so viele Neutronen absorbieren, dass nur noch ein Neutron für eine weitere Spaltung übrig bleibt.
Außerdem müssen die bei der Kernspaltung von Uran-235 entstehenden sehr schnellen Neutronen abgebremst werden, da vor allem langsame Neutronen weitere Spaltungen durchführen. Einen Stoff, der diese schnelle Neutronen durch Stöße abbremst, nennt man **Moderator**. Da bei Stoßpartnern mit gleicher Masse die Energieübertragung optimal ist, verwendet man als Moderator z. B. leichtes oder schweres Wasser oder Graphit.

Kernfusion

Die Kernfusion ist die Umkehrreaktion der Kernspaltung. Hier werden zwei Kerne zu einem Kern verschmolzen, dabei wird Energie frei.

Unter Kernfusion versteht man das Verschmelzen zweier Kerne zu einem neuen Kern unter Freisetzung von Bindungsenergie.
Um die Kerne miteinander zu verschmelzen, müssen sie sich entgegen der Coulombkraft annähern, bis der Bereich der anziehenden Kernkräfte, die nur in Kernnähe wirken, erreicht ist. Um die abstoßende Coulombkraft zu über-

winden, müssen die Kerne mit großer Geschwindigkeit aufeinander zufliegen. Diese hohen Geschwindigkeiten erhalten die Teilchen bei hohen Temperaturen, da dann die Atome eines Gases in Elektronen und Kerne zerlegt sind. Das Gas ist ionisiert und weicht von seinen normalen Eigenschaften als Gas ab. Man nennt dieses Gas auch **Plasma**. Ein Plasma hat die Eigenschaft elektrisch leitend zu sein und es wird durch elektrische und magnetische Felder abgelenkt. Diese Eigenschaft macht man sich in Fusionsanlagen zunutze. Man schließt das Plasma in Magnetfeldern ein, damit es sich an den Wänden der Fusionsanlage nicht abkühlt.

Aktuell konzentriert sich die Forschung in Fusionreaktoren auf die Verschmelzung der beiden Wasserstoffisotope Deuterium und Tritium zu Helium, da hier die Energiegewinnung bei niedriger Plasmatemperatur am größten ist:

Aktuell konzentriert sich die Forschung auf die Verschmelzung von Tritium und Deuterium zu Helium.

$$^{2}_{1}\mathrm{H} + ^{3}_{1}\mathrm{H} \rightarrow ^{4}_{1}\mathrm{He} + ^{0}_{1}n + 17{,}6\ \mathrm{MeV}.$$

Ein weiterer Vorteil ist, dass Deuterium in ausreichender Menge in den Meeren vorhanden ist. Tritium kann aus dem in großer Menge vorhanden Lithium durch die im Fusionsprozeß freiwerdenden Neutronen hergestellt werden.

Am erfolgreichsten bei der Kernfusion ist man zur Zeit in Tokamak-Anlagen. Dort wird das heiße Plasma mittels starker Magnetfelder in einen Torus eingeschlossen. Durch diese magnetische Kompression erhält das Plasma eine hohe Dichte und hohe Temperatur. Ein zweites Magnetfeld erzeugt nun durch Induktion einen ringförmigen Induktionsstrom von mehreren Millionen Ampere. Durch Einschuss energiereicher Teilchen soll die Temperatur noch weiter erhöht werden, bis schließlich ein Plasma entsteht, das mehr Energie liefert als zu seiner Aufrechterhaltung benötigt wird.
Folgende Abbildung zeigt eine solche Tokamak-Anlage:

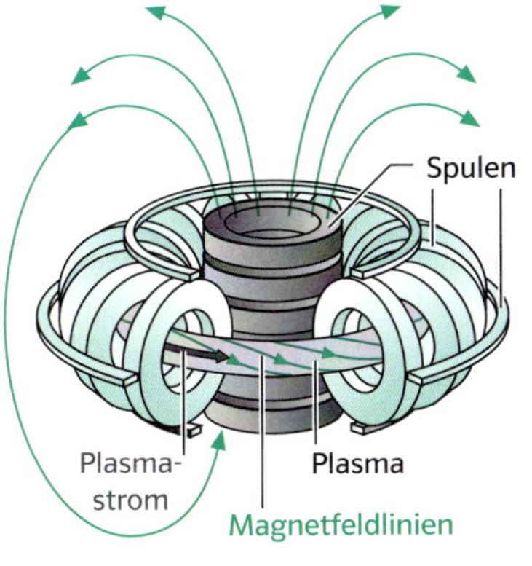

Elementarteilchen

Die vielen Elementarteilchen werden in zwei Familien unterteilt, die Leptonen und die Hadronen. Diese wiederum werden in Mesonen und Baryonen unterteilt.

Unter Elementarteilchen versteht man die Grundbausteine der Materie. Bis 1932 waren als Elementarteilchen das Elektron, das Proton, das Neutron und das Photon bekannt. Dann wurde das erste Antiteilchen, das Positron, entdeckt. Ab diesem Zeitpunkt wurden immer mehr Teilchen gefunden, wobei fast zu jedem Teilchen auch ein Antiteilchen existiert. Um diese vielen Teilchen zu strukturieren, hat man zwei Teilchenfamilien eingeführt, die **Leptonen** (leichte Teilchen) und die **Hadronen** (schwere Teilchen). Bei den **Hadronen** existieren zwei Unterfamilien, die **Mesonen** (mittelschwere Teilchen) und die **Baryonen**. Die folgende Tabelle zeigt die wichtigsten Elementarteilchen:

Gruppe	Name	Masse in MeV	Ladung in $1{,}6 \cdot 10^{-19}$ C	Lebensdauer in s	nachgewiesen
	Photon γ		–	∞	1905
Leptonen	Elektron e^-	0,511	–1	stabil	1897
Leptonen	Myon μ^-	105,7	–1	$2{,}2 \cdot 10^{-6}$	1937
Leptonen	Anti-Elektronneutrino $\overline{\nu}_e$	0	0	stabil	1956
Leptonen	Myonneutrino ν_μ	0	0	stabil	1962
Hadronen – Mesonen	Pion π^-	139,6	–1	$2{,}6 \cdot 10^{-8}$	1947
Hadronen – Mesonen	Kaon K^+	493,7	+1	$1{,}2 \cdot 10^{-8}$	1949
Hadronen – Mesonen	Eta-Null η^0	548,8	0	$2{,}5 \cdot 10^{-19}$	1960
Hadronen – Baryonen	Proton p	938,28	+1	stabil	1886
Hadronen – Baryonen	Neutron n	939,57	0	918	1932
Hadronen – Baryonen	Lambda-Null Λ^0	1115,6	0	$2{,}6 \cdot 10^{-10}$	1953
Hadronen – Baryonen	Sigma-Plus Σ^+	1189,4	+1	$0{,}8 \cdot 10^{-10}$	1953
Hadronen – Baryonen	Sigma-Stern-Minus Σ^{*-}	1385	–1	$1{,}3 \cdot 10^{-23}$	1960
Hadronen – Baryonen	Delta-Null Δ^0	1235	0	$0{,}4 \cdot 10^{-23}$	1952
Hadronen – Baryonen	Xi-Stern-Minus ξ^{*-}	1385	–1	$0{,}5 \cdot 10^{-22}$	1962
Hadronen – Baryonen	Omega-Minus Ω^-	1672	–1	$1{,}3 \cdot 10^{-10}$	1964

Die Hadronen setzen sich aus noch kleineren Teilchen zusammen, den Quarks. Es sind sechs Quarks bekannt.

Es gibt weitere Teilchen, deren Ladung ein Drittel der Elementarladung entspricht, die sog. **Quarks**. Man kennt sechs Quarks:

Quark	Symbol	Masse in MeV	Ladung in *e*
up	u	ca. 5	+2/3
down	d	ca. 10	−1/3
strange	s	ca. 100	−1/3
charm	c	ca. 1500	+2/3
bottom	b	ca. 4200	−1/3
top	t	ca. 120 000	+2/3

Die Hadronen sind aus diesen Quarks und deren Antiteilchen aufgebaut.

Elektronenmasse: $m_e = 9{,}109 \cdot 10^{-31}\,\text{kg}$

Protonenmasse: $m_p = 1{,}6726 \cdot 10^{-27}\,\text{kg}$

Neutronenmasse: $m_n = 1{,}6749 \cdot 10^{-27}\,\text{kg}$

Atomare Masseneinheit: $1\,u = 1{,}6605402 \cdot 10^{-27}\,\text{kg}$

Schreibweise von Nukliden: ${}^{A}_{Z}X$, dabei ist X das Elementsymbol, Z die Kernladungszahl und $A = Z + N$ die Massenzahl.

α-Strahlen:
- zweifach positiv geladene Heliumkerne
- Reichweite in Luft nur einige Zentimeter
- Abschirmung bereits mit Papier möglich
- werden im Magnetfeld abgelenkt

β-Strahlen:
- Elektronen oder Positronen
- Reichweite in Luft einige Meter
- Abschirmung durch dünnes Aluminiumblech
- werden im elektrischen Feld abgelenkt

γ-Strahlen:
- energiereiche Photonen
- sehr große Reichweite in Luft
- keine vollständige Abschirmung möglich

α-Zerfall:

$${}^{A}_{Z}X \rightarrow {}^{A-4}_{Z-2}Y + {}^{4}_{2}\text{He}$$

β-Zerfall:

β^+-Zerfall:

$${}^{A}_{Z}X \rightarrow {}_{Z-1}^{\;\;\;A}Y + e^+ + \nu$$

β^--Zerfall:

$${}^{A}_{Z}X \rightarrow {}_{Z+1}^{\;\;\;A}Y + e^- + \overline{\nu}$$

γ-Zerfall:

$${}^{A}_{Z}X^* \rightarrow {}^{A}_{Z}X + \gamma$$

Zerfallsgesetz: $N(t) = N(0) \cdot e^{-\lambda t}$

Halbwertszeit: $T_{1/2} = \dfrac{\ln 2}{\lambda}$

Aktivität: $A(t) = \dfrac{\Delta N(t)}{\Delta t} = \lambda \cdot N(t)$

Gasgesetze

Die drei Gasgesetze
- das Gesetz von Gay-Lussac,
- das Gesetz von Amontons und
- das Gesetz von Boyle-Mariotte

lassen sich in der allgemeinen Gasgleichung für ideale Gase vereinen.

Allgemeine Gasgleichung:

$$\frac{p \cdot V}{T} = \text{konst.}$$

Wird die Stoffmenge n in mol angegeben, so erhält man daraus die **universelle Gasgleichung**:

$$p \cdot V = n \cdot R \cdot T \text{ bzw. } p \cdot V = n \cdot k \cdot T$$

Zustandsgrößen

Ein **ideales Gas** besteht aus punktförmigen Teilchen, die sich mit der Geschwindigkeit v völlig regellos bewegen.
Zustandsgrößen beschreiben den Zustand eines idealen Gases. Da sie auch von anderen Zustandsgrößen abhängen können, nennt man sie auch **Zustandsvariablen**.
Zustandsgrößen, die den Zustand eines idealen Gases beschreiben, sind Druck, Volumen und Temperatur.

Kinetische Gastheorie

Sie erklärt die Gasgesetze und die Eigenschaften von Gasen mittels der **Bewegungsvorgänge der Teilchen**.

Sie beruht auf folgenden Voraussetzungen:
- Ein Gas besteht aus Teilchen mit der Masse m und dem Durchmesser d, die sich ständig in ungeordneter Bewegung befinden.
- Die Teilchen sind vernachlässigbar klein, d.h. ihre Durchmesser sind viel kleiner als der Weg, den ein Teilchen im Mittel zwischen zwei Stößen zurücklegt.
- Die Teilchen verhalten sich wie starre Kugeln, d.h. sie erleiden elastische Stöße, wenn der Abstand ihrer Zentren gleich d wird.

Innere Energie

Die Summe aller kinetischen und potenziellen Energien der Teilchen eines Körpers ist die **innere Energie** des Körpers.
Die Änderung der inneren Energie hängt von der Temperatur und der Masse des Körpers ab.

1. Hauptsatz

Innere Energie = Wärmeenergie + Arbeit

$$\Delta E_{innere} = Q + W$$

Bei idealen Gasen steckt die innere Energie in der Bewegungsenergie der Moleküle, was sich als Wärme auswirkt.

Bei der Wärmezufuhr unterscheidet man, ob sie bei konstantem Druck oder bei konstantem Volumen stattfindet.

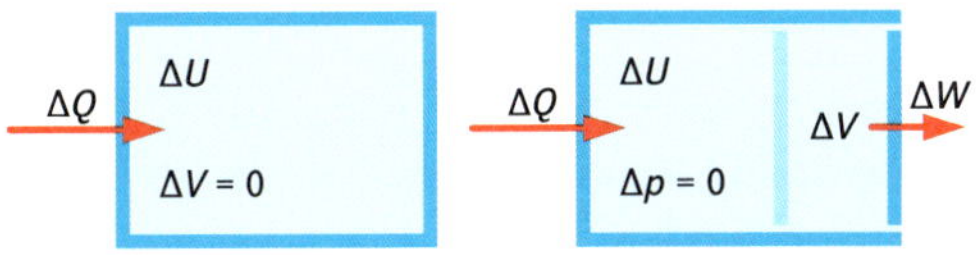

2. Hauptsatz

Er beschreibt wie der erste Hauptsatz eine Erfahrungstatsache:

- Wärme fließt ohne äußeres Zutun vom wärmeren Körper zum kälteren Körper, nie umgekehrt.
- Es existiert keine periodisch arbeitende Maschine, die einem System Wärme entzieht und ohne äußere Energiezufuhr vollständig in mechanische Arbeit umwandelt.
- Es existiert kein Perpetuum Mobile zweiter Art.

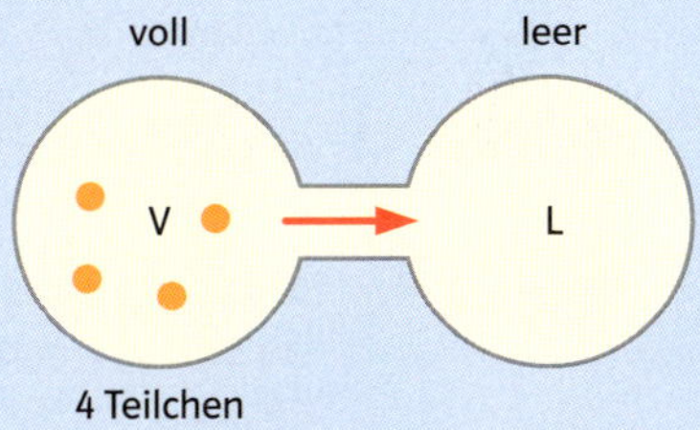

Entropie

Der **Energieerhaltungssatz** erlaubt keine Aussage darüber, ob Vorgänge reversibel oder irreversibel sind.
Die Entropie S hilft uns, solche Vorgänge zu unterscheiden.
Die **Änderung der Entropie** kann folgendermaßen definiert werden:
Die Entropie ändert sich um den Betrag ΔS, wenn man einem System bei konstanter Temperatur die Wärme Q zuführt.

Es gilt:

$$\Delta S = \frac{\Delta Q}{T}.$$

Strahlungsgesetze

Ein **idealer schwarzer Körper** absorbiert jede einfallende elektromagnetische Strahlung vollständig und emittiert diese im Strahlungsgleichgewicht ohne Wellenlängenänderung. Die Aussendung der elektromagnetischen Strahlung lässt sich mithilfe des **Planck'schen Strahlungsgesetzes** beschreiben. Dabei hängt die Intensitätsverteilung der elektrischen Energie und Leistung von der Temperatur des Körpers ab.

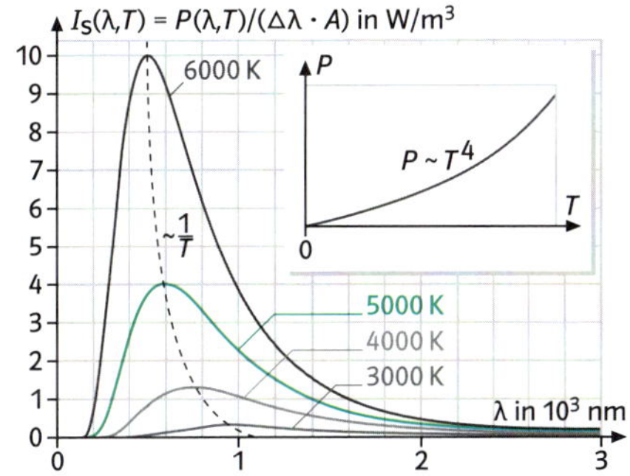

11 Thermodynamik

- Zustandsgrößen beschreiben den Zustand eines Körpers oder eines Systems. Temperatur, Druck und Volumen sind solche Zustandsgrößen in der Thermodynamik.
- Bei den Gasgesetzen hält man jeweils eine der Zustandsgrößen konstant. Es ergeben sich daraus das Gasgesetz von Gay-Lussac, das Gasgesetz von Amontons und das Gasgesetz von Boyle-Mariotte.
- Die kinetische Gastheorie nutzt die Gesetze der Mechanik, um das Verhalten der Gase zu erklären.
- Die innere Energie eines Körpers ist die Summe aller Energien seiner Teilchen. Gasförmige Teilchen besitzen nur kinetische Energie, während feste und flüssige Teilchen zusätzlich potenzielle Energie und Bindungsenergie besitzen.
- Zwischen 1847 und 1850 wurden die beiden Hauptsätze der Wärmelehre formuliert. Der erste Hauptsatz besagt, dass Energie weder erzeugt noch vernichtet werden kann, es sind nur Änderungen der Energieform möglich. Der zweite Hauptsatz besagt, dass Wärme immer spontan „bergab" fließt.
- Der zweite Hauptsatz kann auch mittels der Entropie ausgedrückt werden. Die Entropie gibt Auskunft darüber, ob ein Prozess reversibel, also umkehrbar, oder irreversibel, also nicht umkehrbar ist.
- Im späten 19. Jahrhundert waren schwarze Körper als Modellvorstellung in der Thermodynamik maßgeblich. Bis 1900 Planck sein Strahlungsgesetz veröffentlichte, konnte kein Strahlungsgesetz den schwarzen Körper vollständig beschreiben.

Zustandsgrößen

Zustandsgrößen beschreiben den momentanen Zustand eines Systems oder Körpers, unabhängig davon, wie dieser Zustand erreicht wurde.

Unter einer **Zustandsgröße** versteht man eine physikalische Größe oder einen Parameter in einer Zustandsgleichung, der vom augenblicklichen Zustand des betrachteten Systems abhängt. Er ist also unabhängig davon, wie dieser Zustand erreicht wurde.

In der Thermodynamik gibt es für Gase die Zustandgrößen Temperatur, Druck und Volumen.

Temperatur

In einem Bereich zwischen 0 °C und 100 °C ist die Celsiusskala gut brauchbar. Bei tieferen oder höheren Temperaturen verwendet man Gasthermometer und die Kelvintemperatur.

Celsiustemperatur

Sie verwendet als Fixpunkte die Temperatur des schmelzenden Eises (0 °C) und die des siedenden Wassers (100 °C) bei Normaldruck (1013 hPa). Den Abstand zwischen diesen beiden Fixpunkten unterteilt man in 100 gleich lange Teile. Die Skala kann nach oben und unten linear fortgesetzt werden.

Formelzeichen: ϑ Einheit: °C

Kelvintemperatur

Die Festlegung dieser Skala ergibt sich aus thermodynamischen Beobachtungen. Das Volumen eines Gases ändert sich bei konstantem Druck linear mit der Temperatur. Trägt man in einem Diagramm das Volumen V gegenüber der Celsiustemperatur auf, so ergeben sich je nach Ausgangsvolumen unterschiedlich steile Geraden. Diese Geraden schneiden die Celsiusachse alle bei einer Temperatur von −273,15 °C. Dieser Wert entspricht der Temperatur, bei der alle Teilchen des Systems in Ruhe sind. Dieser Wert wird deshalb als absoluter Nullpunkt bezeichnet und ist der Ausgangspunkt der Kelvinskala. Tiefere Temperaturen sind nicht möglich.

Formelzeichen: T Einheit: K

Bei der Zustandsgröße Temperatur unterscheidet man zwischen der Celsiustemperatur ϑ und der Kelvintemperatur T.

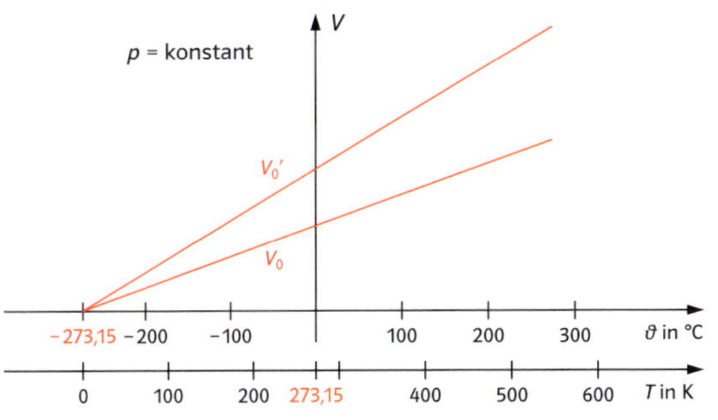

Umrechnungsformel von Kelvin in Grad Celsius und von Grad Celsius in Kelvin:

$T = \left(\frac{\vartheta}{°\text{C}} + 273{,}15\right) \cdot \text{K}$ $\vartheta = \left(\frac{T}{\text{K}} - 273{,}15\right) \cdot °\text{C}$

Druck

Unter dem Druck versteht man den Quotienten aus der Kraft F und der Fläche A, auf die die Kraft wirkt:

$p = \frac{F}{A}$; Einheit: $[p] = 1\,\frac{\text{N}}{\text{m}^2} = 1\,\text{Pa}$.

Gasgesetze

Es gibt drei Gasgesetze:
1. Gesetz von Gay-Lussac (p = konstant): $V \sim T$.
2. Gesetz von Amontons (V = konstant): $p \sim T$.
3. Gesetz von Boyle-Mariotte (V = konstant): $P \sim \frac{1}{V}$.

Hält man eine der drei Zustandsgrößen für Gase konstant, so ergeben sich folgende Gesetze:

1. Gesetz von Gay-Lussac

p = konstant (isobare Zustandsänderung)
Das Volumen steigt linear mit der Temperatur an.
Es gilt: $V = \text{Konstante} \cdot T$.

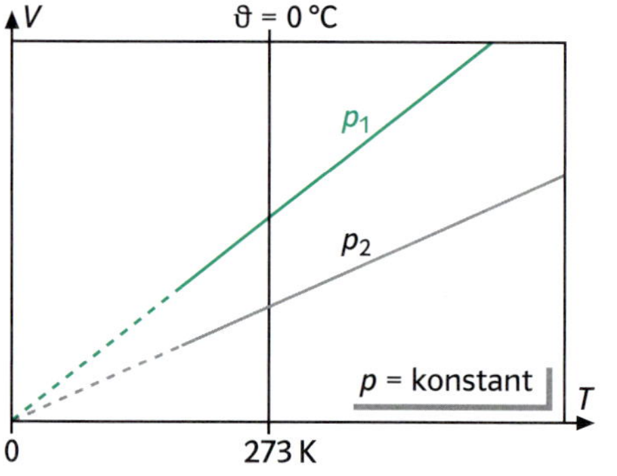

Temperatur und Volumen

2. Gesetz von Amontons

V = konstant (isochore Zustandsänderung)
Der Druck steigt linear mit der Temperatur an.
Es gilt: $p = \text{Konstante} \cdot T$.

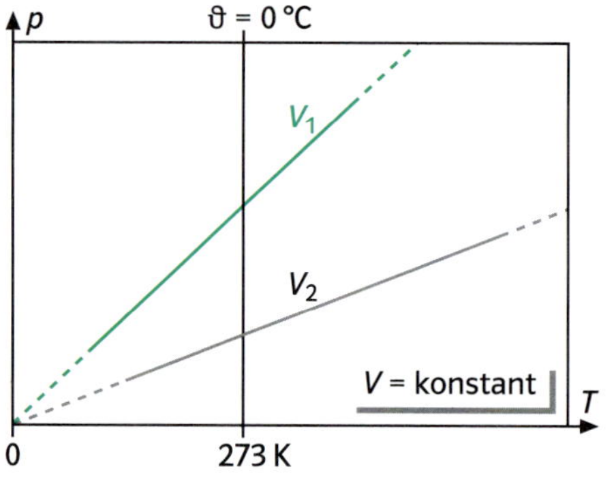

Temperatur und Druck

3. Gesetz von Boyle-Mariotte

T = konstant (isotherme Zustandsänderung)
Das Volumen nimmt mit dem Druck ab. Der Druck ist antiproportional zum Volumen.
Es gilt: $p \cdot V$ = konstant.

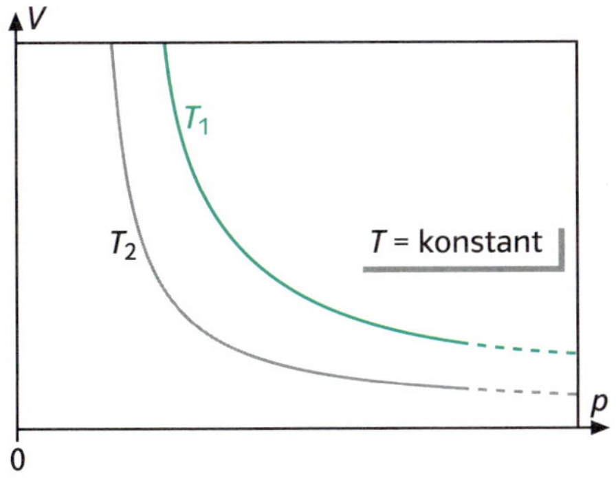

Druck und Volumen

Die in den Gesetzen vorkommenden Konstanten sind nicht abhängig von der Gasart, sondern von der Stoffmenge des Gases und der festgehaltenen Größe.

Ein Gas, das diesen Gesetzen folgt, nennt man **ideales Gas**. Reale Gase genügen den Gesetzen in gewissen Grenzen.

Die drei Gasgesetze lassen sich in einer Formel, der **allgemeinen Gasgleichung**, vereinigen:

Für ein ideales Gas gilt: $\frac{pV}{T}$ = konstant.

Die drei Gesetze lassen sich in einem Gesetz, dem allgemeinen Gasgesetz, zusammenfassen. Dieses Gesetz gilt jedoch nur für ideale Gase ohne Einschränkung.

Diese Konstante ist proportional zur Stoffmenge. Wird die Stoffmenge n in der Einheit mol angegeben (1 mol = $6{,}0221341 \cdot 10^{23}$ Teilchen), so erhält man die **universelle Gasgleichung**:

$p \cdot V = n \cdot R \cdot T$, wobei $R = 8{,}31 \, \frac{\text{J}}{(\text{K} \cdot \text{mol})}$ die universelle Gaskonstante ist.

Häufig verwendet man auch die Anzahl der Gasteilchen N zur Beschreibung der Stoffmenge. Dann ergibt sich für die universelle Gasgleichung die Form:

$p \cdot V = N \cdot k \cdot T$, wobei $k = 1{,}38 \cdot 10^{-23} \, \frac{\text{J}}{\text{K}}$ die Boltzmann-Konstante ist.

Kinetische Gastheorie

Die kinetische Gastheorie beschreibt das Verhalten von Gasen mittels der Mechanik. Es ergibt sich daraus die Grundgleichung der kinetischen Gastheorie.

In der kinetischen Gastheorie erklärt man das Verhalten von Gasen, indem man Annahmen über ihre atomistische Struktur durch die Gesetze der Mechanik beschreibt.

Dazu macht man folgende Annahmen:

- Der Durchmesser der Moleküle ist klein im Verhältnis zum Abstand der einzelnen Moleküle.
- Die Moleküle üben keine Kräft aufeinander aus.
- Stöße zwischen Molekülen untereinander oder mit der Gefäßwand sind immer elastisch.
- Die Moleküle bewegen sich auf nicht vorhersagbaren Bahnen, d. h. sie bewegen sich regellos.

Unter Berücksichtigung dieser Annahmen und durch Vornahme der folgenden Idealisierungen kann die Grundgleichung der kinetischen Gastheorie hergeleitet werden.

Idealisierungen:

- Ein würfelförmiges Gasvolumen V enthält N Teilchen mit der Masse m.
- Je ein Sechstel der Teilchen bewegt sich senkrecht zu einer Würfelfläche.
- Der Geschwindigkeitsbetrag v ist für alle Teilchen gleich.

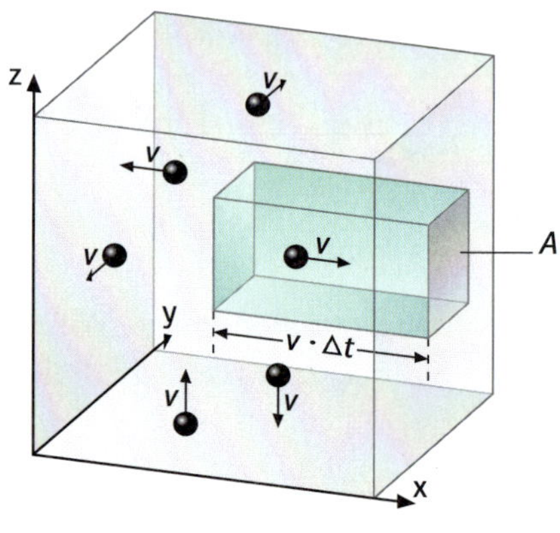

Im Volumen $V' = A \cdot v \cdot \Delta t$ befinden sich N' Teilchen. Ein Sechstel dieser Teilchen erreicht in der Zeit Δt die Fläche A.

Mit der Vorraussetzung, dass bei konstanter Dichte gilt: $\frac{N}{V} = \frac{N'}{V'}$, folgt für die Anzahl der Teilchen, die die Fläche A erreichen:

$$\tfrac{1}{6}N' = \frac{1}{6}\frac{N}{V} \cdot V' = \frac{1}{6}\frac{N}{V} \cdot A \cdot v \cdot \Delta t.$$

Stößt ein Teilchen mit der Gefäßwand zusammen, so übertragt es dabei den Impuls $p = 2m \cdot v$ auf die Gefäßwand.
Daraus ergibt sich der in der Zeit Δt übertragene Impuls zu:

$$\Delta p = \frac{1}{6} \cdot N' \cdot 2 \cdot m \cdot v = \frac{1}{6} \cdot \frac{N}{V} \cdot A \cdot v \cdot \Delta t \cdot 2 \cdot m \cdot v = \frac{1}{3} \cdot \frac{N}{V} \cdot A \cdot v^2 \cdot m \cdot \Delta t.$$

Für den Druck p ergibt sich somit:

$$p = \frac{F}{A} = \frac{1}{A} \cdot \frac{\Delta p}{\Delta t} = \frac{1}{A} \cdot \frac{\frac{1}{3} \cdot \frac{N}{V} \cdot A \cdot v^2 \cdot m \cdot \Delta t}{\Delta t} = \frac{1}{3} \cdot \frac{N}{V} \cdot v^2 \cdot m.$$

Setzt man für v die Geschwindigkeit ein, bei der alle Teilchen die gleiche kinetische Energie $\overline{E}_{kin} = \frac{1}{2}mv^2$ (→ S. 17) haben, so erhält man für den Druck:

$$p = \frac{2}{3}\frac{N}{V} \cdot \overline{E}_{kin} \qquad \text{oder} \qquad p \cdot V = \frac{2}{3} N \cdot \overline{E}_{kin}.$$

Vergleicht man diese Gleichung $\overline{E}_{kin} = \frac{1}{2}mv^2$ mit der universellen Gasgleichung $p \cdot V = N \cdot k \cdot T$, so erhält man für die mittlere kinetische Energie für ein Teilchens eines idealen Gases:

$$\overline{E}_{kin} = \frac{3}{2} kT.$$

Da alle drei Raumrichtungen gleichberechtigt sind, beträgt die mittlere kinetische Energie je Raumrichtung:

$$\overline{E}_{kin} = \frac{1}{2} kT.$$

Innere Energie

Unter der **inneren Energie** eines Körpers versteht man die Summe aller Energien seiner Teilchen. Bei einem idealen Gas besitzen die Teilchen kinetische Energie. Bei festen und flüssigen Körpern kommt noch potenzielle Energie und Bindungsenergie hinzu.

Die innere Energie eines Körpers ändert sich proportional mit der Temperatur des Körpers und umgekehrt proportional mit seiner Masse.

Ändert sich bei einem festen, flüssigen oder gasförmigen Körper die Temperatur, so ändert sich seine innere Energie ΔE_{innere}. Dabei ist die Änderung der Temperatur proportional zur inneren Energie, wenn keine Änderung des Aggregatzustandes oder keine chemische Reaktion stattfindet: $\Delta T \sim \Delta E_{innere}$ und umgekehrt proportional zur Masse des Körpers:

$$\Delta T \sim \frac{1}{m}.$$

Zusammengefasst ergibt sich: $\Delta E_{innere} = c \cdot m \cdot \Delta T$, wobei die Proportionalitätskonstante c die **spezifische Wärmekonstante** ist. Die spezifische Wärmekonstante ist eine stoffabhänigig Konstante.

Eine Änderung der inneren Energie ist nicht immer mit einer Temperaturerhöhung verbunden. Beim Schmelzen und Verdampfen erhöht sich die Temperatur nicht. Die Energie, die zugeführt wird, wird in potenzielle Energie der Teilchen

umgewandelt. Dabei vergrößert sich das Volumen. Hierfür muss Arbeit verrichtet werden. Zusammen ergibt dies die **Verdampfungsenergie**.
Die selben Energien werden beim Kondensieren und Verfestigen freigesetzt.

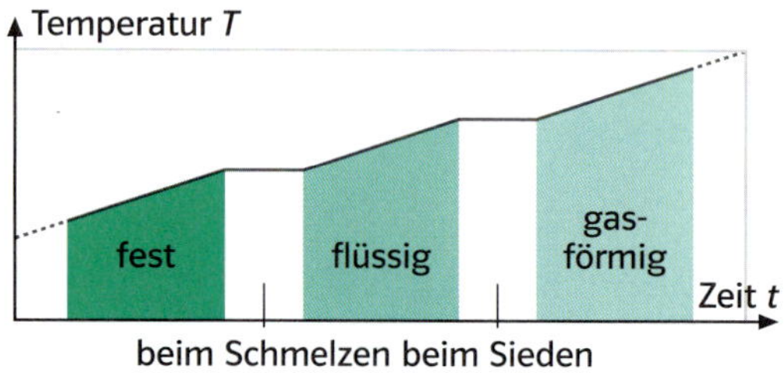

t-T-Diagramm für konstante Energiezufuhr: Während der Änderungen der Aggregatzustände ändert sich die Temperatur nicht.

Um die Temperatur eines Gases zu erhöhen, ist bei konstantem Volumen weniger Energie nötig als bei konstantem Druck.

Die Energie, die zur Erhöhung der Temperatur eines Gases notwendig ist, ist bei konstantem Volumen kleiner als bei konstantem Druck. Somit ist die spezifische Wärmekapazität bei konstantem Volumen c_V auch kleiner als die bei konstantem Druck c_P. Dies ist dadurch bedingt, dass bei konstantem Druck das Volumen des Gases vergrößert werden muss, d. h. eine Gefäßwand muss gegen den äußeren Luftdruck verschoben werden. Dazu muss eine Energie von $\Delta E = p \cdot \Delta V$ aufgebracht werden, um die die innere Energie dann reduziert wird.

Erster Hauptsatz der Wärmelehre

Beim ersten Hauptsatz handelt es sich um eine Erweiterung des Energieerhaltungssatzes: Die Änderung der inneren Energie eines Körpers berechnet sich aus der Summe der verrichteten Arbeit und der umgesetzten Wärme.

Durch Wärme Q oder Arbeit W kann die innere Energie eines Körpers von außen geändert werden.
Unter **Wärme** verstehte man die Energie, die beim Erwärmen oder Abkühlen von einem Körper auf einen anderen Körper übertragen wird.
Das Vorzeichen der Arbeit oder Wärme gibt an, ob die Energie zu- oder abgeführt wird:

- Ist W oder Q positiv, so steigt die innere Energie des Systems an.
- Ist W oder Q negativ, so nimmt die innere Energie des Systems ab.

Erster Hauptsatz der Thermodynamik

Die Änderung ΔE_{innere} der inneren Energie eines Systems ist gleich der Summe aus verrichteter Arbeit W und umgesetzter Wärme Q:

$$\Delta E_{\text{innere}} = W + Q.$$

Der erste Hauptsatz ist die Erweiterung des Energieerhaltungssatzes der Mechanik. Nun können auch Reibungsvorgänge betrachtet werden, wo Teile der kinetischen und potenziellen Energie in Wärmeenergie umgewandelt werden.

Energieerhaltungssatz

In einem thermisch und mechanisch abgeschlossenen System ist die Gesamtenergie konstant (→ S. 17).

Energieumwandlung bei Volumenänderung

Wird an einem Gas bei der Kompression Arbeit verrichtet oder verrichtet das Gas bei der Expansion Arbeit, so nennt man diese Arbeit **Volumenarbeit** oder **Volumenänderungsarbeit**.
Dabei unterscheidet man verschiedene Zustandsänderungen:

Man unterscheidet vier Zustandsänderungen:
1. isobar: p = konstant
2. isotherm: T = konstant
3. adiabatisch: $Q = 0$
4. isochor: V = konstant

Isobare Zustandsänderung: p = konstant
Das Gas expandiert von V_1 nach V_2. Dabei sinkt die innere Energie und die Arbeit wird daher negativ gerechnet.

$$W = -F \cdot \Delta s = -p \cdot A \cdot \Delta s = -p \cdot \Delta V$$

Somit ergibt sich für die innere Energie: $\Delta E_{\text{innere}} = Q + W = Q - p \cdot \Delta V$.

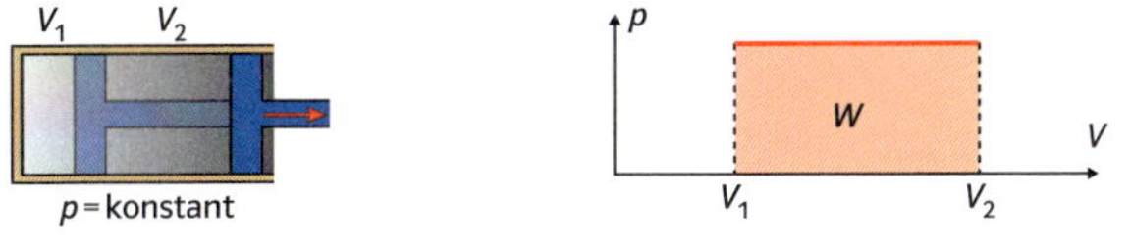

Isotherme Zustandsänderung: T = konstant
Ändert sich die Temperatur nicht, so gilt für die innere Energie:

$$\Delta E_{\text{innere}} = 0.$$

Es gilt das Gesetz von Boyle-Mariotte: $p \cdot V$ = konstant.
Somit ergibt sich für die Arbeit:

$$W = \int_{V_1}^{V_2} p \cdot dV = -N \cdot k \cdot T \int_{V_1}^{V_2} \frac{1}{V}\, dV = -N \cdot k \cdot T \cdot \ln\left(\frac{V_2}{V_1}\right)$$

und für die innere Energie:

$$\Delta E_{\text{innere}} = Q - N \cdot k \cdot T \cdot \ln\left(\frac{V_2}{V_1}\right) = 0.$$

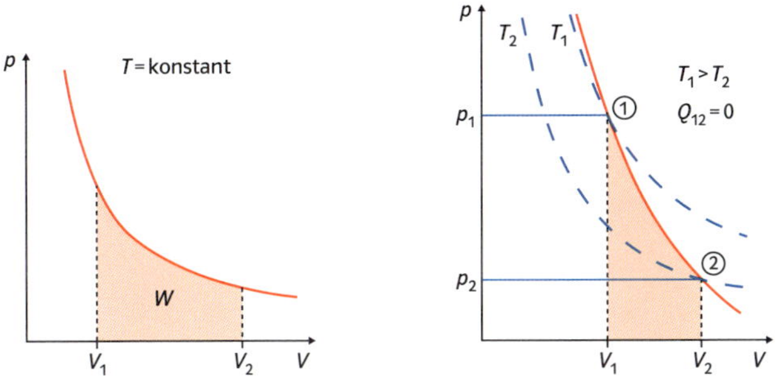

Adiabatische Zustandsänderung: $Q = 0$
Somit findet keine Wärmeübertragung statt. Es wird innere Energie in mechanische Arbeit oder mechanische Arbeit in innere Energie umgewandelt.
Es gilt: $\Delta E_{\text{innere}} = W$.

Isochore Zustandsänderung: V = konstant
Da keine Volumenänderung stattfindet, gilt für die innere Energie:

$$\Delta E_{\text{innere}} = Q.$$

Zweiter Hauptsatz der Wärmelehre

Der zweite Hauptsatz macht im Unterschied zum ersten Hauptsatz Aussagen über die Richtung, in der Prozesse ablaufen: Wärme wird nie von einem kälteren auf einen wärmeren Körper übertragen.

Der erste Hauptsatz macht Aussagen über Prozesse, die energetisch möglich sind. Der zweite Hauptsatz hingegen gibt Auskunft über die Richtung von Prozessen in abgeschlossenen Systemen.

Für den **zweiten Hauptsatz der Thermodynamik** existieren mehrere Formulierungen:

- Es gibt keine periodisch arbeitende Maschine, die innere Energie ausschließlich in Arbeit umsetzt (Kelvin 1851).
- Zustandsänderungen eines Systems laufen von selbst stets so ab, dass der neue Zustand wahrscheinlicher ist als der alte (Boltzmann).
- Wärme geht niemals von einem System niedriger zu einem System höherer Temperatur über (Clausius 1850).

Die theoretische Betrachtung der Wärmekraftmaschinen zeigt, dass die periodische Umwandlung von Wärmeenergie in mechanische Energie immer mit einer Wärmeabgabe an ein kälteres Reservoir verknüpft ist.

Unter dem **Wirkungsgrad** η eines Energieumwandlungsprozesses versteht man das Verhältnis von nutzbarer zu aufgewendeter Energie.
Für die Umwandlung von Wärmeenergie Q in mechanische Energie E ergibt sich für den Wirkungsgrad:

$$\eta = \frac{|E|}{Q}.$$

Handelt es sich um eine ideale Wärmekraftmaschine, so kann der Wirkungsgrad durch die Temperaturen T_1 (höhere Temperatur) und T_2 (niedrigere Temperatur) der Wärmereservoire ausgedrückt werden:

$$\eta = \frac{T_1 - T_2}{T_1}.$$

Entropie

Reversible Vorgänge

Darunter versteht man Vorgänge, die von einem Anfangszustand aus nach einer Zustandsänderung wieder von alleine in diesen Anfangszustand zurückkehren können. Reversible Vorgänge sind umkehrbar, ohne dass eine Veränderung in der Umgebung zurückbleibt. Bei diesen Vorgängen handelt es sich um Idealisierungen. Beispiele sind ungedämpfte Schwingungen, elastische Stöße.

Man unterscheidet zwischen reversiblen und irreversiblen Vorgängen. Reversible Vorgänge sind umkehrbare Vorgänge. Der Ausgangszustand kann von alleine wieder erreicht werden. Bei irreversiblen Vorgängen kann der Ausgangszustand nicht mehr erreicht werden, der Vorgang ist nicht umkehrbar.

Irreversible Vorgänge

Darunter versteht man Vorgänge, die nach einer Zustandsänderung ihren Anfangszustand nicht wieder von alleine erreichen und die von selbst nur in eine Richtung ablaufen. Irreversible Vorgänge sind nicht umkehrbar. Ein Beispiel sind gedämpfte Schwingungen.

Mittels des Energieerhaltungssatzes ist es nicht möglich eine Entscheidung zu treffen, ob ein Vorgang reversibel oder irreversibel ist. Dazu benötigt man eine weitere Größe, die **Entropie**.

Formelzeichen für die Entropie: S Einheit: $[S] = 1\,\frac{\text{J}}{\text{K}}$

Makroskopisch lässt sich die Entropieänderung folgendermaßen definieren: Führt man einem System bei konstanter Temperatur die Wärme Q zu, so ändert sich seine Entropie um $\Delta S = \frac{Q}{T}$.

Eine statistische Definition der Entropie stammt von Ludwig Boltzmann. Die Definitionsgleichung lautet: $S = k \cdot \ln(w)$, wobei $k = 1{,}380658 \cdot 10^{-23}\,\frac{\text{J}}{\text{K}}$ die Boltzmannkonstante und w die Wahrscheinlichkeit für einen Makrozustand ist. Diese Wahrscheinlichkeit berechnet sich aus der Anzahl z der zu diesem Zustand gehörenden Mikrozustände geteilt durch die Anzahl z_0 aller möglichen Mikrozustände:

$$w = \frac{z}{z_0}.$$

Die physikalische Größe Entropie liefert eine Möglichkeit zu bestimmen, ob ein Vorgang umkehrbar ist oder nicht.

Findet in einem abgeschlossenen System ein irreversibler Vorgang statt, dann wächst die Wahrscheinlichkeit w. Ist die Wahrscheinlichkeit w_2 für einen zweiten Zustand größer als die Wahrscheinlichkeit w_1 für den ersten, dann gilt für die Entropie:

$$S = k \cdot \ln(w_2) - k \cdot \ln(w_1) = k \cdot \ln\frac{w_2}{w_1} > 0.$$

Obwohl die zweite Definition nicht unmittelbar auf einen Zusammenhang mit Größen wie Wärme und Energie hinweist, existiert ein solcher. Dies wird anhand einer isothermen Expansion erläutert.

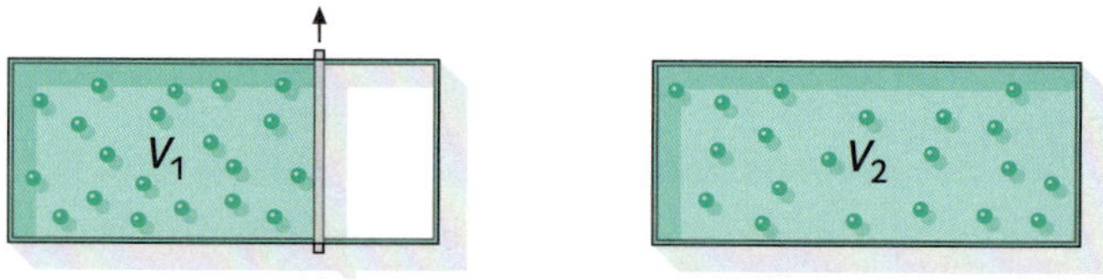

Nach dem Entfernen der Trennwand verteilen sich alle Gasteilchen im größeren Volumen V_2. Die Wahrscheinlichkeit, ein beliebiges Teilchen nach der Expansion im rechten Teilvolumen zu finden, ist $\frac{w_1}{w_2} = \frac{V_1}{V_2}$. Für N Teilchen ergibt sich für die Wahrscheinlichkeit: $\frac{w_1}{w_2} = \left(\frac{V_1}{V_2}\right)^N$. Dies führt zu folgender Entropieänderung:

$$\Delta S = k \cdot \ln\left(\frac{w_2}{w_1}\right) = k \cdot \ln\left(\left(\frac{V_2}{V_1}\right)^N\right) = k \cdot N \cdot \ln\left(\frac{V_2}{V_1}\right).$$

Die makrospkopische Definition liefert das gleiche Ergebnis:

Bei einer isothermen Expansion eines Gases wird die Wärme $Q = N \cdot k \cdot T \cdot \ln\left(\frac{V_2}{V_1}\right)$ zugeführt. Damit ergibt sich für die Entropieänderung:

$$\Delta S = \frac{Q}{T} = k \cdot N \cdot \ln\left(\frac{V_2}{V_1}\right).$$

Weitere Eigenschaften der Entropie:

- Die Entropie eines abgeschlossenen Systems nimmt nie ab. Nur bei reversiblen Vorgängen gilt $\Delta S = 0$.
- In einem abgeschlossenen System laufen Vorgänge so lange ab, bis die Entropie ihr Maximum erreicht hat.
- Zustandsänderungen eines Systems laufen von selbst stets so ab, dass der neue Zustand wahrscheinlicher ist als der alte.
- Läuft ein Vorgang so ab, dass Entropie entsteht, dann wird Energie entwertet. Die entwertete Energie ist $\Delta S \cdot T_0$, wobei T_0 die momentane Umgebungstemperatur ist.
- Bilden sich Strukturen, z. B. Kristalle, dann entsteht „Ordnung“ und damit nimmt die Anzahl der möglichen Mikrozustände ab. Die Entropie sinkt. Dem System wird Entropie entzogen und der Umgebung zugeführt. Es liegt somit kein abgeschlossenes System vor.

Mittels der Entropie formuliert sich der zweite Hauptsatz so:
Es gibt keine Prozesse, die zu einer Entropievernichtung führen.

Strahlungsgesetze

Sendet ein Körper aufgrund seiner Temperatur elektromagnetische Strahlung aus, so nennt man diese **Temperatur-** oder **Wärmestrahlung**.

Ein Körper, der jede einfallende Strahlung vollständig absorbiert und mit höchstmöglicher Intensität emittiert, nennt man einen idealen **schwarzen Körper** oder **schwarzen Strahler**.

Gute schwarze Strahler sind zum Beispiel die Sonne, eine Glühlampe, die Erde. Die Strahlungsgesetze setzen einen solchen idealen schwarzen Körper voraus.

Das Planck'sche Strahlungsgesetz

Dieses Gesetz beschreibt die Intensitätsverteilung der elektrischen Energie und Leistung in Abhängigkeit von der Wellenlänge.

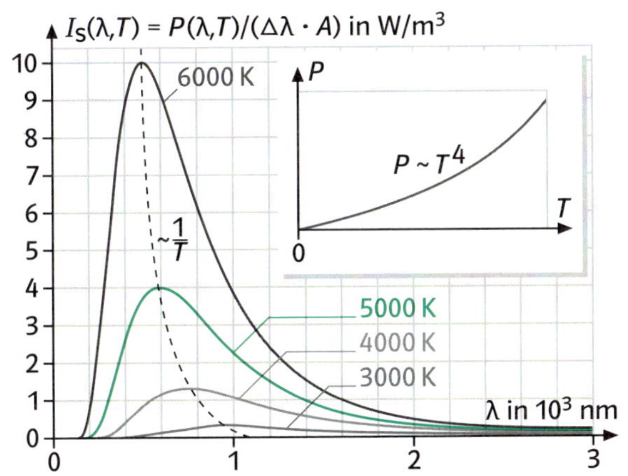

Temperatur und Volumen

Dem Diagramm entnimmt man folgende Aussagen:

- Es existiert eine von der Temperatur abhängige maximale Wellenlänge, bei der die Intensität maximal ist.
- Die maximale Wellenlänge wird mit steigender Temperatur kleiner.
- Die maximale Intensität ist umso größer, je höher die Temperatur ist.

Mithilfe des Planck'schen Strahlungsgesetzes kann die Aussendung von elektromagnetischer Strahlung vollständig beschrieben werden:

- Bei einer bestimmten Wellenlänge ist die Intensität der Strahlung am größten. Diese Wellenlänge hängt zusätzlich von der Temperatur ab.
- Mit steigender Temperatur wird diese Wellenlänge kleiner, während die Intensität mit steigender Temperatur wächst.

Aus diesem Diagramm lassen sich zwei Gesetze herleiten:

1. Das Wien'sche Verschiebungsgesetz

Die maximale Wellenlänge λ_{max}, bei der die Intensität der Strahlung am intensivsten ist, ist umgekehrt proportional zur Temperatur des Strahler:

$$\lambda_{max} = \frac{a}{T}, \text{ wobei } a = 2{,}90 \cdot 10^{-3}\,\text{m} \cdot \text{K} \text{ die wiensche Konstante ist.}$$

2. Das Stefan-Boltzmann-Gesetz

Die Strahlungsleistung $P(T)$ eines schwarzen Körpers ist proportional zum Produkt aus seiner Oberfläche A und der vierten Potenz seiner Temperatur T:

$$P(T) = \sigma \cdot A \cdot T^4, \text{ wobei } \sigma = 5{,}67 \cdot 10^{-8}\,\frac{\text{W}}{\text{m}^2 \cdot \text{K}^4}.$$

Definition Druck: $p = \frac{F}{A}$

Gesetz von Gay-Lussac: p = konstant (isobare Zustandsänderung)
Das Volumen steigt linear mit der Temperatur an: $V = \text{Konstante} \cdot T$

Gesetz von Amontons: V = konstant (isochore Zustandsänderung)
Der Druck steigt linear mit der Temperatur an: $p = \text{Konstante} \cdot T$

Gesetz von Boyle-Mariotte: T = konstant (isotherme Zustandsänderung)
Das Volumen nimmt mit dem Druck ab. Der Druck ist antiproportional zum Volumen: $p \cdot V = \text{konstant}$

Allgemeine Gasgleichung für ideale Gase: $\frac{pV}{T} = \text{konstant}$

Universelle Gasgleichung:
$p \cdot V = n \cdot R \cdot T$, wobei $R = 8{,}31 \frac{\text{J}}{\text{K} \cdot \text{mol}}$ die universelle Gaskonstante oder
$p \cdot V = N \cdot k \cdot T$, wobei $k = 1{,}38 \cdot 10^{-23} \frac{\text{J}}{\text{K}}$ die Boltzmann-Konstante

Mittlere kinetische Energie eines Gasteilchens je Raumrichtung: $\overline{E}_{\text{kin}} = \frac{1}{2} kT$

Innere Energie: $\Delta E_{\text{innere}} = c \cdot m \cdot \Delta T$, wobei c = spezifische Wärmekapazität

Erster Hauptsatz der Thermodynamik:
Die Änderung ΔE_{innere} der inneren Energie eines Systems ist gleich der Summe aus verrichteter Arbeit W und umgesetzter Wärme Q:
$\Delta E_{\text{innere}} = W + Q$

Zweiter Hauptsatz der Thermodynamik:
- Es gibt keine periodisch arbeitende Maschine, die innere Energie ausschließlich in Arbeit umsetzt (Kelvin 1851).

oder
- Zustandsänderungen eines Systems laufen von selbst stets so ab, dass der neue Zustand wahrscheinlicher ist als der alte (Boltzmann).

oder
- Wärme geht niemals von einem System niedriger zu einem System höherer Temperatur über (Clausius 1850).

Wirkungsgrad: $\eta = \frac{|E|}{Q}$

Wirkungsgrad einer idealen Wärmekraftmaschine: $\eta = \frac{T_1 - T_2}{T_1}$

Makroskopische Definition der Entropie: $\Delta S = \frac{Q}{T}$

Statistische Definition der **Entropie**:
$S = k \cdot \ln(w)$, wobei $k = 1{,}380658 \cdot 10^{-23} \frac{\text{J}}{\text{K}}$ die Boltzmannkonstante und w die Wahrscheinlichkeit für einen Makrozustand ist.

Wien'sches Verschiebungsgesetz:
$\lambda_{\text{max}} = \frac{a}{T}$, wobei $a = 2{,}90 \cdot 10^{-3}\ \text{m} \cdot \text{K}$ die Wien'sche Konstante

Stefan-Boltzmann-Gesetz:
$P(T) = \sigma \cdot A \cdot T^4$, wobei $\sigma = 5{,}67 \cdot 10^{-8} \frac{\text{W}}{\text{m}^2 \cdot \text{K}^4}$

AUF EINEN BLICK

Michelson-Morley-Experiment

Michelson und Morley wollten mithilfe eines **Interferometers** die Geschwindigkeit der Erde im Äther durch Lichtstrahlen bestimmen.

Ihre Idee dahinter war, die Geschwindigkeit des Lichtes einmal in Bewegungsrichtung der Erde und einmal senkrecht dazu zu messen. Ihre Vermutung war, dass sich das Licht, welches sich in Bewegungsrichtung der Erde bewegt, langsamer ist als das Licht, das sich senkrecht dazu bewegt.

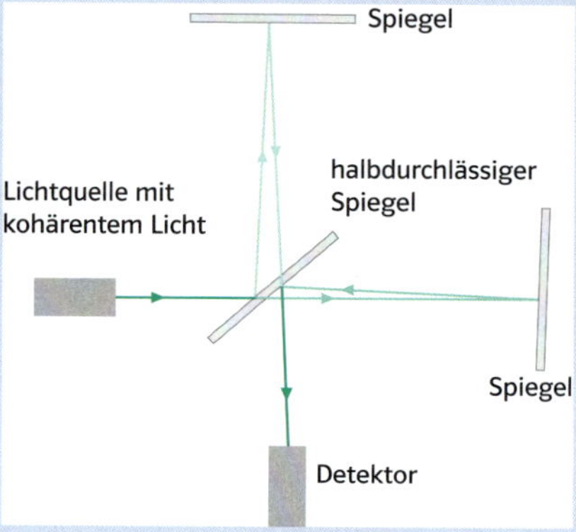

Ort und Zeit

Bewegt man Uhren gegeneinander, so zeigen sie verschieden lange Zeitspannen an. Dazu werden zwei Uhren, die sich an unterschiedlichen Orten befinden, mittels Lichtblitzen synchronisiert.
Die Bewegung beschreibt man durch ein **Minkowski-Diagramm**. Hierbei handelt es sich um *t*-*x*-Diagramme mit nur einer Ortsachse. Man kann damit lineare Bewegungen beschreiben. Auf der *x*-Achse verwendet man die Einheit Lichtsekunde, auf der *t*-Achse die Einheit Sekunde.

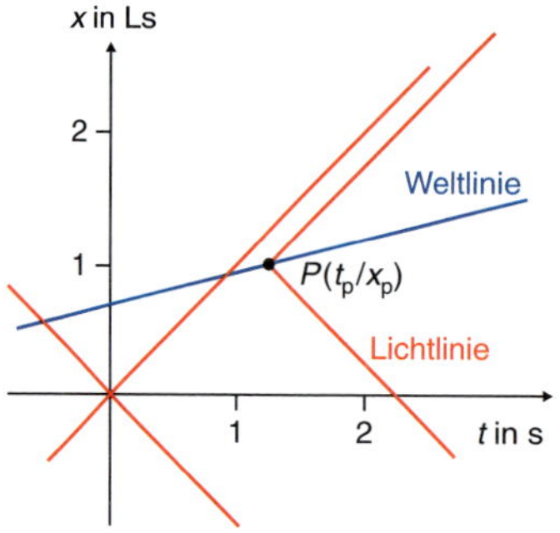

Einsteins Postulate

Einsteins Theorie besagt, dass Raum und Zeit relative Größen sind. Es gibt keinen absoluten Raum und keine absolute Zeit. Die daraus folgende **relativistische Mechanik** unterscheidet sich bei sehr hohen Geschwindigkeiten stark von der newtonschen Mechanik.

Auf dieser Theorie beruhen seine beiden Postulate:
- das Relativitätsprinzip und
- die Konstanz der Lichtgeschwindigkeit.

Zeitdilatation

Das 2. Einstein-Postulat besagt, dass die Lichtgeschwindigkeit nicht vom **Bezugssystem** abhängt.

Daraus ergibt sich, dass die Zeitdauer für den gleichen Vorgang aus verschiedenen Bezugssystemen betrachtet unterschiedlich lang ist. Eine bewegte Uhr geht langsamer gegenüber einer ruhenden Uhr.

Längenkontraktion

Aus der Zeitdilatation folgt unmittelbar die Längenkontraktion.
Die Eigenlänge eines Körpers wird in bewegtem Zustand kürzer gemessen als im ruhenden. In einem Gedankenexperiment sind zwei Flugzeuge über ein Seil verbunden.

Die obere Abbildung zeigt die Flugzeuge beim Start. In der unteren fliegen sie mit 60 % der Lichtgeschwindigkeit. Der Abstand L bleibt konstant, während das Seil und die Flugzeuge eine Längenkontraktion erfahren. Das Seil reißt.

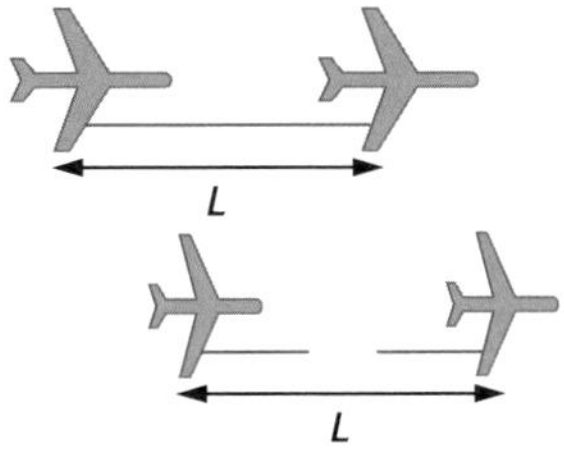

Masse

Mithilfe der Masse beschreibt man die **Trägheit** und die **Schwere** eines Körpers.
Unter Trägheit versteht man die Eigenschaft eines Körpers sich der Änderung seines Bewegungszustandes zu widersetzen.
Unter Schwere versteht man die Eigenschaft, dass der Körper z. B. auf der Erde eine Gewichtskraft besitzt.
Ein Körper mit einer **Ruhemasse**, die größer ist als null, kann sich nicht mit Lichtgeschwindigkeit bewegen. Je schneller ein Körper sich bewegt, umso größer wird seine Masse.

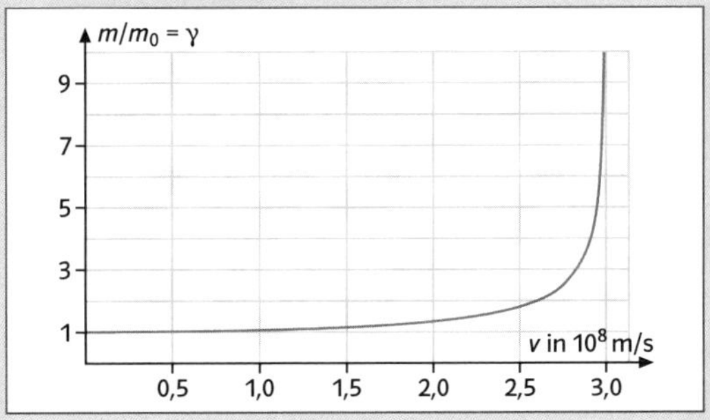

Energie und Impuls

Für den Impuls gilt: $p = m(v) \cdot v$

Für die Energie gilt: $E = m(v) \cdot c^2$

Da jede Energieänderung eine Massenänderung zur Folge hat und umgekehrt, folgt für die **Masse-Energie-Beziehung**:

$$E(v) = \frac{m_0 \cdot c^2}{\sqrt{1-\frac{v^2}{c^2}}}.$$

Daraus folgt die **Energie-Impuls-Beziehung**:

$$E^2 - p^2 \cdot c^2 = m_0^2 \cdot c^4.$$

12 Relativitätstheorie

- Bis Ende des 19. Jh. ging man davon aus, dass Licht für seine Ausbreitung ein Medium benötigt, den sog. Äther. Diesen Äther wollten Michelson und Morley experimentell nachweisen.
- Michelson und Morley fanden mit ihrem Experiment keinen Beweis für den sog. Äther. Sie konnten aber nachweisen, dass die Geschwindigkeit, mit der sich Licht ausbreitet, unabhängig ist von der Bewegung der Quelle. Diese Erkenntnis führt zu den Einstein'schen Postulaten.
- Experimente zeigen, dass bewegte Uhren eine andere Zeit anzeigen als ruhende Uhren. Um also die Zeit zweier Uhren miteinander vergleichen zu können, muss man sie synchronisieren.
- So wie bewegte Uhren gegenüber ruhenden Uhren nachgehen, so wird die Länge eines Stabes in einem bewegten System mit einer kürzeren Länge gemessen als in einem ruhenden System.
- Bewegt sich ein Körper mit nahezu der Lichtgeschwindigkeit, so verändert sich seine Masse und damit sein Impuls und seine Energie.

Das Experiment von Michelson und Morley

Michelson und Morley untersuchten das Vorhandensein eines Äthers. Dazu ließen sie Licht auf einen Strahlteiler treffen. Dadurch entstanden zwei Strahlen. Durch Vergleich der Laufzeiten ergab sich, dass ein solcher Äther nicht existiert.

Um den Äther nachzuweisen, untersuchten Michelson und Morley den Einfluss der Bahngeschwindigkeit der Erde $\left(v = 30\,\frac{\text{km}}{\text{s}}\right)$ auf die Ausbreitung des Lichtes. Die folgende Abbildung zeigt den Versuchsaufbau:

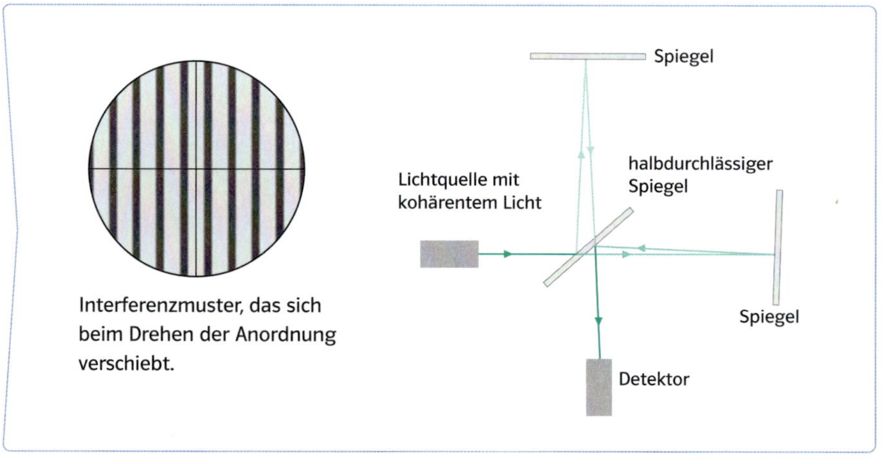

Durch einen Strahlteiler (halbdurchlässiger Spiegel) wird ein schmales Lichtbündel in zwei Teilbündel gespalten. Diese Teilbündel treffen auf einen Spiegel, an dem sie reflektiert werden. Die beiden Spiegel sind so aufgestellt, dass das Lichtbündel 1 senkrecht zum Lichtbündel 2 steht. Dadurch verläuft das eine

Lichtbündel parallel zur Bewegungsrichtung der Erde und das andere Lichtbündel senkrecht zur Bewegungsrichtung der Erde.

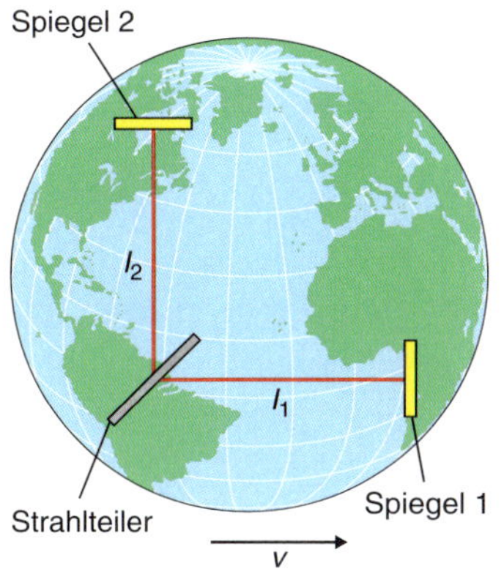

Die reflektierten Lichtbündel treffen wieder auf den Strahlteiler und gelangen so auf einen Schirm, an dem sie sich zu einem Interferenzmuster überlagern. Wegen der Bewegung der Erde durch den Äther sollten die beiden Lichtbündel unterschiedliche Ausbreitungsgeschwindigkeiten und damit unterschiedlich Laufzeiten für die gleiche Strecke haben.

Der folgenden Abbildung kann man Geschwindigkeiten des Lichtes für den Weg 1 und den Weg 2 entnehmen, wenn sich der Beobachter außerhalb der Erde befindet:

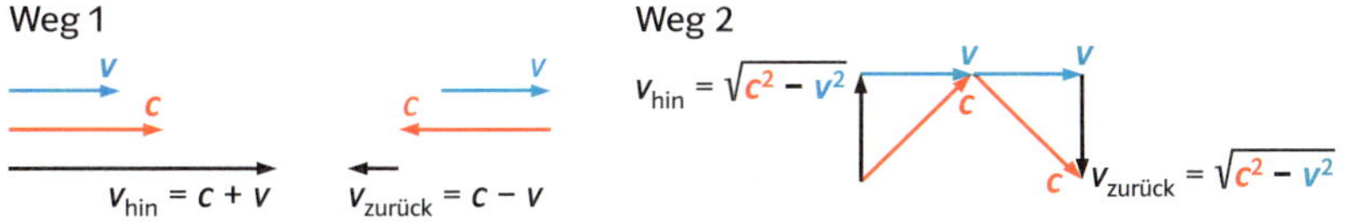

Somit ergibt sich für die Zeit bei Weg 1:

$$t_1 = \frac{l_1}{c+v} + \frac{l_1}{c-v} = \frac{2l_1 \cdot c}{c^2 - v^2}.$$

Für die Zeit des Weges 2 folgt:

$$t_2 = \frac{l_2}{\sqrt{c^2 - v^2}} + \frac{l_2}{\sqrt{c^2 - v^2}} = \frac{2l_2}{\sqrt{c^2 - v^2}}.$$

Man erkennt, dass die Lichtbündel unterschiedliche Laufzeiten haben. Somit müsste sich das Interferenzbild verschieben, wenn man die Anordnung um 90° gedreht. Dieses Phänomen wurde jedoch nicht beobachtet.

Michelson und Morley fanden, dass die Lichtgeschwindigkeit im Vakuum unabhängig ist von der Bewegung der Lichtquelle.

Somit schloss Michelson daraus:
„Die Hypothese eines stationären Äthers erweist sich als unhaltbar."
Es gilt:
Die Lichtgeschwindigkeit im Vakuum ist unabhängig von der Bewegung der Quelle.

Einsteins Postulate

Einstein hat 1905 aufgrund seiner Beoachtungen folgende Postulate in seiner speziellen Relativitätstheorie formuliert:

1. Relativitätsprinzip

Alle Inertialsysteme sind bezüglich physikalischer Gesetze gleichberechtigt.

2. Konstanz der Lichtgeschwindigkeit

Die Lichtgeschwindigkeit im Vakuum ist unabhänigig von der Bewegung der Lichtquelle und vom Intertialsystem, in dem sie gemessen wird.
Es gilt: $c = 299\,792\,458\,\frac{\text{m}}{\text{s}} \approx 3 \cdot 10^8\,\frac{\text{m}}{\text{s}}$.

Ein Inertialsystem ist ein Koordinatensystem, in dem Bewegungen, auf die keine Kräfte wirken, geradlinig gleichförmig sind.

Unter einem **Inertialsystem** versteht man ein Bezugssystem, in dem alle kräftefreien Bewegungen eines Körpers geradlinig gleichförmig sind (→ S. 10). Es gilt das **Trägheitsprinzip** (→ S. 14). Vernachlässigt man die Erdrotation, so ist z. B. das Klassenzimmer oder ein mit konstanter Geschwindigkeit fahrender Zug ein Intertialsystem.
Beschleunigte Bezugssysteme sind keine Intertialsysteme. D. h. ein Zug, der gerade beschleunigt, ist kein Intertialsystem.

Ort und Zeit

Gegeneinander bewegte Uhren zeigen verschieden lange Zeitspannen an.

Dieses Phänomen zeigte sich in einem Versuch aus dem Jahre 1971. Im Oktober startete ein Flugzeug zu einem Flug um die Erde. In ihm befand sich eine Caesium-Atomuhr. Die gleiche Uhr befand sich am Abflugort. Als das Flugzeug am Abflugort wieder ankam, ging die bewegte Uhr 59 ns nach gegenüber der unbewegten Uhr.

Um Uhrzeiten miteinander zu vergleichen, müssen die Uhren synchronisiert werden. Dies erfolgt durch Lichtsignale.

Somit muss man Uhren, die sich an unterschiedlichen Orten eines Systems befinden, synchronisieren. Eine solche Synchronisation erfolgt durch Lichtsignale, die sich mit konstanter Lichtgeschwindigkeit ausbreiten.

Synchronisation

In der Mitte zwischen den beiden baugleichen Uhren befindet sich eine Lichtquelle. Diese Lichtquelle sendet im Abstand von einer Sekunde Lichtsignale in beide Richtungen aus. Da sich das Licht mit konstanter Geschwindigkeit ausbreitet, erreicht es die beiden Uhren zum gleichen Zeitpunkt. Das erste Lichtsignal setzt die Uhren auf null und das zweite Lichtsignal startet beide Uhren gleichzeitig.

Minkowski-Diagramme

Bewegungen lassen sich am besten durch ein Zeit-Ort-Diagramm, ein sog. Minkowski-Diagramm, beschreiben.
Dazu wählt man auf der x-Achse als Zeiteinheit eine Sekunde und auf der y-Achse als Orteinheit eine Lichtsekunde ($1\,Ls = 3 \cdot 10^8\,\text{m}$). Die Länge der Einheit ist auf beiden Achsen gleich.

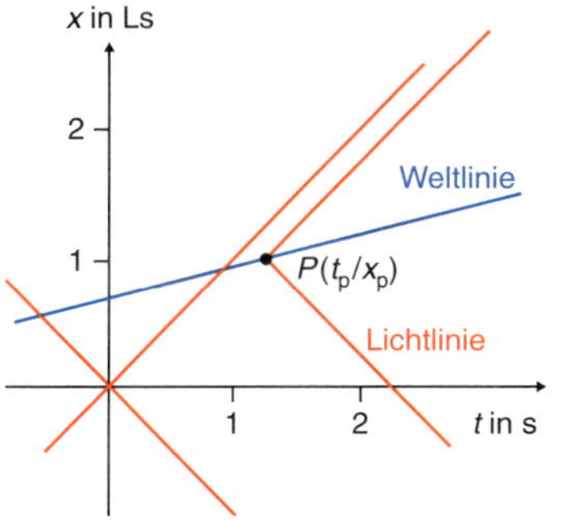

Einen Punkt im Diagramm nennt man Ereignis. Eine Ort-Zeit-Kurve nennt man Weltlinie. Die Weltlinie eines Lichtsignals wird Lichtlinie genannt.
Lichtlinien sind immer parallel zu den Winkelhalbierenden des Minkowski-Diagramms.
Ereignisse, die für den Beobachter gleichzeitig stattfinden, liegen auf einer Parallelen zur Ortsachse.
Ereignisse, die am gleichen Ort stattfinden, liegen auf einer Parallelen zur Zeitachse.

Einen Punkt im Minkowski-Diagramm nennt man Ereignis, eine Ort-Zeit-Kurve nennt man Weltlinie. Die Weltlinie eines Lichtsignals heißt Lichtlinie. Lichtlinien sind immer parallel zu den Winkelhalbierenden.

Konstruktion eines Minkowski-Diagramms

Bsp.: Ein Beobachter B bewegt sich mit konstanter Geschwindigkeit $v = 0{,}6\,c$. Dies entspricht einer Geraden im Minkowski-Diagramm.
Für einen bezüglich des Systems $(t_A;\, x_A)$ ruhenden Beobachter A entfernt sich der Beobachter B mit $v = 0{,}6\,c$ in Richtung der positiven x-Achse. Der Beobach-

ter B würde entsprechend sagen, dass sich A von ihm in Richtung der negativen x-Achse mit konstanter Geschwindigkeit entfernt.

Das Minkowski-Diagramm für den Beobachter B ergibt sich nun folgendermaßen:

- Die Weltlinie von B (die oben erwähnte Gerade mit der Steigung $0{,}6\,c$) wird seine Zeitachse.
- Man berechnet den Dopplerfaktor $k = \sqrt{\frac{c+v}{c-v}}$ (im Beispiel mit $v = 0{,}6\,c$ ergibt sich $k = 2$) und trägt die Zeiten $\frac{1\,\text{s}}{k}$, $\frac{2\,\text{s}}{k}$ auf der t_A Achse ein.
- Die Lichtlinien von diesen Punkten markieren die B-Zeiten. (Sendet der Beobachter A nach der Zeit $t_\text{A} = \frac{1\,\text{s}}{k}$ dem bewegten Beobachter B ein Lichtsignal hinterher, so erreicht es B nach der Zeit $t_\text{B} = k \cdot \frac{1\,\text{s}}{k} = 1\,\text{s}$.)
- Wegen der Konstanz der Lichtgeschwindigkeit muss die Weltlinie des Lichtsignals die Winkelhalbierende zwischen der Orts- und der Zeitachse sein.

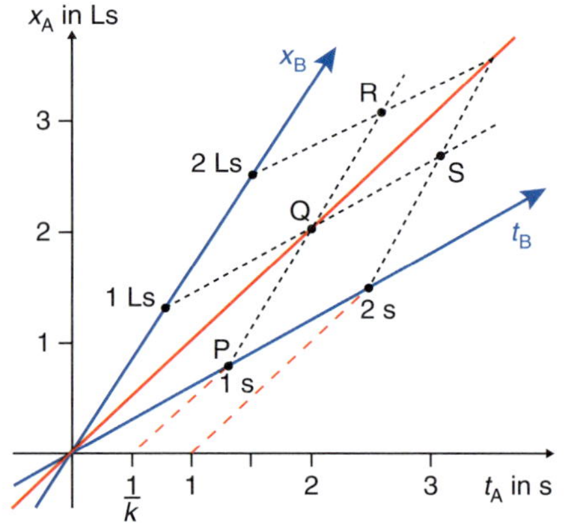

Die Achsen des Minkowski-Diagramms für den Beobachter B sind nicht orthogonal. Die „Ableselinien" eines Ereignisses verlaufen parallel zur t_B- und x_B-Achse.

In unserem Beispiel heißt das:
Für den Beobachter B im System B finden die Ereignisse P(1 s | 0), Q(1 s | 1 Ls) und R(1 s | 2 Ls) gleichzeitig statt, während die Ereignisse Q(1 s | 1 Ls) und S(2 s | 1 Ls) am gleichen Ort stattfinden.
Für den Beobachter A im System A jedoch finden die Ereignisse P, Q und R nacheinander statt.

Da bewegte Uhren langsamer gehen als ruhende Uhren, machen gegeneinander bewegte Beobachter unterschiedliche Aussagen über die zeitliche Abfolge von Ereignissen.

Es gilt somit:
Über die zeitliche Abfolge von Ereignissen machen gegeneinander bewegte Beobachter unterschiedliche Aussagen.

Dopplerfaktor

Sendet ein Beobachter A nach der Zeit t einem bewegten Beobachter B ein Lichtsignal hinterher, so erreicht es diesen nach der Zeit $k \cdot t$, wobei k der Dopplerfaktor ist:

$$k = \sqrt{\frac{c+v}{c-v}}.$$

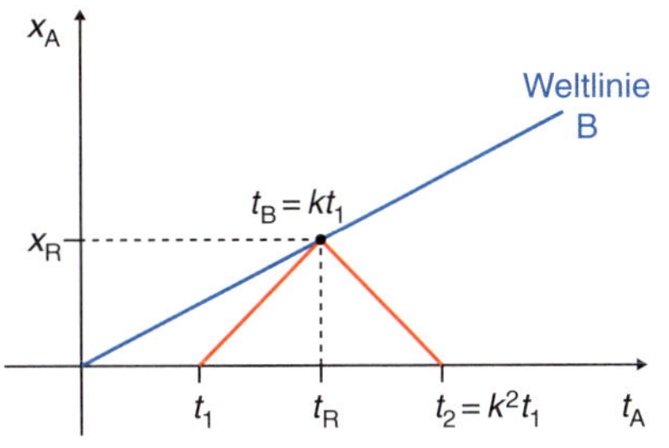

Zeitdilatation und Längenkontraktion

Zeitdilatation

Zeitdilatation: Bewegte Uhren gehen gebenüber ruhenden Uhren nach.

Eine Lichtuhr ruht in einem Inertialsystem S'. Das Inertialsystem S' bewegt sich mit konstanter Geschwindigkeit v gegenüber einem Inertialsystem S. Im Inertialsystem S befinden sich drei ruhende und miteinander synchronisierte Uhren.

Passiert die in S' ruhende Uhr den Ort $x = 0$, so startet in ihr und in der an diesem Ort sich befindenden Uhr im Inertialsystem S ein Lichtsignal am unteren Spiegel.

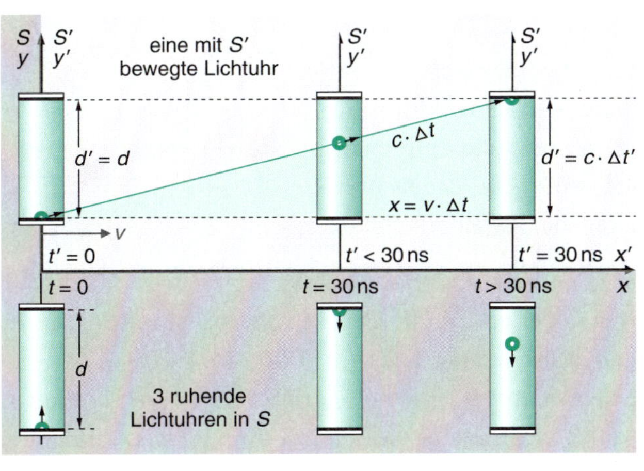

Ein Beobachter, der sich im System S' befindet, beobachtet bezüglich der Lichtuhr in diesem System Folgendes:
Nach der Zeit $\Delta t'$ wird das Lichtsignal am oberen Spiegel reflektiert. Es gilt:
$c \cdot \Delta t' = d' = d$ und damit für die Zeit: $\Delta t' = \frac{d}{c}$.

Dabei wurde ausgenutzt, dass sich Längen senkrecht zur Bewegungsrichtung nicht ändern.

Ein Beobachter, der sich im System S befindet, macht hingegen bezüglich der Lichtuhr in S' folgende Beobachtungen:
Die Lichtuhr in S' hat sich in der Zeitspanne Δt um die Strecke $v \cdot \Delta t$ nach rechts bewegt, somit hat das Lichtsignal die Strecke $c \cdot \Delta t$ zurückgelegt.

Für diese Strecke gilt nach Pythagoras:

$$(c \cdot \Delta t)^2 = d^2 + (v \cdot \Delta t)^2.$$

Mit der Bedingung $c \cdot \Delta t' = d' = d$ ergibt sich nun:
$(c \cdot \Delta t)^2 = (c \cdot \Delta t')^2 = d^2 + (v \cdot \Delta t)^2$ und damit für die Zeit $\Delta t'$:

$$(c \cdot \Delta t')^2 = \frac{c^2 - v^2}{c^2} \cdot \Delta t^2 \quad \text{bzw.} \quad \Delta t' = \sqrt{\frac{c^2 - v^2}{c^2}} \cdot \Delta t = \Delta t \cdot \sqrt{1 - \frac{v^2}{c^2}} < \Delta t.$$

Somit ergibt sich:
Eine bewegte Uhr geht gegenüber ruhenden Uhren nach. Man spricht von der Zeitdehnung bzw. Zeitdilatation.

Längenkontraktion

Längenkontraktion: Die Körper wird in einem bewegten System mit einer kürzeren Länge gemessen als im ruhenden System.

Aus der Zeitdilatation folgt unmittelbar die Längenkontraktion.
Unter der Ruhelänge oder Eigenlänge eines Körpers versteht man die Länge, die ein Beobachter misst, der relativ zum Körper ruht.
Befindet sich ein Beobachter in einem bewegten Bezugsystem, das sich relativ zum Körper bewegt, so misst er eine verkürzte Länge l'.

Der Zusammenhang zwischen den Längen ergibt sich folgendermaßen:
An beiden Enden einer Strecke $l = |PQ|$ befinden sich Uhren, die miteinander synchronisiert sind. Ein Beobachter B bewegt sich mit der Geschwindigkeit v entlang dieser Strecke l.

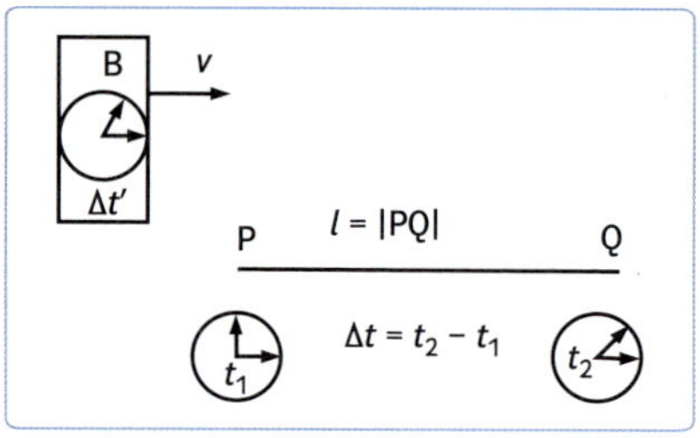

Ein Beobachter A, der relativ zur Strecke ruht, misst die Zeit Δt, die B benötigt um die Strecke l zurückzulegen. Es gilt: $l = v \cdot \Delta t$.
Der bewegte Beobachter B hat den Eindruck, die Strecke bewegt sich mit v auf ihn zu. Mit seiner Uhr misst er die Zeit $\Delta t'$, die die Strecke braucht, um an ihm vorbeizuziehen. Für ihn ergibt sich: $l' = v \cdot \Delta t'$.

Mit der Bedingung, dass die Uhr des Beobachters B gegenüber den ruhenden Uhren nachgeht, ergibt sich für die Strecke l':

$$l' = v \cdot \Delta t' = v \cdot \Delta t \cdot \sqrt{1 - \frac{v^2}{c^2}} = l \cdot \sqrt{1 - \frac{v^2}{c^2}}.$$

Somit ergibt sich:
Die Eigenlänge l eines Körpers wird in einem Inertialsystem, das sich in Längsrichtung mit der Geschwindigkeit v bewegt, mit einer verkürzten Länge l' gemessen.

Masse, Energie und Impuls

Bei Untersuchungen der spezifischen Masse schneller Elektronen zeigte sich, dass die spezifische Masse $\frac{e}{m}$ mit steigender Geschwindigkeit kleiner wurde. Da die Ladung konstant ist, muss die Masse mit steigender Geschwindigkeit größer werden.

Ein Körper, dessen Geschwindigkeit in Bezug auf die Lichtgeschwindigkeit nicht vernachlässigbar ist, hat eine träge Masse, die größer ist, als beim ruhenden Körper.

Es gilt:
Die **träge Masse** eines Körpers nimmt mit seiner Geschwindigkeit zu.
Es gilt:
$m(v) = \frac{m_0}{\sqrt{1 - \frac{v^2}{c^2}}}$, wobei m_0 die **Ruhemasse** der Elektronen ist.

Die Ruhemasse ist die kleinste Masse, die gemessen werden kann. Kein Körper, dessen Ruhemasse nicht null beträgt, kann jemals Lichtgeschwindigkeit erreichen.

Das folgende Diagramm zeigt die Ruhemasse in Abhängigkeit von der Geschwindigkeit v:

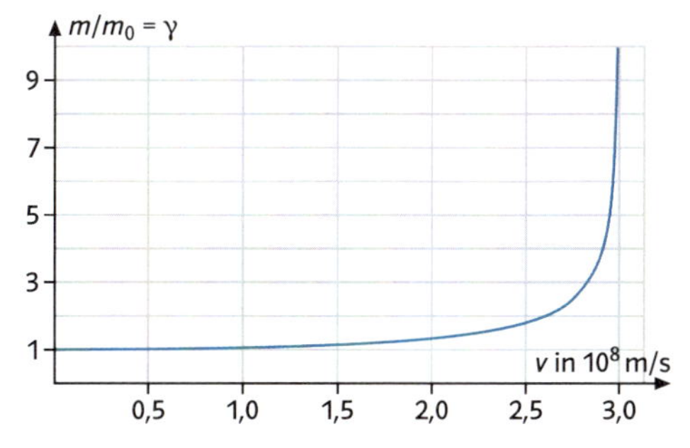

Ihm entnimmt man, dass die Massenzunahme erst bei hohen Geschwindigkeiten Einfluss nimmt. Ist die Geschwindigkeit kleiner als $0{,}1\,c$, so ist die Massenzunahme im Allgemeinen vernachlässigbar.

Da die Masse von der Geschwindigkeit abhängt, hat dies auch einen Einfluss auf den Impuls. Der relativistische Impuls ist folgendermaßen definiert:

$$p = m(v) \cdot v = \frac{m_0 \cdot v}{\sqrt{1 - \frac{v^2}{c^2}}}.$$

Um ein schnelles Teilchen zu beschleunigen, benötigt man eine Kraft, die längs eines Weges wirkt. In der Nähe der Lichtgeschwindigkeit nimmt die Geschwindigkeit eines Teilchens kaum zu, seine Masse kann ins Unendliche anwachsen. Diese Massenzunahme wird als Energiezunahme gedeutet.

Masse-Energie-Beziehung

Nach Einstein gilt:
Die Gesamtenergie E und die träge Masse m eines Körpers sind proportional zueinander.

$$E = m(v) \cdot c^2 = \frac{m_0 \cdot c^2}{\sqrt{1 - \frac{v^2}{c^2}}}.$$

Für die Energie und den Impuls gilt die **Energie-Impuls-Beziehung**, auch **relativistischer Energieerhaltungssatz** genannt:

$$E^2 - p^2c^2 = m_0^2c^4.$$

Beschleunigt man ein Teilchen aus der Ruhe heraus auf die Geschwindigkeit v, dann nimmt seine Energie um $\Delta E = (m - m_0) \cdot c^2$ zu. Dies ist der relativistische Ausdruck für die kinetische Energie eines Teilchens.
Für $v << c$ geht diese Gleichung in die Gleichung $E_{\text{kin}} = \frac{1}{2}mv^2$ über.

PORTRÄT

ALBERT EINSTEIN (1879–1955)

- Albert Einstein wird am 14. März 1879 als Sohn jüdischer Eltern in Ulm geboren.
- 1884 erhält er zur Vorbereitung auf die Schule Privat-unterricht. Bereits jetzt ist er von technischen Dingen fasziniert.
- Ab Oktober 1885 besucht er in München eine katholische Volksschule. Außerdem erhält er Violinunterricht.
- Drei Jahre später besucht er das Luitpold-Gymnasium in München.
- 1894 ziehen seine Eltern aus beruflichen Gründen nach Mailand. Albert Einstein bleibt zunächst bei Verwandten in München, bevor er im Dezember ohne Abschluss das Gymnasium verlässt und auch nach Mailand geht.
- 1895 geht Albert Einstein in die Schweiz und besucht dort eine Kantonschule, um das Abitur nachzuholen. Er schreibt seine erste wissenschaftliche Arbeit, die jedoch nicht veröffentlicht wird.
- Mit siebzehn Jahren macht er das Abitur und beginnt das Studium mit Studienziel Fachlehrerdiplom für Mathematik und Physik am Polytechnikum in Zürich.
- 1900 beendet er sein Studium und schreibt seine erste wissenschaftliche Arbeit, die er bei den Annalen der Physik einreicht.
- Seine Arbeit wird 1901 veröffentlicht. Da seine Bemühungen um eine Assistentenstelle erfolglos sind, arbeitet er von Mai bis Juni als Aushilfslehrer in Winterthur und ab September als Lehrer an einer Privatschule in Schaffhausen. Nebenbei schreibt er seine Dissertation, die er im November an der Universität Zürich einreicht.
- Ein Jahr später zieht er seine Dissertation zurück und beginnt am Berner Patentamt als technischer Experte dritter Klasse.
- 1905 veröffentlicht er vier Arbeiten in den Annalen der Physik, die die Grundlagen der Physik um 1900 revolutionieren. Die Arbeit „Zur Elektrodynamik bewegter Körper“ enthielt die spezielle Relativitätstheorie. In einer anderen Arbeit leitet er die berühmte Formel $E = mc^2$ her. Im April reicht Albert Einstein seine Arbeit „Eine neue Bestimmung der Moleküldimensionen“ als Dissertation an der Universität Zürich ein, die Ende Juli akzeptiert wird.
- Zwei Jahre später beginnt er mit den Überlegungen zur allgemeinen Relativitätstheorie und entdeckt dabei das „Äquivalenzprinzip von Masse und Energie“.
- 1908 habilitiert sich Albert Einstein an der Universität Bern und wird dort Privatdozent.

PORTRÄT

- Ein Jahr später kündigt er seine Stelle im Patentamt und wird außerordentlicher Professor für Theoretische Physik an der Universität Zürich.
- 1911 wechselt er an die Deutsche Universität in Prag.
- 1914 geht er als Professor ohne Lehrverpflichtung an die Universität Berlin und übernimmt die Leitung des Kaiser-Wilhelms-Institut für Physik. Am 1. August des gleichen Jahres bricht der 1. Weltkrieg aus.
- 1915 beendet Albert Einstein seine Arbeit zur allgemeinen Relativitätstheorie und reicht sie bei der Preußischen Akademie der Wissenschaften ein.
- 1916 wird er Präsident der Deutschen Physikalischen Gesellschaft und beendet sein Buch „Über die spezielle und die allgemeine Relativitätstheorie, gemeinverständlich."
- 1919 wird durch eine Sonnenfinsternis Einsteins Vorhersage der Lichtablenkung im Gravitationsfeld der Sonne bestätigt. Damit wird er berühmt.
- 1921 beginnt er darüber nachzudenken, Deutschland zu verlassen.
- Ein Jahr später reist er zum ersten Mal in die USA, wo er mehrere Vorlesungen hält. Im Weißen Haus trifft er Präsident Warren G. Harding.
- 1922 erhält Albert Einstein den Nobelpreis für Physik für das Jahr 1921 für den fotoelektrischen Effekt.
- 1933 kommt Adolf Hitler an die Macht und Albert Einstein verlässt Deutschland. Er arbeitet als Professor am Institut für Advanced Studies in Princeton.
- 1939 unterzeichnet Albert Einstein einen Brief an den amerikanischen Präsidenten Franklin D. Roosevelt, der Hinweise auf einen möglichen Bau einer deutschen Atombombe enthält.
- Ein Jahr später erhält Albert Einstein die amerikanische Staatsbürgerschaft.
- 1953 formuliert er seine endgültige Fassung der Verallgemeinerung der Relativitätstheorie.
- Am 18. April 1955 stirbt Albert Einstein in Princeton.

Lichtgeschwindigkeit im Vakuum: $c = 3 \cdot 10^8 \frac{\text{m}}{\text{s}}$

Einsteins Polstulate:
- Relativitätsprinzip: Alle Inertialsysteme sind bezüglich physikalischer Gesetze gleichberechtigt.
- Konstanz der Lichtgeschwindigkeit: Sie ist unabhängig von der Bewegung der Lichtquelle und vom Intertialsystem.

Lichtsekunde: $1\,\text{LS} = 3 \cdot 10^8\,\text{m}$

Dopplerfaktor: $k = \sqrt{\frac{c+v}{c-v}}$

Zeitdilatation: $\Delta t' = \sqrt{\frac{c^2 - v^2}{c^2}} \cdot \Delta t = \Delta t \cdot \sqrt{1 - \frac{v^2}{c^2}} < \Delta t$

Längenkontraktion: $l' = v \cdot \Delta t' = v \cdot \Delta t \cdot \sqrt{1 - \frac{v^2}{c^2}} = l \cdot \sqrt{1 - \frac{v^2}{c^2}}$

Träge Masse eines bewegten Körpers: $m(v) = \frac{m_0}{\sqrt{1 - \frac{v^2}{c^2}}}$

Impuls: $p = m(v) \cdot v = \frac{m_0 \cdot v}{\sqrt{1 - \frac{v^2}{c^2}}}$

Masse-Energie-Beziehung: $E = m(v) \cdot c^2 = \frac{m_0 \cdot c^2}{\sqrt{1 - \frac{v^2}{c^2}}}$

Relativistischer Energieerhaltungssatz: $E^2 - p^2c^2 = m_0^2c^4$

AUF EINEN BLICK

Bewegung der Erde

Die Erde umkreist als dritter Planet die Sonne auf einer leicht **elliptischen Bahn**. Dazu benötigt sie $365\frac{1}{4}$ Tage bei einer mittleren Geschwindigkeit von $29{,}8\,\frac{\text{km}}{\text{s}}$.

Koordinatensysteme

Astronomische Koordinatensysteme sind zweidimensional. Man wählt eine Himmelskugel, deren Mittelpunkt der Ursprung ist und projiziert die Himmelskörper darauf. Nun kann man Analog zur Längen- und Breitenangabe auf der Erde verfahren. Man unterscheidet **topozentrische**, **geozentrische und heliozentrische Systeme**.

Planetenbewegung

Die Planeten bewegen sich bezogen auf den **Fixsternhimmel** unterschiedlich schnell. In bestimmten Zeitabschnitten werden sie langsamer, bleiben kurz stehen und ändern dann ihre Richtung. Dann werden sie schneller bis sie wieder langsamer werden, stehen bleiben und ihre Richtung ändern. Es entsteht eine **Schleifenbahn**.

Kepler'sche Gesetze

Die Planeten bewegen sich auf **Ellipsen** in deren Brennpunkt die Sonne steht.
Der Fahrstrahl von der Sonne zum Planeten überstreicht in gleichen Zeiten gleiche Flächen.
Das Verhältnis aus den 3. Potenzen der großen Halbachsen und den Quadraten der Umlaufzeiten ist für alle Planeten konstant.

Aufbau der Sonne

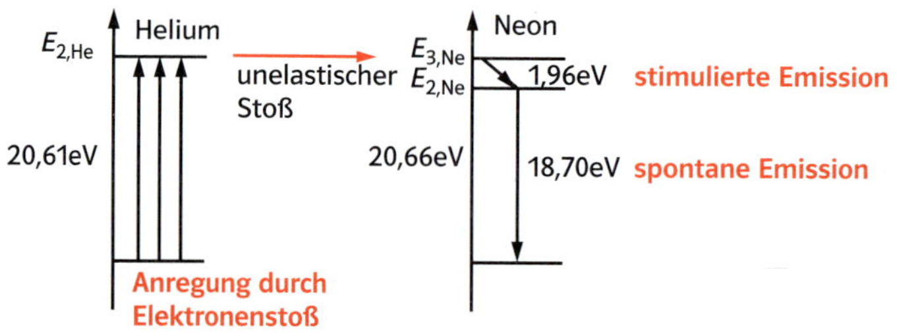

1. Im Kern erzeugt die Sonne durch Kernfusion ihre Energie
2. In der **Strahlungszone** wird die Energie durch Strahlung nach außen transportiert.
3. In der **Konvektionszone** erfolgt der Energietransport durch Konvektion.
4. Aus der **Photosphäre** stammt das sichtbare Licht.
5. In der oberen Photosphäre und der **Chromosphäre** entstehen die Frauenhofer'schen Linien.
6. Die **Korona** ist nur bei einer Sonnenfinsternis sichtbar.

13 Astrophysik

Fusionsprozesse

Proton-Proton-Reaktion

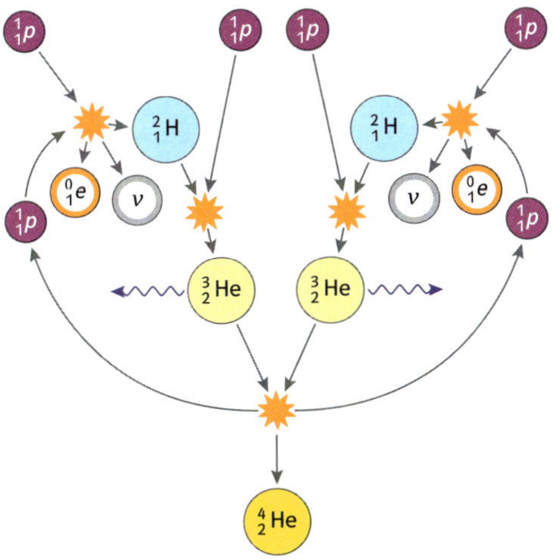

Bethe-Weizsäcker-Zyklus

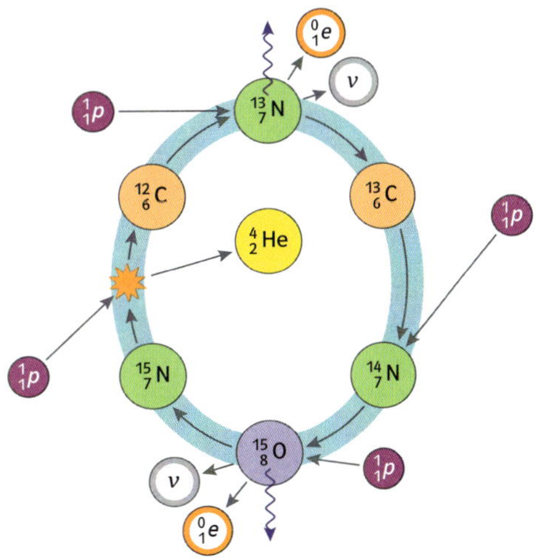

Scheinbare und absolute Helligkeit

Die scheinbare Helligkeit gibt an, wie hell der Stern für den Betrachter erscheint. Sie hängt ab von der Entfernung und der **Leuchtkraft** des Sternes.
Die **tatsächliche Helligkeit** eines Sterns wird durch die absolute Helligkeit beschrieben. Dabei geht man von einer konstanten Entfernung des Sterns von 10 pc aus.
Beträgt die Entfernung eines Sternes weniger als 10 pc so ist seine scheinbare Helligkeit größer, bei größerer Entfernung die absolute Helligkeit.

Hertzsprung-Russel-Diagramm

Die Sterne sind in unterschiedliche **Spektralklassen** eingeteilt. Heute gilt die sogenannte **Harvard-Klassifikation** des Harvard-College-Observatoriums als Standard.

Im HRD ist die Leuchtkraft in Abhängigkeit von der Oberflächentemperatur oder Spektralklasse aufgetragen.
Die meisten Sterne befinden sich auf einer Diagonalen, der sog. Hauptreihe.
Dass die anderen Gebiete unterschiedlich stark besetzt sind, hängt damit zusammen, dass die Stadien in denen sich die Sterne befinden, unterschiedlich lange dauern.

13 Astrophysik

- Die Erde dreht sich in ca. 24 Stunden einmal um die eigene Achse. Außerdem bewegt sie sich als dritter Planet auf einer nahezu kreisförmigen Ellipse einmal im Jahr um die Sonne. In diesem Jahr legt die Erde legt eine Strecke von ca. 940 Millionen Kilometer zurück.
- Zur Beschreibung von Himmelskörpern nutzt man Koordinatensysteme. Diese unterscheiden sich im Koordinatenursprung und im Bezugsystem.
- Die Bewegung der Planeten kann mit den drei Kepler'schen Gesetzen zusammengefasst werden.
- Die Sonne ist das Zentrum unseres Sonnensystems. Bei einem Durchmesser vom 109-fachen der Erde, vereinigt sie ca. 99 % der Masse des gesamten Sonnensystems in sich. Im Hertzsprung-Russel-Diagramm liegt sie auf der Hauptreihe. Ihre Strahlung liegt im sichtbaren Bereich. Ihre Energie gewinnt sie aus der Verschmelzung von Wasserstoff zu Helium.
- Die trigonometrische Parallaxe ist eine geometrische Methode zur Messung der Entfernung eines Sternes innerhalb unseres Sonnensystems. Will man die Entfernung weiter entfernter Objekte bestimmen, so nutzt man die Cepheiden-Methode. Diese beruht auf der Leuchtkraft der Sterne.
- Das Endstadium eines Sterns hängt von seiner Masse ab. Sterne enden als weiße Zwerge, Neutronensterne oder schwarze Löcher.

Bewegung der Erde

Die Erde bewegt sich als dritter Planet auf einer leicht elliptischen Bahn um die Sonne. Die Ekliptikebene in der sich die Erde bewegt, steht nicht senkrecht zur Rotationsachse der Erde.

Die Erde bewegt sich auf einer nahezu kreisförmigen Ellipse einmal im Jahr um die Sonne. Dabei steht die Sonne in einem der Brennpunkte der Ellipse. Da die Bahn nicht exakt rund ist, steht die Erde Anfang Januar der Sonne am nächsten (Perihel) und ist Anfang Juli am weitesten von ihr entfernt (Aphel).

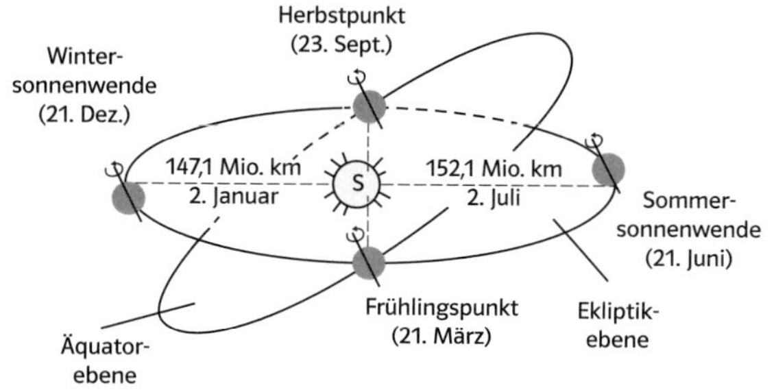

Die Ebene, in der sich die Erde um die Sonne bewegt, nennt man Ekliptikebene. Die in dieser Ebene verlaufende scheinbare Sonnenbahn nennt man Ekliptik.

Die Rotationsachsen der Sonne und der Erde stehen nicht senkrecht auf der Ekliptikebene. Die Achse der Sonne ist um 7,5° und die der Erde um 23,5° gegenüber der Senkrechten geneigt.
Die Ebene, die durch den Erdäquator festgelegt wird, heißt Himmelsäquator. Da auf ihr die Rotationsachse der Erde senkrecht steht, bildet die Ebene des Himmelsäquators und die Ekliptikebene einen Winkel von 23,5°.
Zwischen dem 21.03. und dem 23.09., dem Sommerhalbjahr, erscheint die Sonne oberhalb des Himmelsäquators. Im Winterhalbjahr unterhalb des Himmelsäquators. Innerhalb eines Jahres durchläuft sie zwölf im Bereich der Ekliptik liegende Sternbilder, die sog. Tierkreiszeichen.

Die Ekliptikebene und der Himmelsäquator schneiden sich im Frühlingspunkt (21.03.) und im Herbstpunkt (23.09.). An diesen beiden Tagen scheint die Sonne senkrecht auf den Himmelsäquator.

Koordinatensysteme

Den Ort eines Himmelskörpers gibt man mittels eines Koordinatensystems an. Bei der Beschreibung des Ortes eines Himmelskörpers ist die Entfernung vernachlässigbar, wichtiger ist die Richtung unter der der Himmelskörper zu finden ist. Aus diesem Grund benutzt man zur Beschreibung zwei Koordinaten und eine Bezugsebene.
In der Astronomie gibt es verschiedene Koordinatensysteme. Sie unterschieden sich im Koordinatenursprung und im Bezugspunkt.

Das Horizontsystem

Die Position eines zu beobachtenden Himmelskörpers, z. B. eines Sterns, wird durch zwei Winkel, die Höhe h und den Azimut A beschrieben.
Die Höhe h wird durch den Winkel zwischen der Horizontebene und diesem Stern angegeben. Dieser Höhenwinkel kann zwischen 0° (Horizontebene) und 90° oder 0° und −90° liegen. Der Punkt senkrecht über dem Beobachter (also bei einem Winkel von 90°) heißt Zenit, der senkrecht unterhalb des Beobachters (also bei −90°) heißt Nadir.

Wie man das Koordinatensystem bezeichnet, hängt von seinem Ursprung ab. Der Ursprung des Koordinatensystems kann der Beobachter bzw. ein Ort auf der Erdoberfläche (topozentrisches Weltbild), der Erdmittelpunkt (geozentrisches Weltbild), die Sonne (heliozentrisches Weltbild) oder ein anderer Himmelskörper sein.

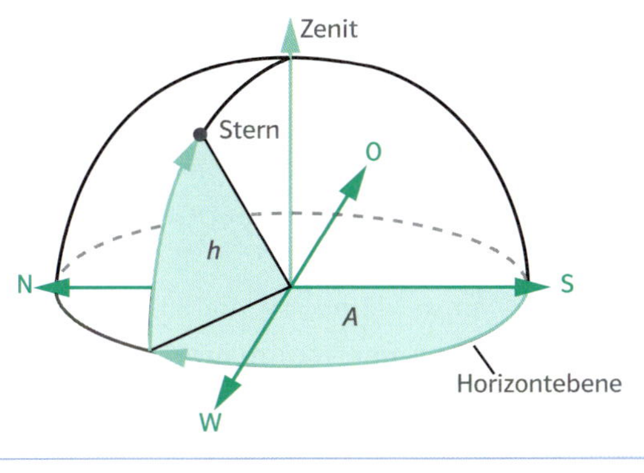

Das Horizontsystem hat den Nachteil, dass der Bezugspunkt auf der sich drehenden Erde liegt und dadurch der Winkel zur Beschreibung der Sternenposition unterschiedlich ist.

Der Azimut A liegt in der Horizontebene und ist der Winkel zwischen dem Süden S und dem Schnittpunkt des Kreises durch den Zenit und den Stern.

Das Äquatorsystem

Die Bezugsebene ist die Himmelsäquatorebene und der Ursprung des Koordinatensystems der Erdmittelpunkt. Die Erdachse, um die sich die Erde dreht, steht senkrecht auf der Himmelsäquatorebene. Durch diese Erddrehung bewegen sich die Sterne unter einem konstanten Winkel δ auf einem Kreis, der parallel zur Himmelsäquatorebene ist. Dieser Winkel ist die erste Koordinate und man nennt sie Deklination δ. Die zweite Koordinate ist die Rektaszension α. Sie liegt in der Himmelsäquatorebene und wird vom Frühlingspunkt aus in Richtung Osten gemessen.

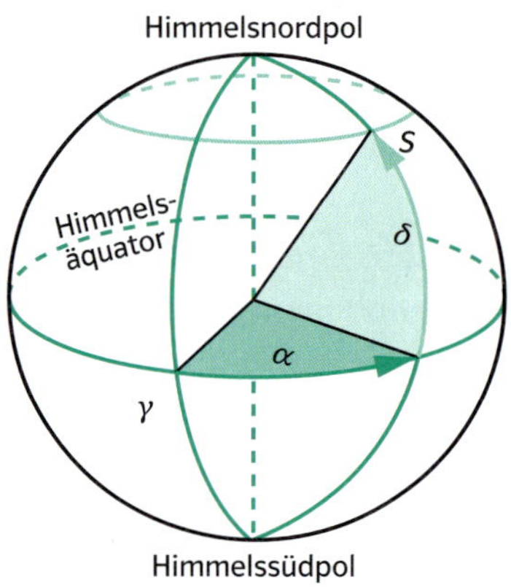

Planetenbewegung

Die Schleifenbahn lässt sich mit dem geozentrischen Weltbild nicht erklären. Erst mit dem heliozentrischen Weltbild fand man eine Erklärung durch die Überlagerung der Planetenbahnen mit der Bewegung der Erde.

Ein Planet bewegt sich in eine Richtung, dabei nimmt seine Geschwindigkeit vor dem Hintergrund des Sternenhimmels ab, bis er stehen bleibt. Danach bewegt er sich eine Zeit lang rückläufig bis er erneut stehen bleibt und sich danach in der ursprünglichen Richtung wieder weiter bewegt.

Würde man diese Bahn auf dem Sternenhintergrund einzeichnen, so ergäbe sie eine Schleifenbahn. Geht man der Einfachheit halber von kreisförmigen Planetenbahnen und einer Bewegung mit konstanter Geschwindigkeit aus, so erhält man folgende Grafik.

Je größer der Bahnradius, umso kleiner ist die Bahngeschwindigkeit des Planeten. Ein Planet bewegt sich immer dann rückläufig, wenn die Erde einen langsameren oberen Planeten überholt oder wenn sie von einem schnelleren unteren Planeten überholt wird.

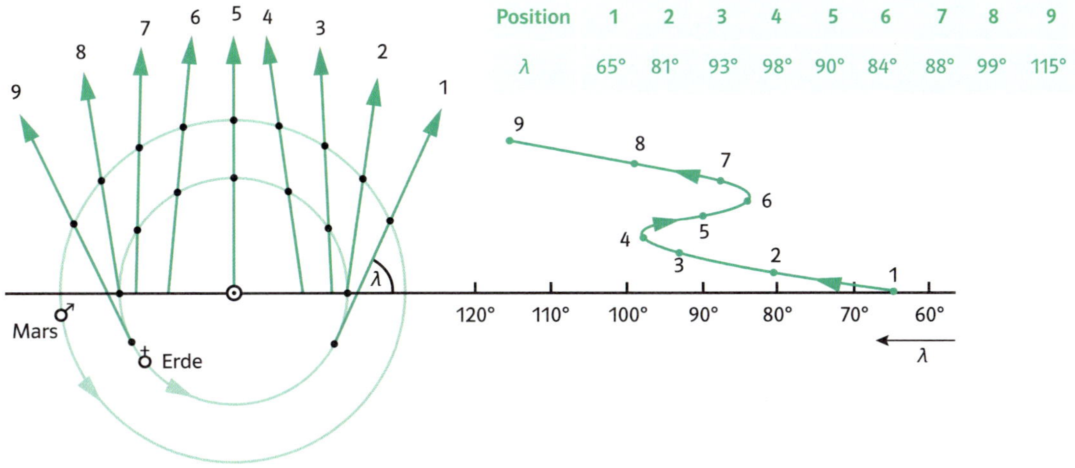

Position	1	2	3	4	5	6	7	8	9
λ	65°	81°	93°	98°	90°	84°	88°	99°	115°

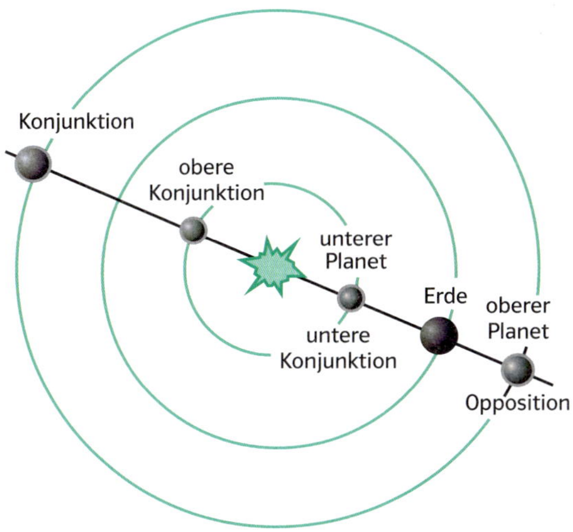

Bei den Umlaufzeiten für Planeten unterscheidet man zwei Umlaufzeiten.

Die siderische Umlaufzeit

Die siderische Umlaufzeit ist die Zeit, die ein Planet für einen kompletten Umlauf um die Sonne benötigt, bezogen auf weit entfernte Himmelskörper. Diese können wir von der Erde aus nicht direkt messen.

Die siderische Umlaufzeit eines Planeten ist die Zeit, die er für einen wahren Umlauf um die Sonne benötigt.

Die synodische Umlaufzeit

Die synodische Umlaufzeit ist die Zeit, die er bezogen auf die Sonne benötigt.

Die synodische Umlaufzeit kann von der Erde aus gemessen werden. Sie ist die Umlaufzeit, die ein Planet bezogen auf die Stellung der Sonne benötigt, d.h. von Opposition zu Opposition oder von Konjunktion zu Konjunktion. Es wird dabei die Eigenbewegung der Erde um die Sonne mitberücksichtigt.

Die Kepler'schen Gesetze

Wichtige Gesetzmäßigkeiten über die Planetenbahnen sind Johannes Kepler zu verdanken. Er fasste sie in drei Gesetzen zusammen:

- 1. Kepler'sches Gesetz:
  Die Planeten bewegen sich auf Ellipsenbahnen um die Sonne, die im Brennpunkt der Ellipse steht.
- 2. Kepler'sches Gesetz:
  Die Verbindungslinie zwischen Sonne und Planet überstreicht in gleichen Zeiten gleiche Strecken.

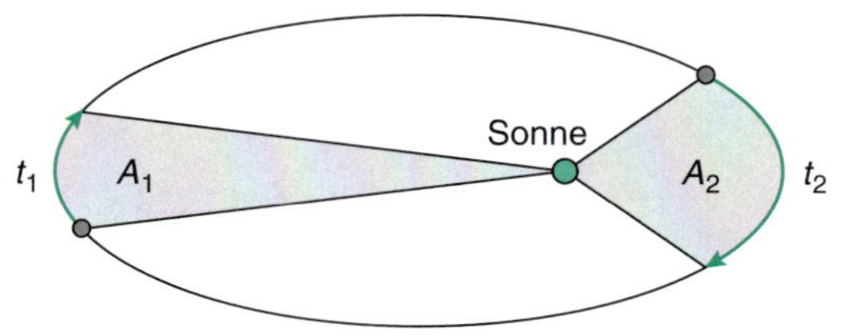

- 3. Kepler'sches Gesetz:
  Die Quadrate der Umlaufzeiten T zweier Planeten verhalten sich wie die dritten Potenzen der großen Halbachsen a.

$$\frac{T_1^2}{a_1^3} = \frac{T_2^2}{a_2^3} \quad \text{bzw.} \quad \frac{T_1^2}{T_2^2} = \frac{a_1^3}{a_2^3} \quad \text{bzw.} \quad \frac{T^2}{a^3} = \text{const.} = C$$

Dabei bestimmt sich die Konstante C mithilfe des Newton'schen Gravitationsgesetzes zu:

$$C = \frac{4\pi^2}{G \cdot m_z}$$

(m_z Masse des Zentralgestirns, G die Gravitationskonstante)
Das 3. Kepler'sche Gesetz kann nicht nur auf Planeten, die um die Sonne kreisen, angewandt werden, sondern auf jede andere Zentralbewegung. Dabei ändert sich nur die Konstante C.

Bewegung von Himmelskörpern im Gravitationsfeld

Damit ein Körper, auf einer Bahn um die Erde bewegt, muss er eine bestimmte Geschwindigkeit besitzen. Dabei unterscheiden sich die Geschwindigkeiten, je nachdem ob sich der Körper auf einer Kreisbahn oder einer Ellipsenbahn bewegt.

Bei der Bewegung von Himmelskörper unterschiedet man zwischen Kreisbahnen und Ellipsenbahnen. Dabei hat der Himmelskörper auf einer Kreisbahn eine kleinere Geschwindigkeit als auf einer Ellipsenbahn.

Kreisbahn

Bewegt sich ein Körper der Masse m auf einer Kreisbahn um einen schweren Körper der Masse M, so wirkt auf ihn die Gravitationskraft wie eine Zentripetalkraft.
Es gilt:

$$F_z = F_G \quad \Leftrightarrow \quad m \cdot \frac{v^2}{r} = G \cdot \frac{m \cdot M}{r^2}$$

Daraus ergibt sich für die Geschwindigkeit, mit der sich der Körper bewegen muss:

$$v = \sqrt{\frac{G \cdot M}{r}}$$

Setzt man für r den Erdradius ein, so ergibt sich die erste kosmische Geschwindigkeit: $v_1 = 7{,}9\,\frac{\text{km}}{\text{s}} = 28 \cdot 10^3\,\frac{\text{km}}{\text{h}}$
Dabei beträgt seine Gesamtenergie in jedem Punkt der Kreisbahn:

$$E_{ges} = E_{kin} + E_{pot} = \frac{1}{2} \cdot G \cdot \frac{m \cdot M}{r} - G \cdot \frac{m \cdot M}{r} = -\frac{1}{2} \cdot G \cdot \frac{m \cdot M}{r}$$

In unserem Sonnensystem ist die Sonne das Zentrum, um das sich alles dreht. Obwohl sie mit einem Radius von $R_S = 6{,}96 \cdot 10^5$ km nur durchschnittlich groß ist, vereint sie 99 % der Materie unseres Sonnensystems. Ihre Masse beträgt $m_s = 2{,}0 \cdot 10^{30}$ kg.

Ellipsenbahn

Die Gesamtenergie für die Ellipsenbahn ergibt sich in Analogie zur Kreisbahn, indem man den Radius r durch die große Halbachse a ersetzt und beachtet, dass die Masse M im Brennpunkt der Ellipse steht.

$$E_{ges} = -\frac{1}{2} \cdot G \cdot \frac{m \cdot M}{a}$$

Aus der kinetischen Energie

$$E_{kin} = E_{ges} - E_{pot} = -\frac{1}{2} \cdot G \cdot \frac{m \cdot M}{a} + G \cdot \frac{m \cdot M}{r} = \frac{1}{2} m \cdot v^2$$

folgt damit für die Geschwindigkeit:

$$v = \sqrt{G \cdot M \cdot \left(\frac{2}{r} - \frac{1}{a}\right)}$$

Setzt man für r den Erdradius ein, so ergibt sich die zweite kosmische Geschwindigkeit:

$$v_2 = 11{,}2\,\frac{\text{km}}{\text{s}} = 40 \cdot 10^3\,\frac{\text{km}}{\text{h}}$$

Aufbau der Sonne

Die Sonne besteht aus unterschiedlichen Schichten, die langsam ineinander übergehen.

Im Inneren der Sonne befindet sich der Kern. Dort sind Temperatur und Druck so hoch, dass seine Materie als Plasma vorliegt. In ihm findet die Kernfusion bei einer Temperatur von ca. 10^7 K statt.

In der an den Kern anschließenden Strahlungszone wird die erzeugte Energie durch elektromagnetische Wellen nach außen transportiert. Auf ihrem Weg nach außen verlieren diese elektromagnetische Wellen an Energie, d.h. ihre Frequenz wird kleiner. Somit liegt die Wellenlänge in Kernnähe im Bereich der Gammastrahlen und weiter außen im Bereich der Röntgen- und Ultraviolettstrahlen.

Mehr als 90 % der Sonnenstrahlung besteht aus sichtbarem Licht sowie infraroter und ultravioletter Strahlung.
Da die Strahlungszone so dicht ist, braucht das Licht eine Million Jahre um nach außen zu gelangen.

An die Strahlungszone schließt sich die Konvektionszone an. Da dort die Temperatur niedriger wird, geht das Plasma in den Zustand neutraler Atome über. Der Energietransport erfolgt durch Konvektion. Die Konvektion ist durch Granulation der Oberfläche zu erkennen.

Nun kommt die Photosphäre. Von ihr stammt das sichtbare Licht. Über der Photosphäre befindet sich die Chromosphäre. Dort nimmt die Temperatur wieder zu. In dieser Sphäre und der oberen Photosphäre entstehen die Fraunhofer'schen Linien im Sonnenspektrum.

Die vom Licht der Photosphäre überstrahlte Korona ist nur bei einer Sonnenfinsternis sichtbar.

Fusionsprozesse der Sonne

Die Sonne besteht zu 75% aus Wasserstoff und zu 25% aus Helium. Die im Kern stattfindenden Kernreaktionen setzen riesige Mengen an Energie frei.

Die Sonne erzeugt ihre Energie in ihrem Zentrum fast nur durch Proton-Proton-Reaktionen. Aufgrund der großen Hitze und Dichte im Inneren der Sonne können die Protonen die elektromagnetischen Abstoßungskräfte überwinden und miteinander fusionieren.

Zwei Protonen verschmelzen zu einem Deuteriumkern, wobei ein Positron und ein Neutrino frei werden. Das Deuterium fusioniert nun mit einem Proton, wobei ein Heliumisotop entsteht und Gammastrahlung ausgesendet wird. Zum Schluss verschmelzen zwei Heliumisotope zu Helium 4, wobei zusätzlich zwei Protonen frei werden.

$${}^1_1p + {}^1_1p \quad \Rightarrow \quad {}^2_1\mathrm{H} + {}^0_1e^+ + \nu + 0{,}42\ \mathrm{MeV}$$

$${}^1_1p + {}^2_1\mathrm{H} \quad \Rightarrow \quad {}^3_2\mathrm{He} + \gamma + 5{,}49\ \mathrm{MeV}$$

$${}^3_2\mathrm{He} + {}^3_2\mathrm{He} \quad \Rightarrow \quad {}^4_2\mathrm{H} + 2 \cdot {}^1_1p + 12{,}85\ \mathrm{MeV}$$

Eine weitere Fusionsreaktion des sogenannten Wasserstoffbrennens ist der Bethe-Weizsäcker-Zyklus auch CNO-Zyklus genannt.
Der Kohlenstoff fängt ein Proton ein und bildet dabei ein instabiles Stickstoffisotop. Dieses zerfällt zu Kohlenstoff und gibt dabei ein Positron und ein Neutron frei. Der entstandene Kohlenstoff fängt ein Proton ein und wird zu Stickstoff, der dann wieder ein Proton einfängt und ein Sauerstoffisotop bildet. Dieses Sauerstoffisotop zerfällt zu Stickstoff unter Abgabe eines Positrons und eines Neutrinos. Das wiederum ein Proton einfängt und Kohlenstoff sowie einen Heliumkern bildet.

Der Bethe-Weizsäcker-Zyklus spielt jedoch erst bei Größen über der Sonnenmasse und ab einer Temperatur von $1{,}6 \cdot 10^6\,\text{K}$ eine Rolle. Auch benötigt er eine bestimme Menge an Kohlenstoff, die als Katalysator fungiert.

$${}^{12}_{6}\text{N} + {}^{1}_{1}p \quad \Rightarrow \quad {}^{13}_{7}\text{N} + \gamma + 0{,}42\ \text{MeV}$$

$${}^{13}_{7}\text{N} \quad \Rightarrow \quad {}^{13}_{6}\text{C} + {}^{0}_{1}e + \nu + 1{,}20\ \text{MeV}$$

$${}^{13}_{6}\text{C} + {}^{1}_{1}p \quad \Rightarrow \quad {}^{14}_{7}\text{N} + \gamma + 7{,}55\ \text{MeV}$$

$${}^{14}_{7}\text{N} + {}^{1}_{1}p \quad \Rightarrow \quad {}^{15}_{8}\text{O} + \gamma + 7{,}29\ \text{MeV}$$

$${}^{15}_{8}\text{O} + {}^{1}_{1}p \quad \Rightarrow \quad {}^{15}_{7}\text{N} + {}^{0}_{1}e + \nu + 1{,}74\ \text{MeV}$$

$${}^{15}_{7}\text{N} + {}^{1}_{1}p \quad \Rightarrow \quad {}^{12}_{6}\text{C} + {}^{4}_{2}\text{He} + 4{,}96\ \text{MeV}$$

Energieabstrahlung der Sonne

Die Strahlungsleistung der Sonne heißt Solarkonstante S. Die Solarkonstante $S = 1{,}36\,\frac{\text{kW}}{\text{m}^2}$ wird durch Messung bestimmt.
Aus der Solarkonstanten S lässt sich die von der Sonne gesamte abgestrahlte Leistung bestimmen.
Es gilt: $L_S = S \cdot A = S \cdot 4\pi r^2 = 3{,}82 \cdot 10^{26}\,\text{W}$.
Daraus lässt sich mit der Formel $E = m \cdot c^2$ der Masseverlust der Sonne berechnen. Die Sonne verliert somit pro Sekunde eine Masse von

$$\frac{3{,}82 \cdot 10^{28}\,\text{Ws}}{(3 \cdot 10^8\,\text{ms}^{-1})^2} = 4{,}24 \cdot 10^9\,\text{kg}.$$

Die Sonne ist eine wichtige Energiequelle der Erde. Von der Sonne trifft in einem Abstand von 1 AE pro Sekunde eine Energie von 1,36 kJ pro Quadratmeter senkrecht auf die Erde.

Mithilfe der Strahlungsleistung und den Eigenschaften der Strahlung eines schwarzen Körpers kann man Aussagen über seine Oberflächentemperatur machen. Dazu geht man vom Planck'schen Strahlungsgesetz aus, aus dem sich dann das Wien'sche Verschiebungsgesetz und das Stefan-Boltzmann-Gesetz ableiten lässt.

Planck'sches Strahlungsgesetz

Max Planck erkannte, dass jeder Körper, dessen Temperatur größer als der absolute Nullpunkt ist, elektromagnetische Strahlung aussendet. Die Wellenlänge und die Intensität der elektromagnetischen Strahlung hängt von der Temperatur des Körpers ab. Mit steigender Temperatur nimmt die Intensität der Strahlung zu, während die Wellenlänge kleiner wird. Bei einer bestimmten Wellenlänge nimmt die Intensität der Strahlung ihr Maximum an.

Wien'sches Verschiebungsgesetz

Die Wellenlänge λ_{max} mit der größten Leistung eines schwarzen Strahlers ist nur abhängig von der Temperatur.
Es gilt:

$$\lambda_{\text{max}} = \frac{b}{T}$$

mit $b = 2{,}9 \cdot 10^{-3}\, m \cdot K$ (Wien'sche Konstante)

Stefan-Boltzmann-Gesetz

Die Strahlungsleistung Φ eines schwarzen Strahlers hängt von seiner Oberfläche A und der vierten Potenz seiner Temperatur T ab.
Es gilt:

$$\Phi = \sigma \cdot \mathrm{A} \cdot T^4 \quad \text{mit} \quad \sigma = 5{,}67 \cdot 10^{-8} \frac{W}{m^2 \cdot K^4} \quad \text{(Stefan-Boltzmann-Konstante)}$$

Betrachtet man die Erde als schwarzen Strahler und geht davon aus, dass sie nur von der Sonne geheizt werden würde, so ergäbe sich für die Temperatur der Erde ungefähr 270 K. Dies entspricht ungefähr 7 °C.

Geht man nun davon aus, dass es sich bei der Sonne um einen schwarzen Strahler handelt, kann man mithilfe der Strahlungsgesetze ihre Oberflächentemperatur abschätzen.
Dazu löst man das Stefan-Boltzmann-Gesetz nach der Temperatur auf und setzt für die Strahlungsleistung der Sonne ihre Leuchtkraft und für A die Oberfläche einer Kugel ein. Damit ergibt sich:

$$T_S = \sqrt[4]{\frac{L_S}{\sigma \cdot 4\pi \cdot R_S^2}} \approx 5{,}8 \cdot 10^3 K$$

Trigonometrische Parallaxe

Die trigonometrische Parallaxe ist eine geometrische Methode zur Bestimmung der Entfernung eines Himmelskörpers. Dieser Methode liegt die Bewegung der Erde um die Sonne zugrunde.

Da sich die Erde auf ihrer Umlaufbahn um die Sonne bewegt, verändert sich die Position der Erde und damit auch die Blickrichtung zu den Himmelskörpern. Es kommt zu einer Veränderung der Position der Himmelskörper vor dem Fixsternhimmel.
Während sich die Erde von E nach E′ auf ihrer Umlaufbahn bewegt, wandert die Projektion des Sterns von S nach S′. Dabei ist der halbe Winkel, den die beiden Verbindungslinien S–E und S′–E′ einschließen, die trigonometrische Parallaxe p.

Es gilt folgende Beziehung:

$$\tan(p) = \frac{a}{r}$$

Damit ergibt sich für die Entfernung des Sterns: $r = \frac{a}{\tan(p)}$.

Wobei a der Abstand der Erde von der Sonne ist.

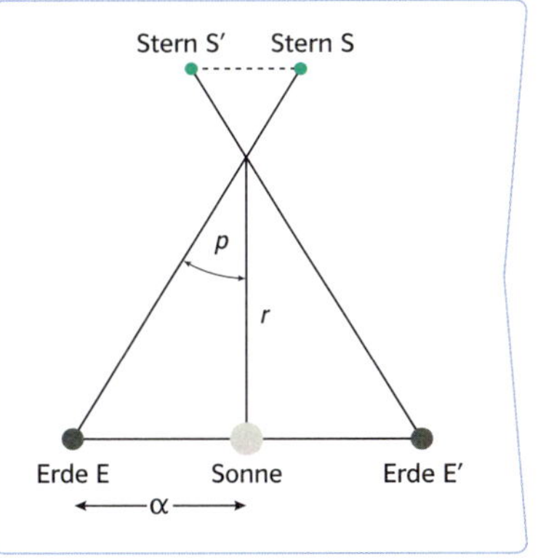

Da die Sterne sehr weit entfernt sind, ist die Parallaxe immer kleiner als eine Bogensekunde und man kann folgende Näherung anwenden: $\tan(p) = p$.
Setzt man dies in die Formel für die Entfernung ein, so ergibt sich:

$$r = \frac{a}{p} = 1\,\frac{\text{AE}}{p}$$

Für a gilt:

$$a = 1{,}496 \cdot 10^{11}\,\text{m} = 1\,\text{AE} \quad (\text{AE} = \text{Astronomische Einheit})$$

Eine weitere Einheit zur Entfernungsmessung ist die parallaktische Sekunde (parsec = pc). Sie ist die Entfernung, aus der der Erdbahnradius unter einem Winkel von 1 Bogensekunde (1″) erscheint:

$$1\,\text{pc} = \frac{1\,\text{AE}}{1''} = \frac{1\,\text{AE}}{\frac{\pi}{180 \cdot 3600}} = 206\,265\,\text{AE}$$

Um größere Entfernungen zu bestimmen nutzt man die scheinbare Helligkeit der Sterne.
Hierbei handelt es sich um ein photometrisches Verfahren.

Mit $1\,\text{AE} = 1{,}496 \cdot 10^{11}\,\text{m}$ ergibt sich: $1\,\text{pc} = 3{,}08 \cdot 10^{16}\,\text{m}$.
Mit $1\,\text{Lj} = 9{,}46 \cdot 10^{15}\,\text{m}$ ergibt sich: $1\,\text{pc} = 3{,}26\,\text{Lj}$.

Somit ergibt sich aus $1\,\text{pc} = \frac{1\,\text{AE}}{1''}$ und $r = 1\,\frac{\text{AE}}{p}$ folgende Beziehung für die Entfernung:

$$\frac{r}{1\,\text{pc}} = \frac{1''}{p}$$

Scheinbare und absolute Helligkeit

Unter der scheinbaren Helligkeit eines Sterns versteht man die Helligkeit mit der man den Stern auf der Erde sieht. Diese Helligkeit hängt von der Leuchtkraft und der Entfernung des Sterns ab.
Für die scheinbaren Helligkeiten m_1 und m_2 und die Bestrahlungsstärken E_1 und E_2 zweier Sterne gilt:

$$m_1 - m_2 = -2{,}5 \cdot \lg\left(\frac{E_1}{E_2}\right) \quad \text{und} \quad \frac{E_1}{E_2} = q^{m_1 - m_2} \quad \text{mit } q = \sqrt[5]{100} = 10^{0{,}4}.$$

Die Helligkeit, mit der uns ein Stern in der Entfernung 10 pc erscheinen würde, nennt man absolute Helligkeit M.

Zwischen den absoluten Helligkeiten M_1 und M_2 und den Leuchtstärken L_1 und L_2 zweier Sterne gilt:

$$M_1 - M_2 = -2{,}5 \cdot \lg\left(\frac{L_1}{L_2}\right) \text{ mit } L = 4\pi \cdot r^2 \cdot E$$

Mithilfe des Entfernungsmoduls kann man die Entfernung r des Sterns von seinem Beobachter aus bestimmen.
Für das Entfernungsmodul gilt:

$$m + -M = 5 \cdot \lg\left(\frac{r}{10\,\text{pc}}\right)$$

Spektralklassen

In den Spektralklassen werden die Spektren der Sterne nach der Stärke ihrer Wasserstofflinien und ihrer Farbe eingeteilt. Sie werden durch die Großbuchstaben O B A F G K M gekennzeichnet. Außerdem kann man mithilfe der Spektralklassen auch Aussagen über die Temperatur der Sterne machen.
Zusätzlich wurden die einzelnen Klassen noch in 10 Unterklassen von 0–9 unterteilt.

Die Reihenfolge der Spektralklassen lässt sich mithilfe des Satzes „**O**h **B**e **A** **F**ine **G**irl **K**iss **M**e" merken.

Sterne der Klasse O haben die höchste Temperatur und Sterne der Klasse N die tiefste.

Zusammenhang zwischen der Oberflächentemperatur und der Spektralklasse:

Spektralklasse	Charakteristik	Oberflächentemperatur in 103 K	Farbe	Beispielsterne
O	Ionisiertes Helium	50 – 30	Blau-weiß	λ Ori
B	Neutrales Helium Balmer-Serie-Wasserstoff	25 – 15	Bläulich-weiß	Rigel
A	Wasserstoff Calcium	12 – 8	Weiß	Sirius, Wega
F	Calcium Auftreten von Metallen	8 – 6	Gelb, weiß	Prokyon
G	Calcium, Eisen und andere Metalle	6 – 5	Gelb	Capella, Sonne
K	Starke Metalllinie, später Titanoxid	4	Gelb, rötlich	Arktur, Aldebaran
M	Titanoxid	3	Rot	Antares, Beteigeuze

Hertzsprung-Russel-Diagramm

Im Hertzsprung-Russel-Diagramm (HRD) ist die Leuchtkraft in Abhängigkeit von der Eigenschaft ihres Spektrums, z. B. Oberflächentemperatur aufgetragen. Die Sternpunkte sind auf bestimmte Bereiche des HRD beschränkt. Die stark besetzte Diagonale heißt Hauptreihe. Oben links befinden sich die bläulich weißen Sterne hoher Leuchtkraft und hoher Temperatur. Die sonnenähnlichen gelben Sterne sind in der Mitte. Unten rechts sind die roten Zwerge, Sterne mit geringer Temperatur und Leuchtkraft. Oberhalb der Hauptreihe befinden sich die Riesensterne. Bei gleicher Leuchtkraft wie die entsprechenden Hauptreihensterne haben sie einen wesentlich größeren Radius. Riesensterne mit einer Leuchtkraft von mehr als 1000 L_0 heißen Überriesen. Die Sterne unterhalb der Hauptreihe sind die weißen Zwerge.

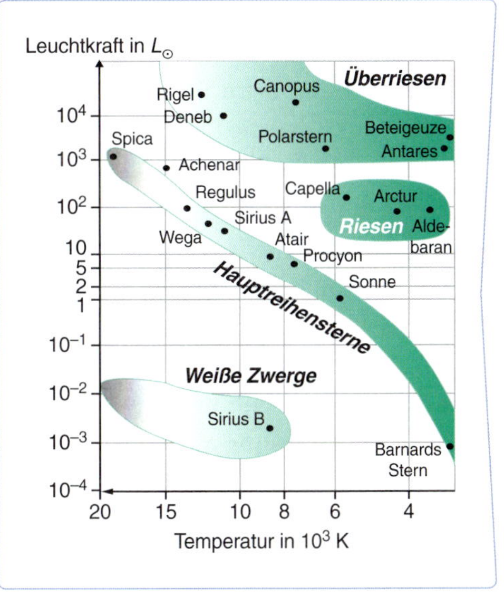

Am HRD kann man Folgendes ablesen: Kühle Sterne senden rotes Licht aus und stehen rechts oben im Diagramm. Die Sterne links sind heiße Sterne, deren Licht weiß bzw. blau ist. Oben im Diagramm stehen die leuchtkräftigen Sterne und unten die leuchtschwachen.

Gewöhnlich wird die Masse eines Sterns in Sonnenmassen angegeben.

Die Masse eines Sterns auf der Hauptreihe ist rechts unten am kleinsten und nimmt nach links oben zu.

Für Sterne, die sich auf der Hauptreihe im HRD befinden, kann man seine Masse direkt aus seiner Leuchtkraft bestimmen. Dazu verwendet man die Masse-Leuchtkraft-Beziehung:

$\frac{L}{L_S} = \left(\frac{M}{M_S}\right)^3$ wobei L_S die Leuchtkraft und M_S die Masse der Sonne ist.

Wie lange ein Stern auf der Hauptreihe bleibt, nennt man Lebensdauer. Sie hängt von seiner Masse ab. Für die Lebensdauer eines Sterns gilt:

$$t_h = t_{hS} \cdot \left(\frac{M_S}{M}\right)^2$$

Endzustände von Sternen

Das Endstadium eines Sterns hängt hauptsächlich von seiner Masse ab.

Ein Roter Riese ist ein Stern, dessen Wasserstoffvorräte fast aufgebraucht sind. Dadurch bläht sich seine äußere Schicht langsam auf, während seine Oberflächentemperatur ab und seine Leuchtkraft zunimmt.

Weiße Zwerge

Beträgt die Sternenmasse weniger als 1,4 Sonnenmassen, können nach dem Heliumbrennen keine weiteren Fusionen mehr stattfinden. Der fehlende Gasdruck führt zu einem Gravitationskollaps. Der Stern erreicht die Größe der Erde, wobei seine sehr große Dichte bei bis zu einer Tonne pro Kubikzentimeter liegt.

Aus dem Kern des Roten Riesen ist ein weißer Zwerg geworden. Aufgrund seiner langsamen Abkühlung im laufe der Zeit, ist er nach ca. 1 bis 10 Milliarden Jahren nicht mehr zu beobachten.

Neutronensterne (Pulsare)

Die Neutronen im Inneren des Sterns entstehen aus Elektronen und Protonen durch einen inversen Beta-Zerfall.
$^{1}_{1}p + ^{0}_{-1}e \rightarrow ^{1}_{0}n$

Kommt bei einem Stern mit der Masse zwischen 1,4 und 2–3 Sonnenmassen das Wasserstoffbrennen in seinem Inneren zum Erliegen, so bricht er in sich zusammen. Dabei wird die Dichte und der Druck des zusammenbrechenden Sterns so groß, dass die Elektronen und Protonen sich zu Neutronen vereinigen. Das dabei entstehende Neutronengas stoppt den Kollaps und es entsteht eine Kugel mit einem Durchmesser von 10–20 cm bei einer größeren Masse als die Sonne.
Bei seinem Kollaps wurde der Stern in starke Rotationen versetzt, ebenso hat sein Magnetfeld stark zugenommen. Fallen Rotations- und Magnetfeldachse nicht zusammen, so bewegen sich die auf Lichtgeschwindigkeit beschleunigten Elektronen auf Schraubenlinien um die Magnetfeldlinien. Dabei senden sie elektromagnetische Strahlung aus, die als Strahlungspulse in gleichen Zeitabständen wahrgenommen werden können.

Stellare schwarze Löcher

Liegt die Sternenmasse oberhalb von 2–3 Sonnenmassen, so kann der Kollaps auch nicht durch das Neutronengas gestoppt werden. Sie stürzen weiter in sich zusammen und werden zu einem dichten schwarzen Loch, dass selbst Photonen nicht mehr verlassen können.

Die Milchstraße

Die Galaxie, in der wir uns befinden, ist die Milchstraße. Sie setzt sich aus ca. 300 Milliarden von Sternen zusammen und ist ca. 13,6 Milliarden Jahre alt.

Der Halo, in dem sich unsere Galaxis befindet, ist kugelförmig und hat einen Durchmesser von 165 000 Lichtjahren. Darin befinden sich die Milchstraße und die Kugelsternhaufen, die durch die Gravitation im Halo gehalten werden.
Um das Zentrum der Galaxis sind die Sterne in einer Scheibe spiralförmig angeordnet. Im galaktischen Zentrum befindet sich eine extrem dichte Sterngruppe, „Bulge" genannt. Sie besteht u. A. aus der starken Radioquelle Sagittarius A mit ihren drei Komponenten, wobei Sgr A* die kompakteste ist und wahrscheinlich ein schwarzes Loch enthält. Das galaktische Zentrum hat eine Ausdehnung von wenigen pc.
Vom galaktischen Zentrum gehen mehrere Spiralarme aus. Unser Sonnensystem liegt im Orion-Arm 8 kpc vom galaktischen Zentrum entfernt.

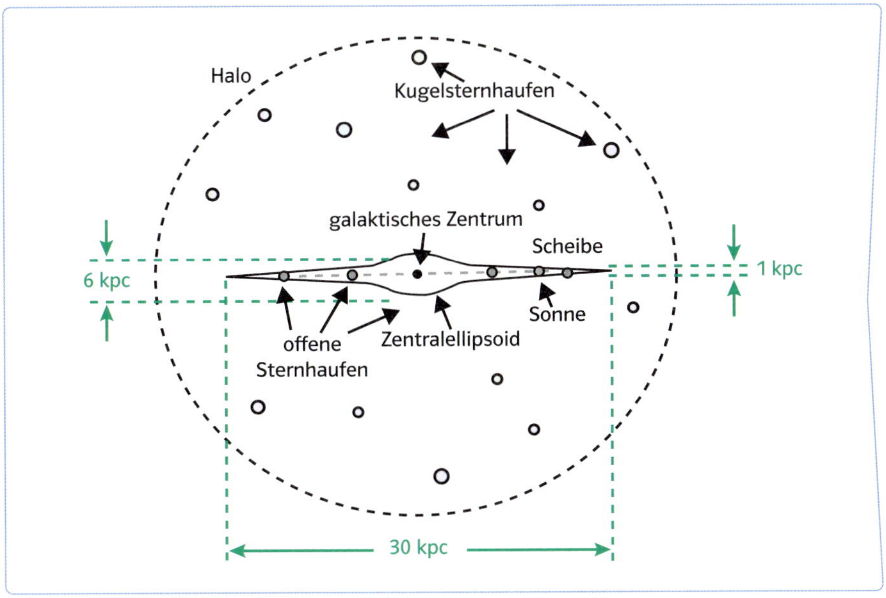
Halo
Kugelsternhaufen
galaktisches Zentrum
Scheibe
6 kpc
1 kpc
Sonne
offene
Sternhaufen
Zentralellipsoid
30 kpc

ZUSAMMENFASSUNG

Kepler'sche Gesetze:

- 1. Kepler'sches Gesetz:
  Die Planeten bewegen sich auf Ellipsenbahnen um die Sonne, die im Brennpunkt der Ellipse steht.
- 2. Kepler'sches Gesetz:
  Die Verbindungslinie zwischen Sonne und Planet überstreicht in gleichen Zeiten gleiche Strecken.
- 3. Kepler'sches Gesetz:
  Die Quadrate der Umlaufzeiten T zweier Planeten verhalten sich wie die dritten Potenzen der großen Halbachsen a.

$$\frac{T_1^2}{a_1^3} = \frac{T_2^2}{a_2^3} \quad \text{bzw.} \quad \frac{T_1^2}{T_2^2} = \frac{a_1^3}{a_2^3} \quad \text{bzw.} \quad \frac{T^2}{a^3} = \text{const.} = C$$

Dabei bestimmt sich die Konstante C mithilfe des Newton'schen Gravitationsgesetzes zu:

$$C = \frac{4\pi^2}{G \cdot m_Z}$$ (m_Z Masse des Zentralgestirns, G die Gravitationskonstante)

Geschwindigkeit Kreisbahn: $v = \sqrt{\frac{G \cdot M}{r}}$

Geschwindigkeit Ellipsenbahn: $v = \sqrt{G \cdot M \cdot \left(\frac{2}{r} - \frac{1}{a}\right)}$

Abgestrahlte Leistung: $L_S = S \cdot A = S \cdot 4\pi r^2 = 3{,}82 \cdot 10^{26}\,\text{W}$.

Wien'sches Verschiebungsgesetz: $\lambda_{\text{max}} = \frac{b}{T}$ mit $b = 2{,}9 \cdot 10^{-3}\, m \cdot K$
(Wien'sche Konstante)

Stefan-Boltzmann-Gesetz: $\Phi = \sigma \cdot A \cdot T^4$ mit $\sigma = 5{,}67^{10} \cdot 10^{-8}\, \frac{W}{m^2 \cdot K^4}$
(Stefan-Boltzmann-Konstante)

scheinbare Helligkeit zweier Sterne:

$$m_1 - m_2 = -2{,}5 \cdot \lg \cdot \left(\frac{E_1}{E_2}\right) \quad \text{und} \quad \frac{E_1}{E_2} = q^{m_2 - m_1} \quad \text{mit} \quad q = \sqrt[5]{100} = 10^{0,4}.$$

Entfernungsmodul: $m - M = 5 \cdot \lg\left(\frac{r}{10\,\text{pc}}\right)$

Absolute Helligkeit: $M_1 - M_2 = -2{,}5 \cdot \lg\left(\frac{L_1}{L_2}\right)$ mit $L = 4\pi \cdot r^2 \cdot E$

Lebensdauer eines Sterns: $t_h = t_{hS} \cdot \left(\frac{M_S}{M}\right)^2$

Abbildungsverzeichnis

Illustrationen: Andrea Eckhardt, Göppingen: Seiten 8.1, 8.2, 8.3, 9.2, 11, 15, 19, 42, 58, 64.1, 65.2, 66, 67.2, 68.2, 69.1, 69.2, 74.1, 87.2 , 87.3, 112, 118, 157.1, 157.2, 159, 173.1, 175.2, 187.1, 187.2; Martin Lay, Breisach a. Rh.: 8.4, 12, 13, 24.3, 25.1, 25.2, 27, 28, 29, 30, 34, 37, 41.1, 41.2, 41.3, 43.1, 43.2, 43.3, 43.4, 45.1, 45.2, 45.3, 46.1, 47, 50.2, 51.1, 51.3, 51.2, 53, 54.1, 54.2, 54.3, 55.1, 55.2, 57, 59, 62, 67.1, 70, 71.1, 74.2, 74.3, 74.4, 74.5, 75.2, 75.3, 77.1, 78, 79.1, 79.2, 79.3, 80.1, 80.2, 80.3, 82.1, 82.2, 83.1, 83.2, 84, 86.1, 86.2, 87.1, 88, 89, 91, 94, 95, 100, 102.3, 102.5, 103.2, 105.2, 108, 111, 112, 113, 115, 119, 121, 127.1, 130, 133, 134, 137, 138, 141, 152, 165, 172, 175.1, 177, 178, 179, 192, 197, 199; Sandra Oehler, Remseck: 9.1, 13, 57, 103, 111, 119, 127, 131, 132, 175, 180, 186; PONS Archiv, Stuttgart: 24.2, 24.4, 24.5, 30, 36, 40.1, 40.2, 44, 45.2, 64.2, 64.3, 65.1, 68, 69.2, 71, 72.1, 72.2, 75.1, 77.2, 77.3, 81, 86, 92, 96, 97, 98, 99, 102.1, 102.4, 105.1, 106.1, 106.2, 107, 109, 110, 121, 124, 124, 125, 126, 128.1, 128.2, 129, 135, 136, 137, 144, 145.2, 146, 149, 150, 153, 157, 160, 161, 162, 164, 168, 169, 172.2, 173.2, 174.1, 181, 188, 189, 190, 191, 201

Umschlagbild: Shutterstock (Mauricio Graiki), New York; Seite 21: Shutterstock (Georgios Kollidas); Seite 116: ullstein bild, Berlin; Seite 183: akg-images, Berlin; New York

Tanja Reimbold ist Gymnasiallehrerin für die Fächer Mathematik und Physik in Baden-Württemberg und Autorin für Lern- und Prüfungsbücher zur Physik.

Bibliografische Information der Deutschen Nationalbibliothek
Die Deutsche Nationalbibliothek verzeichnet diese Publikation in der Deutschen Nationalbibliografie; detaillierte bibliografische Daten sind im Internet über http://dnb.dnb.de abrufbar.

1. Auflage 2021

www.klett-lerntraining.de; kundenservice@klett-lerntraining.de

Hinweis: Der Online-Zugang zu den Videos ist mindestens bis drei Jahre nach Ersterscheinen des Buches gewährleistet.

Umschlagfoto: Shutterstock (Mauricio Graiki), New York
Satz: DTP-studio Andrea Eckhardt, Göppingen; tebitron gmbh, Gerlingen
Druck: Gebr. Geiselberger GmbH, Altötting
Printed in Germany
ISBN 978-3-12-949690-9